语出生莲花

中国上乘说话智慧

肖岩◎著

时事出版社

图书在版编目(CIP)数据

语出生莲花:中国上乘说话智慧/肖岩著.—北京:时事出版社,2015.10

ISBN 978-7-80232-881-5

Ⅰ.①语… Ⅱ.①肖… Ⅲ.①语言艺术 Ⅳ.①H019

中国版本图书馆CIP数据核字(2015)第203639号

出版发行:时事出版社
地　　址:北京市海淀区万寿寺甲2号
邮　　编:100081
发行热线:(010)88547590　88547591
读者服务部:(010)88547595
传　　真:(010)88547592
电子邮箱:shishichubanshe@sina.com
网　　址:www.shishishe.com
印　　刷:北京建泰印刷有限公司

开本:787×1092　1/16　印张:22　字数:320千字
2015年10月第1版　2015年10月第1次印刷
定价:32.00元

前言

PREFACE

你是否因为内向不善表达，而变得自卑缺乏自信？

你是否因为表达不恰当，而导致销售、谈判不理想，业务不顺利？

你是否因为恐惧上台演讲，而不能很好地展示你的才华？

你是否因为不敢向自己心爱的人表白而失去幸福？

……

卡耐基曾说：“一个人的成功，约有15%取决于知识和技能，85%取决于沟通。”国外有位名人曾说：“眼睛可以容纳一个美丽的世界，而嘴巴则能描绘一个精彩的世界。”法国大作家雨果也认为：“语言就是力量。”

这些名人的观点，侧面说明了沟通能力——通俗点就是说话技巧——的重要性。

的确，说话，既是一种思想观点和能力水平的展现，也是一种领导艺术和技巧的反映，同时也是一个人立场、态度、方法和感情的表达。

语言是思想的外化，是必不可少的交往工具。我们要在这个世界里生活、学习和发展，就没有一天能离得开语言。从这个角度说，“沉默是金”是一种消极的姿态，善于说话沟通才是一种积极的人生态度。

本书从沟通的重要性出发，从“说话的尺度与分寸”、“表达的场合与技巧”、“口才的方圆与艺术”三大方面，条理清晰地分析了沟通表达的注意点、技巧性和不同场景下的说话艺术，全书脉络清晰，系统完整，有论点有论据，既有指导性又有实践性，非常适用于职场新人、管理者、销售人员等，当然，对于所有想提升表达能力的人来说，它也是一本非常好的学习指南。

目录

上篇 说话的尺度与分寸

第一章 说话要看对象 / 003

有一句话说得好："会干的不如会说的。"聪明人不会说起话来滔滔不绝，而是能把握分寸，见到什么人说什么话，到什么山唱什么歌。每个人的身份、性格都有所不同，见到不同的人，说话的语气、态度、说话方式都要有所不同。说话前要先了解对方的喜好与性格，灵活多变，对症下药，真正做到把话说到别人的心坎里。

059 / 说话要看形势 第四章

人生在世，什么样形形色色的事情都可能遇到，于是我们应该在不同的形势中说好不同的话。在你说话之前，要看清你所处的形势，不要在不适当的时候说出不恰当的话，让别人尴尬，这样也会弄得自己很没有面子。说话的时候，要适当地站在对方的角度去思考问题，想想这句话说出口会产生什么样的影响，会不会给别人带来什么不便。突如其来的问题有很多，我们就需要更多的应对技巧，看清形势说话，才是最重要的。

074 / 说话要留口德 第五章

在人际交往中，谈话要有分寸、认清自己的身份。适当地考虑措辞，认真地斟酌哪些话该说、哪些话不该说、应该怎样说，这样才能获得更好的交谈效果。说话的分寸拿捏得好，即使是很普通的一句话，也会平添几许分量，话少又精到，令人感觉深思熟虑。有口德者，分寸当为第一原则，真正的聪明人都能够管住自己的嘴，明白“谨言慢口，话留三分”的道理。说话讲究分寸，三思而言才会免遭灾祸。

中篇
表达的场合与技巧

第三章 社交：礼节周到，以情动人 / 139

当今社会是一个充满竞争与合作的信息化社会，交谈不仅是人们日常生活之必需，也是直接影响个人事业成败的重要因素。生意场上有“金口玉言，利益攸关”之说；生活中有“一言既出，驷马难追”之说。

第四章 公关：有礼有度，攻心为上 / 152

仅仅依附于空洞的文字，而缺乏雄辩的口才，是无法将你和你身后的团队推广宣传出去的。只有通过在各种场合、各种环境中不断地“说”，才能够让更多的人对你与你的团队，由陌生到认识，由认识到了解，由了解再到认同，产生信赖和好感。

165 / 应聘：自信真诚，不卑不亢 第五章

不能说出自己的特长、能力，通不过面试这一关，也就得不到需要的职位。不善于与领导对话，将不被任用，限制了发展空间。怎么能证明自己的才干？又怎么证明自己是个能人？善于倾听和回答问题，善于提问和引导话题，能够帮你展现水平和能力。

179 / 辩论：天衣无缝，无懈可击 第六章

在法庭上不会辩护，那么注定会失败；在面试时说不出要点，也注定不会被录用。不懂得用道理与人沟通，人际关系会惨淡。论辩是思想的交锋，是逻辑的碰撞；辩辞必须天衣无缝，无懈可击。我们如何才能在辩论中立于不败之地？可以运用"欲擒故纵"的策略，静待反击的最佳时机，甚至可以"以实就虚"，从而击中对方要害，还可以以其人之道还治其人之身，"以子之矛，攻子之盾"。

传统的人际交往是在社会群体中进行的，邻居、同学、同事、朋友圈、生意圈……搭讪，是城市文明发展到一定阶段的产物。搭讪是与人交流的一个最直接而迅速的手段。通过搭讪，你将有机会认识一个也许能成为一辈子的好朋友，甚至终身伴侣的人。搭讪是帮助你诚实面对自己的想法和感觉的一种高尚的行为。

下篇 口才的方圆与艺术

人无完人。在这个世界上，没有人不犯错误。在错误面前，你可能忍不住要大发雷霆。但“狂风暴雨”过后，你可能会沮丧地发现，你的善意并没有被对方接受，甚至，结果可能让你追悔莫及。对任何人来说，受到批评都不是一件让人愉快的事，但是，如果你能够掌握批评的技巧和方法，相信你和他人的交流将更容易些。

第五章

有些话，我们是不好意思或者无法说出口的，那么用不经意的话暗示别人将是最好的方法。弦外之音是一个人真正要表达的意思，我们必须善于利用它，但也要防止它伤害到自己或者他人。

第六章

做任何事情都得有自己的理由，推托他人也不例外。表现得真诚一点，使别人能够体谅到你的难处，从而真正地理解你，而不是感觉你在敷衍他。

上篇
说话的尺度与分寸

美国人类行为科学研究者汤姆士指出：“发生在成功人物身上的奇迹，一半是由口才创造的。”这是千真万确的，如果你经常出言不慎，那么你将无法获得别人的认可、合作和帮助。无数成功者的事实证明，善于说话，并把话说到对方的心里，才是实现成功人生的催化剂。话是一样的话，只是在于你怎么说，会不会说。聪明的人，能够掌握好这个火候，知道在什么场合、什么时候，见什么人说什么样的话。

第一章
说话要看对象

有一句话说得好：“会干的不如会说的。”聪明人不会说起话来滔滔不绝，而是能把握分寸，见到什么人说什么话，到什么山唱什么歌。每个人的身份、性格都有所不同，见到不同的人，说话的语气、态度、说话方式都要有所不同。说话前要先了解对方的喜好与性格，灵活多变，对症下药，真正做到把话说到别人的心坎里。

◎ 话有千万种，应因人而异

俗话说：“到什么山唱什么歌；见什么人说什么话。”在你说话之前，一定要充分考虑对方是什么类型的人，然后再张口说话。

不要以为你一贯的说话方式适合所有的人。在面对不同类型特点的人的时候，如果都用同一种说话方式，是行不通的。和不同职业、不同性格、不同学识、不同年龄、不同性别的人打交道，采取的方法也是不一样的。只有对不同的人说不同的话，把握好说话的方式，才能更好地进行沟通。

1. 和性格各异的人交谈

面对性格不同的人，你说话的方式也要不同。对一个很深沉的人，如果你总是说玩笑话，对方会觉得你很轻浮；对一个很幽默的人，如果你总是说很深沉的话，他会觉得你很死板。我们面对不同的人，从说话的语气上应该注意有所区别。对男性说话，可以豪爽一点；而对女性说话，应该委婉细腻一些，你要是说话太直白，可能会弄得对方很尴尬，让对方接受不了。所以，我们在和别人说话的时候，一定要选择正确的说话方式，才不会让对方觉得厌烦。

2. 和不同年龄的人交谈

不同年龄的人，兴趣和爱好都不一样，关注的焦点也会不一样。年轻人初入社会，会比较喜欢一些有活力、有激情的东西。再加上年轻人容易心浮气躁，情绪容易冲动，在和他们讲话的时候，你最好选择一些时尚的话题，至少不要用太过陈旧的东西与他们谈论。另外，与年轻人谈论的时候，你的语气可以轻松一点，不要太过严肃。

和中年人交谈的时候，你不能显得太过轻浮。他们的心理已经成熟，会更关注与其自身利益相关的话题。而且人到中年，难免会有一些城府，所以和中年人说话，你应该选择一些贴近现实生活的话题，口气也应该适当的严谨一些。

如果你是和老年人交谈，那么不管你的职位高低，你一定要显示出对他的尊敬。老年人喜欢谈论过去的事情，这时候你不能显得不耐烦，而是应该显得很感兴趣，并且附和着他说话。这样的话，他自然就会觉得你是一位不错的聊友了。

3. 和与你文化程度有差异的人交谈

交谈者双方由于文化程度不同，所接触的东西会有所不同，理解能力和欣赏水平也会有所不同。同时，文化程度也决定着一个人的生活环境，生活环境的不同，也会决定一个人说话和听话习惯的不同。所以，在你说话之前，先要了解对方的情况，如果你的文化程度比他高，你可以放低你的姿态，聊一些对方所熟知的话题，用直白的话和他进行交流。如果你交流的对象文化程度很高，你可以用请教的方式和他交流，从而满足他的虚荣心，他自然就会喜欢和你交流。不要在一群学问低的人面前说一些高深莫测的话，那样会让人觉得你在卖弄。可是如果在学识渊博的人中间你再去说一些低俗的话，就会让人觉得你格格不入。

4. 和职业不同的人交谈

俗话说“隔行如隔山”，不同的职业，决定了一个人不同的说话方式。做销售的人，可能说起话来会洪亮一些，话可能会多一些。做研究工作的人，可能会低调一些，说的话也没有那么多。因为他们的工作原因，与人接触打交道会少一些，如果你们的职业没有交集的地方，你就可以从生活方面或者是以共同的兴趣爱好为话题。从事以体力劳动为主的人说起话来可能会直白一些，在和他们说话的时候，你可以用直白的方式和他们交流。如果你满口术语、之乎者也，对方会觉得你是故意在他们面前显摆。而从事文字工作、教育工作的人，在说话的时候常会给人以文绉绉的感觉，而且他们的幽默方式，可能会有所不同，文字游戏也会常常出现，他们对生活、对事情的看法和感慨也会多一些。跟这样的人打交道，你的脑子和嘴巴一定要转得快，可能你不是这个意思，可是如果你表述不清，就会让对方误解。而对于经商的人，你可以谈一下最近的经济形势，或者一些生意上的事情。但是，你一定要掌握说话的分寸，每个商人都有自己的商业机密，你若是问得太多，对方可能会觉得你另有所图。

在生活中，每个人的性格喜好各有不同，所以我们对不同的人要区别对待，具体问题具体分析。想要成为一个受欢迎的人，就必须学会看人说话，找到适合的话题，才能更顺利地进行你们之间的沟通。

生活中的人形形色色，每个人的心理、脾气、语言、习惯都不相同，每个人对语言的要求也是不同的，我们不能对每个人说话都用一种语言态度来表达。对语言的表达，你一定要把握好。

◎ 关注他人的情绪，选择恰当的语言

我们面对着不同的人物、不同的场合，一个说话高手一定要分清场合，注意他人的情绪，选择恰当的方式来说话，使你的谈吐既符合所处的场合要求，又要考虑到对方的情绪，做到最大限度地与对方进行沟通。

《红楼梦》中的王熙凤，就是极会说话的人，说起话来既有分寸，又能根据场合照顾到听者的情绪，说出“悦耳动听”的话。

《红楼梦》第三回，林黛玉丧父后进京城，小心翼翼地初登荣国府时，王熙凤的几段话就展现了她“会说话”的超凡才能。人未到，却先听其笑，先闻其声：“我来迟了，不曾迎接远客！”尚未出场，就给人以热情的感觉。随后王熙凤拉过黛玉的手，上下细细打量了一番，仍送至贾母身边坐下，笑着说：“天下竟有这样标致的人物，我今儿算见了！况且这通身的气派，竟不像老祖宗的外孙女儿，竟是个嫡亲的孙女儿，怨不得老祖宗天天口头心头一时不忘。只可怜我这妹妹这样命苦，怎么姑妈偏就去世了！”一席话，既让老祖宗悲中含喜，心里舒坦，又叫林妹妹情动于衷，感激涕零。而当贾母半嗔半怪说不该再让她伤心时，王熙凤话头一转，又说：“正是呢！我一见了妹妹，一心都在她身上了，又是喜欢，又是伤心，竟忘了老祖宗。该打，该打！”

王熙凤几句话说得人心里暖暖的，听话的人自然也高兴。话不单单是说给林黛玉，更是说给贾母听的，贾田是贾府中说话最有权威的人，把她哄开心了，事事都好做。

还有一个例子：邢夫人要讨鸳鸯给老爷做妾，鸳鸯不依，贾母气得浑身乱颤，把众人怪了个遍，不仅怪邢夫人，还怪王夫人，怪宝玉，统统的怪，连凤姐

都怪了，气氛很紧张。在这种情况下，谁都不敢出声，只有凤姐开口了，她说：“我倒不说老太太的不是，老太太倒寻上我了。”大家很奇怪，怎么老太太还有不是呢？凤姐就说出理由来了，她说：“谁叫老太太会调理人，把鸳鸯调理得水葱儿似的，怎能怨得人要？我幸亏是孙子媳妇，如果我是孙子，我早要了，还等到这会子？”这话一说出口，贾母先是愣了，心想怎么还有我的不是呢？这里就是凤姐语言的艺术了，表面上看起来好像说是贾母的不是，其实她是夸奖贾母会调理人，把鸳鸯调理得水葱儿似的，也给大家找了个台阶下。所以，贾母就转怒为喜，气也消了，也乐了，紧张的气氛也缓解了，又有说有笑了。

另外一个例子：有一天，陈小姐约了几个以前的旧友来家里吃饭，她把她们聚集在一起主要是想借着热闹的气氛，让一位目前正处于低落情绪的朋友文杉心情可以变好点。文杉的老公不久前因经营不善，不得已将自己的公司关闭了，如今又因不堪生活压力，正与文杉谈离婚，搞得她内忧外患，非常苦恼。

来吃饭的朋友都知道文杉目前的遭遇，因此大家都避免去谈与生意有关的事。可是，其中一位乔太太因为老公生意赚了很多钱，酒一下肚，忍不住就开始夸耀她老公的赚钱本领和自己花钱的功夫，那种得意的神情，陈小姐看了都不舒服。正处于失意中的文杉低头不语，脸色非常难看，一会儿去洗脸，一会儿又上厕所，后来干脆找了个借口提前离开了。

陈小姐送文杉到楼下的时候，文杉赌气地说：“谁的老公不会赚钱啊，到我面前来打广告了！”从此就与乔太太绝交了。其实乔太太并没有意识到失误，因为她向来就是将老公挂在嘴边的人。

为了维护良好的人际关系，你的一言一行都要照顾对方的情绪，学会安抚对方的心灵，不可以使对方产生相形见绌的感觉。与此同时，你自己的心灵也会因安然自慰而有一个极好的心情。

聪明人切忌在失意人面前谈论得意之事，而且越自夸，将越靠近“讨厌虫”的角色。所以，当你处于顺境、春风得意时，与人交谈一定要考虑到对方的心情，以免无意中伤害了别人的自尊心。

说话是一门艺术，其中的分寸与技巧，需要你在人际交流中细心揣摩，才能悟出其中的奥妙。

◎ 强人面前，说适度“强硬”的话

在我们的身边总会有一些人觉得自己高高在上，总是喜欢摆出一种高姿态，表现出唯我独尊的样子，仿佛身边的人都不如他，比他低一头。和这类人交流，你不能说太软的话，不要把别人抬得太高，也不要把自己贬得太低。在必要的时候，你应该在言语中加入一些“刚硬”的成分，使对方在无形之中感到一种威慑力。

春秋时期，吴国和楚国之间进行了一场战争。楚强吴弱，很快就被打得大败，吴王只好宣布投降，派沮卫作为使者前去楚军大营递交降书，顺便刺探对方的军情，以便将来重整旗鼓进行反扑。没有想到的是沮卫的阴谋被楚军识破，楚军将领大为恼怒，下令将他抓进大帐，准备凌辱一番之后杀掉他，用他的血来涂抹新鼓的缝隙。

当沮卫被五花大绑地推到军帐之中时，脸上的神情十分镇定，没有丝毫的慌乱。楚将感到甚为奇怪，就讽刺他说：“难道你在出发之前就没有占卜过吗？”

沮卫回答说：“占卜过。”

楚将大笑道：“吉凶如何啊？”

沮卫抬起头来大声地说：“大吉！”

楚将听后笑得前俯后仰：“如今你就要成为我的刀下之鬼了，还有什么大吉呀？”

沮卫回答说：“我家大王派我来，目的就是要试探你们对待我的态度。假如你们能够对我以礼相待的话，吴国上下就会放松警惕；但是你们如果杀了我，就表明并不想真心停战议和，那么吴国上下就会加强戒备，枕戈待旦，准备和你们决一死战。这对吴国来说，难道不是一件好事吗？”

楚将又发出刺耳的笑声，说道：“你马上就要身首异处了，你的国家也救不了你，这又怎么能说是大吉呀？”

沮卫沉着地回答说：“我占卜只是为了国家的前途，并不是为了个人的生命安危。如果能够将我杀掉而保全整个吴国，那么我死又何憾？何况，我死了对你们也没有什么好处，你们可以把我的血涂抹在新鼓的缝隙当中，但是我的灵魂也将附着在你们的战鼓之上，当两军交战之时，我定会让你们的战鼓发不出响声来，让你们因为失去战斗的号角而一败涂地！”

沮卫的话掷地有声，铿锵有力，让帐中的每一个人听到之后都感到有些恐惧，生怕将来他死后会导致自家军队战败。楚将考虑再三，总感觉杀掉沮卫并没有任何实际性的作用，相反还会有害无利，只好把他放了。

我们在与别人交谈的时候，不能一味地说“软话”，毕竟每个人的处世观点和利益考虑是不相同的，你的软话未必能打动对方。在谈话之中，要努力发现对方的漏洞所在，朝着对方的破绽进攻，这样的话，就会让对方处于自身利益的考虑而按照你的思路去想问题。那么，你所需要的结果也就顺理成章了。

哈伯博士准备为芝加哥大学建一座教学楼，但是有100万美元的资金缺口。于是，他找出了芝加哥百万富翁的名单，准备从他们中的某一个人身上募捐到这些钱。经过慎重的考虑，他选择了两个人，有意思的是，这两个百万富翁之间却是积怨颇深的。

在一个午餐时间，哈伯博士前去拜访了其中的一位——芝加哥市区电车公司的总裁。因为这个时候办公室的工作人员都已经用餐去了，就连总裁的秘书也不在，这样的话，哈伯博士就不会遇到任何的阻力，能够很轻松地走进总裁办公室。

总裁对这位不速之客感到很惊讶，脸上的神情也是淡淡的，可以看出他对哈伯博士的不请自来是十分不欢迎的。

哈伯博士自我介绍说："我叫哈伯，是芝加哥大学的校长。在这个时候外面办公室里没有人，我就自己闯进来了，请您原谅我的冒失。"

总裁的脸色缓和了下来，示意哈伯博士坐下。哈伯博士坐下之后对这位总裁说道："我知道您在事业上非常成功，您在芝加哥市建立了一套很好的电车系统，也获得了巨额的利润。但是，总有一天您还是要被上帝召唤回去，进入那个不可知的世界。在您之后，或许芝加哥市的人们早就把您忘掉了。"

"我想我可以给您提供一个名垂千古的机会。您可以在芝加哥大学兴建一座大楼，这座大楼用您的名字来命名。但是，学校董事会的许多成员却准备把这个机会让给布朗先生，据我了解，布朗先生曾经和您有过一些过节，在我的心里对他也是有一些意见的，因此也不愿意将这个机会给他。如果您有这方面的打算，那么我会回去说服那些支持布朗先生的人。毕竟，在私下里，我对您抱有的好感还是大一些的。

"当然，我今天只是因为外出办事路过这里，顺便过来坐坐，和您见面谈一下。不过这个事情还是需要您仔细考虑，并不能现在就做出决定。如果您希望和我谈论这件事的话，麻烦您抽空给我打电话。好啦，先生，我很高兴有机会和您聊天，就这样吧，我该走了。再见！"

说完这些话之后，他没等这位总裁开口说什么，就退了出去。回到学校没多久，电车公司的总裁就打来电话说，有意和哈伯博士约一个时间见面。

第二天早晨，电车公司的总裁就按时来到了哈伯博士的办公室，短短的一个小时之后，一张 100 万美金的支票就交到了哈伯博士的手上。

为什么哈伯博士能够轻而易举地就成功了？哈伯博士的募捐没有费太多的口舌，轻而易举地获得了成功，是因为他抓住了这位电车公司总裁渴望名垂青史的心理，然后又说这个机会可能会让他的敌人得到，从而让他的心中因为忌妒而产生不安，从而对这件事情变得有些急不可耐，在短时间内就把支票交到了哈伯博士的手中。

在知识高深、经验丰富的对手面前，越殷勤、越妥协，往往越会引起更多的疑问和戒备。因此，在和这样的人交谈时，语气不妨强硬一些，用自己的自信来感染对方、感化对方，使他打消疑虑。

我们在和别人交谈的时候，想要获得成功其实并不困难，只要把握住对方的心理，不要对他太过高傲，也不要长他人志气，灭自己威风，只要做到尽量地满足他的虚荣心，要想成功也就不在话下了。

◎ 与精明人交谈，要滴水不漏

在我们身边有一种人，这种人很难相处，也很难与别人深交。这种人可能是商场上狡猾的竞争对手，可能是乱发脾气，同时又很难缠的人，也可能是欠钱不还，下次还要再问你借钱的人，等等。这种人的鬼点子很多，你不留意就会中了他们的圈套，被他们耍得团团转。他们随时都有可能冒出什么新的主意，或是让你难以解决、让你头疼的问题。

与这种人交谈，你就要学会以不变应万变，如果他们有意攻击、诋毁你，你一定要坚持自己的底线，坚持自己的立场，步步为营，滴水不漏，时刻做好与他对峙的准备。在与这类人打交道的时候，一定要有灵活的头脑和随机应变的语言能力，这常常会帮助你渡过难关。

有一个女演员，她和大学时的一个女同学关系不合，总会因为一点小事而吵得不可开交。说来也巧，在一次大学同学举办的同学会上，这名女演员一眼就看到了她的“昔日夙敌”。于是，她故意走到这个同学的身边和她聊天。她们谈到各地的戏院，女演员刚在圣堡戏院演过戏，于是炫耀地问：“你到过圣堡戏院吗?”女同学也摆起了姿态，高声回答道：“去过，而且我还看到了一个非常蹩脚的演员表演……”女同学的回答很不客气，火药味立刻就浓了起来，女演员听后脸色立刻就变了，很生气地说：“那个演员就是我。”这个女同学转过头看了女演员一眼，对自己所说的讽刺的话也感到颇为后悔，心想：“糟糕，这回怕是要大吵一架了。”可是她灵机一动，以惊讶的口气说：“真想不到，在短短的时间内你居然进步得这么快。”女演员听后，怒火顿时消了大半。一句话的转变，就使火药味浓烈的场面瞬间平静下来。

这个女同学很机智，如果她当时继续针锋相对的话，那么这场架也就在所难免了。所以，对于难缠的人，即使你很不喜欢他，也要尽量不让他陷入僵局，给他留点面子，否则他将会记恨你一辈子，致使积怨结得更深。西方有句谚语说：“与魔鬼交往的通道是由善意铺成的。”也就是说，即使那些难缠的人像魔鬼一样奸诈狡猾，只要具备起码的善意，再加上运用恰当的技巧，也可以与之和平相处。

在与这种人交流的时候，首先就是要识别对方的动机，这是最重要的。如果对方的动机是好的，那么即使他们的行为让你不能接受，你也要友好对待，比如说你的老师为了能够让你进步，而采取种种方法来督促你；再比如你的上司对你十分严格，但完全是为了工作着想；你的朋友对你提出意见，却是为了你能够更好。如果动机是不好的，那么就要求你多做防范了。

识别对方的动机之后还要树立良好的形象，与这类人打交道的时候，尽量让对方多说话，你尽量用提问、附和的方式让对方说，然后在对方阐述观点的时候再适当地加入你的观点，使对方不知不觉地接受你的观点。

不要把自己对其的厌恶之情写在脸上，在交谈的过程中，你的语气一定要亲切自然，让对方感受到你的真诚和温暖。否则，这些人的心病就会加重，甚至和你发生误会或冲突。即使和你不喜欢的人交谈，你的脸上也不要表现出不喜欢他的神色。

职场间充满了竞争，各种勾心斗角都是少不了的，对待职场中的难缠之人，我们应该本着“害人之心不可有，防人之心不可无”的态度，时常用这句话来告诫自己，要小心这些人如难防的暗箭。如果你在职场中遇到这类难缠的人，在和他们交谈时，最好多准备几招，以免成为无辜的受害者。

如果你的上司是一个难缠的人，你也还想保住工作，在他的手底下继续工作的话，那么你就要注意平时做事情最好顺着他，说话的时候最好也顺着他的意思，不要违背了他的意思，注意不要让他把你推到对立的位置上。否则，当上司心情不好的时候，很可能你就是他的出气筒。

在你的同事中，哪个人比较难缠，你的心里一定要有数，他们常常很重利益，有的只会说大话，还有的总是不说话，可是他们的一个通病就是喜欢搬弄是非，如果不小心的话，你很可能就中了对方的暗箭。在和这样的同事交谈时，一定要谨言慎语，不要给对方留下什么话柄。

如果难缠的人是你的下属，如果他的建议说出来，而你却没有理睬，或者是不认同，这样就会刺激到对方，你反而要表现出对他的关心、期待和信任，这样他就会产生勇气和自信。

在和各类难缠的人交流时，不妨以赞美代替批评。

赞美总是比批评受用，一般人也比较喜欢和欣赏他们的人共事。试着从周围难缠的人物身上找出值得赞美的地方，诚恳、实在地赞美他。如果这是你第一次这么做，那么这个难缠的人物可能刚开始会心存怀疑，但没有关系，多正视对方的优点也许是改善人际关系最简单、最没有风险的方法，而且即使对难缠的人物也非常奏效。

在我们面对这类人的时候，该退让的就做出退让，能少说几句，就不要逞一时之快来显示你的口才有多出色。毕竟“强龙压不过地头蛇”，能尽量避免“战争”就尽量避免，息事宁人最好。

◎ 与好朋友讲话要贴心

在我们的人生旅途中会遇到形形色色的人，会发生各种各样的事，你的人生之路可能顺利，也可能坎坷。不管你人生的道路怎样，伴你一路走下去的除了你的父母、伴侣，还有你的朋友。

和朋友交谈的时候，说话一定要贴心。真正的朋友在你失意、受伤的时候，他们会永远在你身边说着贴心的话，不用很委婉，但是每一句都能说出你的心声。

周强在一家公司的人力资源部任职。他近来发觉他的朋友沈星举止有些反常，不但终日不发一言，连午餐也是一个人呆呆地坐在办公桌前啃三明治，不肯跟同事外出用餐。这引起了周强的注意，因为他明白沈星向来是个极为外向开朗的人，一般不会有这种令人费解的行为。因此，他决定和沈星好好聊聊，看看能不能帮到他。

周强说："沈星，我发觉你最近的行为有些古怪，变成一个'独行侠'。你以前向来是同事的开心果，跟现在简直是判若两人。到底是怎么一回事呢？"

沈星没有马上回答，思索了片刻后才轻描淡写地说："其实也没什么啦，只是……只是有点闷而已。"

"嗯"，周强点点头，"如果我没记错的话，这种症状大概从半个月前就开始了。在这段时间，是不是发生了什么事呀？"

"这……"沈星又犹豫了老半天才小声地说："没什么……一点私事而已。"

"哦，原来是这样呀"。周强接着说："你看我们都是多年的朋友了，相交莫逆，有什么话，还不能对我说吗？"

沈星听了朋友的话，心中充满了感动，他想了想，说："干脆老实跟你说得了。你也知道我的女朋友晓惠，我和她相处了两年，甚至到了谈婚论嫁的程度。结果……唉，她在半个月前突然跟我提出分手，而且也不愿给我一个合理的解释。我实在是……唉，算了！不提也罢。”

“换句话说，你之所以会变得这么沮丧，就是因为和她分手了？”周强问道。

“何止沮丧，简直都要吓呆了。她实在很过分，莫名其妙地就把戒指扔回给我，连编一套理由来安慰我都嫌麻烦。真的很过分！”沈星回答道。

周如说：“那你打算怎么办？总不能一辈子都这样愁眉苦脸的吧？”

沈星叹了一口气：“不知道，都乱了方寸了。哥们儿，你有何高见呢？”

周强说：“我自己也不知道该怎么办，不过倒是可以提供一个实例给你做参考。我有个朋友在两年前也碰到过类似的事情，一连好几个月都是一副生无可恋的沮丧模样。后来他经过别人介绍，参加了一个专为单身贵族以及离婚人士所设计的相亲活动，没有多久，他就恢复了心情，现在简直是快乐得不得了。”

沈星说：“真的？嗯，这主意不错。听你这么一说，我心都痒了。”

周强说：“那就好。沈星，我很感激你对我这么信任，愿意把心底的话告诉我。你放心，我用人格担保，今天你所说的每一个字我都会守口如瓶。这样吧，你不妨就先去试试看，等过几个月之后跟你再约个时间聊聊，看看这一招有没有效。”

事情就这样圆满落幕了。回想起来，当沈星透露出他觉得很“闷”的时候，周强就知道当中必定大有文章，于是直截了当地提出“时间”这个关键因素。这招果然管用，迅速突破了沈星的心防，把真相和盘托出。最后当沈星向周强求助时，又鉴于这是个非常私人的问题，周强技巧性地引用了第三者的经历来提供意见，而让沈星自己决定是否要采纳。

朋友之间难免会有摩擦，可是在关键的时刻，你能在他需要帮助的时候伸出你的援助之手，说几句贴心的话，你们的矛盾将会化解，和好如初。

人生在世，没有谁是一帆风顺的，谁都有需要帮助的时候，当你也遇到了紧急状况时，你也会需要有人来雪中送炭，而不是在你成功的时候门庭若市，在你低迷的时候门可罗雀。所以，在别人需要帮助的时候，你送去贴心的话或是支持，在你需要帮助的时候，才有可能会有人来帮助你脱离困境。

“我等着你”、“没关系的，事情总会过去的，不管遇到什么困难，我始终会站在你的身边”、“我永远是你坚强的后盾”、“有什么困难就告诉我，咱们是朋友”等等，这些话在你失意的时候，总是显得那么贴心、那么好听。

《士兵突击》中那些铮铮男儿之间的感情让我们记忆犹新，吴哲和许三多能成为朋友，一个年轻有为的少校和一个士官成为朋友、好哥们儿，是让我们都想不到的。在边境与毒贩作战的过程中，许三多近身击毙一个毒贩，这是许三多第一次实战中近距离地打死一个人，受到了很大的打击。面对三天下不来床的许三多，大家想了很多方法让许三多下床，最后是吴哲成功地用花让许三多下了床。没办法，不下床，花就不能绽放，以许三多的善良，自然不会让花为他而死。吴哲其实很会把握人的心态，在许三多终于答应要起来的时候，吴哲又用尽方法使许三多高兴。

吴哲对许三多说：“我觉得你可能是累到了极点，你想找归宿，其实大家都一样。我知道你可能想找回自己以前扔掉的一些东西，找份好的工作，有一些朋友，有点小财产，有自己的私生活，再找个老婆，从容平淡，但就算你认为你找到了你所谓的归宿，你也看不见尽头。因为，人生是没有穷尽的，也就没有什么归宿。顺便说一句，这也是我认为生命当中最重要的一点。”

一段很贴心的话，说到了许三多的心里。这样的例子在电视剧里数不胜数，在我们的生活中也是一样。作为朋友就是要这样，没有年龄与贫富上的差距，就是心与心在交流，他想要听什么样的话，你就说什么样的话给他听，话不在好听，关键是要说到对方的心坎里，这才是真正的朋友。一个人的心理状态、精神追求、生活爱好等等，都或多或少地会在他们的表情、服饰、谈吐、举止等方面有所表现，只要你善于观察，就能把话说到朋友的心里。

◎ 面对陌生人，找熟悉的话题说

面对陌生的人，我们常常不知道怎么开口，常常会出现冷场的情况。其实解决这个问题并不困难，只要你仔细地观察对方，从他的兴趣爱好、个性特点，到他的水平性情、处境入手，快速地寻找话题，找到一个交点集合，作为你接下来谈话的集合点，就会逐渐打破冷场的尴尬局面。

面对众多的陌生人，要选择众人关心的事件为话题，把话题对准大家的兴奋中心，也可以巧妙地借用彼时、彼地、彼人的某些材料为话题，借此引发交谈。

有一次，杨帆和一个朋友去一个教授家，有关论文的事情需要教授帮忙。因为教授是长者，所以他们的交谈很快陷入了僵局，几句客套话一说，后面的气氛变得十分尴尬，杨帆本来就是不善言谈的人，更不知道如何去找话题，就这样干坐着，正当杨帆不知该如何是好的时候，朋友看到教授家的书房里有一个很大的书柜，里面放的大多都是中国古典文学名著，于是朋友就开口问教授："您喜欢古典文学，是吗？"教授先是愣了一下，然后眼睛里面突然有了光，神采奕奕地说："是啊。"朋友便开始以古典名著为话题，请教教授一些问题。一句话的转变，瞬间打破了尴尬的气氛，大家的距离突然近了许多。其实杨帆知道，朋友并不喜欢古典名著，可是他却装作很有兴趣地听着教授大发感慨。就这样，教授很痛快地答应了帮助杨帆处理论文的事情。

有的人相处了一辈子形同路人，而有的人萍水相逢却又觉得相见恨晚，几句话对上了，就互相产生了好感，达到心灵上的共鸣。你要想在最短的时间消除与对方之间的隔膜，还是有迹可寻的，死板的聊天只会让对方提不起兴趣，话题越聊越冷，最终陷入尴尬的局面。所以，我们要挑对方熟悉的话题来打破冷场。

一次，小成在拜访上司的时候，见其墙上挂有“制怒”二字，便得知对方喜欢发脾气，而且还要抑制自己发脾气，于是就问道：“您平时很爱发脾气吗？”上司说：“我很容易冲动，但明知自己有这个毛病，却有时控制不了，为了提醒自己，就写下来挂到墙上，时刻提醒自己，控制自己的情绪。”于是，小成就着话题继续谈，先是表示非常理解，然后说出自己的看法，上司也就同一问题说出自己的感受，两个人聊得非常投缘，这样就缩短了彼此间的距离，两人就有了一种“相见恨晚”的感觉。在之后的工作中，上司对小成也是十分照顾。

我们和别人交谈的时候，还应该留下话头让对方接起，不要把话说完，否则会让对方无从下手，那么你们的对话将会变成你的单人演讲。要知道交流是双向的，留下话头，使对方感到双方的心是相通的，交谈是很和谐的，从而能拉近彼此之间的距离。聪明的人和对方交谈的时候千万不要把话说完，把自己的观点讲死，而是将陈述句变成疑问句。那样对方才会愿意和你继续交流下去。

我们在生活、工作中，常常要和一些陌生人打交道，与陌生人接触，初次见面，给人的印象最为关键。聪明的人在聊天的时候会很快找到突破口，然后投其所好，他喜欢宠物，就和他聊宠物；他喜欢读书，就和他聊文学；他喜欢旅游，就和他聊景点。其实并不需要你知道得太多，只要你挑开话题，说些他感兴趣的话，他就会打开话匣子，你又何愁会因为没有话题而陷入僵局呢？

你只有通过细微的观察，发现和对方的共同点，和人交流起来才能自如。如果在交际场合出现冷场时，你还可以从大家比较关心的事情上入手，女性朋友可以聊聊服装、化妆品、皮肤保养的问题；男性朋友可以聊聊时事、体育、新闻方面的问题，你可以先表达你的观点，然后询问别人对你的观点有什么评价。有时候，你也可以装作不懂的样子，并且还可以表现出急切想知道的样子，让他说给你听，这样能激发出对方的优越感，对方也会因为自己说出的话有人感兴趣而变得兴致勃勃。

◎ 探望病人，多说宽慰话

人在生病的时候也是非常脆弱的时候，情绪低落，久病卧床的人还特别容易胡思乱想。我们去探望病人的时候，一定要特别注意。语言要讲究分寸，说话的时候不可以兴高采烈，也不能表现出厌恶和过分紧张。病人有时候对自己的身体和病情是非常敏感的，在和对方交谈的时候最好尽量少谈论病情，多多宽慰对方。大致说来应该注意以下几个方面。

1. 不能故意装出一副怜悯的样子

如果你故意对一个病人表现出过分的怜悯，他会很反感，甚至觉得你在挤兑他、嘲笑他，觉得自己的病非同一般。你越是对他怜悯，他就会越觉得痛苦。如果他和你平时的关系还不错，病情又不重的话，你不妨说："我也很想生点儿小病，可以安安静静在家休息几天、并且还能见到平时不怎么见到的朋友。"这个时候他就会想到平时为工作忙得不可开交的自己，这会儿却因为一点小病可以得到暂时的休息，庆幸感和欣慰感油然而生。

2. 给对方适时恰当的鼓励

有时候，别人的鼓励对病人来讲就如打了一针强心剂，使他们顿时产生一种与病魔斗争的勇气和力量。尤其是对那些处于情况紧急中的病人，甚至可以起到"起死回生"的效果。

有一个年轻的矿工在采煤作业时不慎被砸伤，处于昏迷状态。患者在医院里苏醒后，觉得下肢不听使唤，怀疑自己将终身残废，于是萌生了轻生的念头。患者的朋友发现他的这一想法后及时鼓励他说："你年轻力壮，生理功能强，新陈代谢旺盛，只要你积极配合治疗，日后加强康复训练，肯定会重新站起来，这是医生说的，请你相信我！”短短几句鼓励的话，使患者抛却了轻生的念头，增强了治疗的勇气。在以后的日子，患者不但积极配合治疗，而且积极地进行艰难的自我康复锻炼，数月后即伤愈出院，他跟友人说：“要不是你的鼓励，我是无论如何也不会对恢复健康抱有信心的。”其实，对于身患绝症的亲友，得体的安慰有时候就是最好的“灵丹妙药”。

3.不说增加对方心理负担的话

任何时候都不要误解了安慰病人的目的，因此应该尽量谈一些使患者开心的问题和事情。如果对方在病倒之前刚刚失去一段恋情，而你却又不断提起失恋的对象，恐怕这样只会刺激他的神经，想必他的心情将会更加烦躁。不管是工作、生活、情感，都应该尽量找一些轻松的话题，让对方的精神放松下来，一种宽松的环境和心境对患者的康复也是大有裨益的。

探望病人时，最忌讳的是说些增加病人负担的话。应该尽量让病人减轻心理压力。探望重病人，一定要同家属、医生口径一致，不可轻易当着病人的面泄露“天机”，以免影响治疗效果。

4.让对方能感受到你实实在在的关心

病痛在身的人，十分需要他人的安慰，因而对探望者的语气语调特别敏感。所以，探望者要努力使自己在交谈时音量适当、语气委婉、感情真挚。要尽量使患者觉得在你探望后感到心情愉快和轻松，让对方感受到你真诚的关心。

说话时要看着病人的眼睛，不要东张西望，使病人感到你在真心实意地关注他。注意问话，不要问“你怎么啦？”最好问“今天感觉好多了吧？”闲谈中始终让病人处于“主导”地位，有时可让病人多说几句，而不是你自己在夸夸其谈。要有分寸地用乐观的话语鼓励病人。不可提及使病人不愉快或伤害病人自尊心的事情，因为病人需要的是安慰和鼓励。

◎ 和领导讲话要把握重点，适时汇报

作为上司，判断下属是否尊重他的一个重要因素，就是下属是否经常向他请示汇报工作。因此，向上司汇报工作对于下属来说是一项非常重要的工作。

作为上司来说，判断下属是否尊重他的一个重要因素，就是下属是否经常向他请示汇报工作。心胸宽广的上司对于下属懒于汇报工作或因疏忽而很少向其汇报工作也许不太计较，甚至会好心地认为也许是下属工作太忙，没有时间汇报；也许是认为本来就是他们职责内的事，没必要汇报；或者是这段时间自己心情不好，他们不敢来汇报等等。但对于怀疑型的上司来说，如果出现这种情况，他就会做出各种猜测：下属是否在这段时间内偷懒，没有完成工作；下属是不是根本就没把他这个领导放在眼里，等等。对于这种上司，下属应该勤于汇报工作，哪怕你只是完成了整个工作的一小部分。如果不经常请示汇报工作，还会埋没你的成绩。经常请示汇报工作，让上司知道你干了什么、效果如何，这样还可以显示出你对他的尊重。如果遇到困难和麻烦，上司还可在人力、物力上支持你，比你闷着头“傻”干要强上千百倍。

1．突出中心，抛出“王牌”

泛泛而谈、毫无重点的汇报显得很肤浅。通常，汇报者可把自己较为熟悉的情况的某个方面作为突破口，抓住工作过程和典型事例加以分析、总结。汇报中的这张“王牌”最能反映出你工作的质量。

市建材公司的冯涛从一个用户那里考察回来后，敲了经理办公室的门。

“情况怎样？”经理劈头就朝冯涛问道。

冯涛坐定后，并不急于回答经理的问话，而是显得有些心事重重的样子。

因为他十分了解经理的脾气，如果直接将不利的情况汇报给他，经理肯定会不高兴，搞不好还会认为自已没尽力去办。

经理见冯涛的样子，已经猜出了肯定是对公司不利的情况，于是改用了另一种方式问道："情况糟到什么程度，有没有挽救的可能?"

"有!"这回冯涛回答得十分干脆。

"那谈谈你的看法吧!"

冯涛这才把他考察到的情况汇报给经理："我这次下去了解到，这个客户之所以不用我们厂的产品，主要是因为他们已经答应从另一个乡镇建材厂进货。"

"竟有这样的事！那你怎么看呢?"

"我是这样想的，我们公司的产品应该比乡镇企业的产品有优势，我们的产品不但质量好而且价格还很公道，在该省已经具有了一定的知名度。"

"就是，一个小小的乡镇企业怎么能和我们相比呢?"经理打断了冯涛的汇报。

"所以说，我们肯定能变不利为有利。当地的建筑公司，多年来使用我们公司的建材，与我们有很好的合作基础，这是我们的优势所在。但该客户答应与那个乡镇企业订货，主要是因为那个乡镇企业距离他们较近。而且可以送货上门。这一点，我们不如那家乡镇企业，如果我们可以直接到每个乡镇去走访，在每个乡镇找一个代理商，这样问题就解决了。"

"小冯，你想得真周到，不但找到了症结所在，还想出了解决的办法，要是公司里的员工都像你这样有责任心就好了。"

"经理过奖了，为公司分忧是我的责任。经理您工作忙，我就不打扰您了。"

不久，冯涛被调到了销售科专门从事产品营销，公司的建材销量节节上升，冯涛也越来越受到重视，很快成了公司的业务骨干。

2. 不要遗漏重点

如何判断什么是重点呢？当上级交待你去完成一件工作时，这项工作的结果对上级来说一定有它的用途。例如，上级请你去对外洽谈年终总结会的开会场所，此时上级要根据场地能否租得到来决定开会的日期。因此，报告的重点将是有哪些适合的场地，在什么日期能租借到及费用各是多少等等。

汇报工作要讲究一定的逻辑层次，不可“眉毛胡子一把抓”，讲到哪儿算哪儿。一般来说，汇报要抓住一条线，即围绕工作的整体思路和中心展开一个面，分头叙述相关工作的措施、关键环节、遇到的问题、处置结果、收到的成效等内容。

作为汇报，提纲挈领是根本原则。英国作家卡普林提出了“5W1H”的汇报要点。所谓“5W1H”是指：

Who……何人（人）；

When……何时（时间、时期）；

Where……何地（场所、位置）；

What……何事（对象、理由）；

Why……何因（目的、理由）；

How……怎样发生的（方法、顺序）。

还有一个要点是后人加上去的：

Howmuch……多少钱（经费、价格）。

此外，报告时一定要注意区别事实与自己的感觉。你工作时，上级并没有亲临其境，他无法辨别你描述的是事实还是你自己的主观感受。事实和观感是有差别的，若给上级错误的诱导，让他下达了错误的指示，这个责任应该由报告者承担。

所以优秀的职员愈是能了解上级要把工作成果用在哪里，就愈能把握住报告的重点，更简单地说，上级的关心点就是你报告的重点。

◎ 和下属交谈的八个技巧

与下属谈话是领导日常工作中非常重要的事，要想让下属服从你的领导，就必须掌握与下属交谈的技巧。

1. 要善于激发下属讲话的愿望

谈话是领导与下属的双方活动，如果领导者只顾自己滔滔不绝地讲，而使下属没有讲话的机会或无讲话的愿望，谈话就要陷入僵局，难于继续下去。因此，领导在与下级的交谈中，首先应具有细腻的感情和分寸感，注意说话的态度、方式以及语音、语调，旨在激发部下的讲话愿望，给对方讲话机会，使谈话在感情交流的过程中完成信息交流。

2. 要善于启发下属讲真话

谈话所要交流的是反映真实情况的信息。但是，有的部下出于某种动机，谈话时弄虚作假，见风使舵，领导喜欢啥就说啥；或者有所顾忌，言不由衷。这都使谈话失去意义。为此，领导一定要克服专横的作风，代之以坦率、诚恳、求实的态度，不要把自己的好恶显现在面部，并且尽可能让对方在谈话过程中真心地了解到自己对其也很感兴趣，并不是奉承，消除对方的顾虑或各种迎合心理。

3. 要善于抓住主要问题

谈话必须突出重点，扼要紧凑。一方面领导本人要以身作则，在一般礼节性问候之后，便迅速转入正题，阐明问题实质；另一方面也要引导对方和阻止对方离题的言谈，要知道，多言是对信息实质不理解的表现，是谈话效率的大敌，还会使谈话主题不突出。

4. 要善于表达对谈话的兴趣和热情

正因为谈话是双边活动，一方对另一方的讲述予以积极、适当的反馈，能使谈话更津津有味，从而使谈话愈加融洽、深入。因此，领导者在听部下讲述时，应注意自己的态度，充分利用一切手段——表情、姿态、插话和感叹词等来表达自己对部下讲话内容的兴趣和对这次谈话的热情。在这种情况下，领导者微微的一笑，赞同的一点头，充满热情的一个“好”字，都是对部下谈话最有力的鼓励。

5. 要善于掌握评论的分寸

在听取部下讲述时，领导一般不宜发表评论性意见，以免对下属的讲述造成引导。若要做评论，应放在谈话末尾，并且作为结论性的意见，措词要有分寸，表达要谨慎，要采取劝告和建议的形式，以易于部下采纳接受。

6. 要善于克制自己，避免冲动

部下在反映情况时，常会忽然批评、抱怨起某些事情，而这在客观上又正是在指责领导。这时领导更要头脑冷静、清醒，不要一时激动，自己滔滔不绝地辩解起来，甚至反感、愤怒。

7. 要善于利用谈话中的停顿

下属在讲述中出现停顿一般有两种情况：一种是故意的。是为了试探一下领导对他谈话的反应、印象，引导领导做出评论而为的。这时，领导有必要给予一般性的插话，以鼓励部下进一步讲下去。第二种是无意的。是思维停顿引起的，这时领导应采取反问、提示等方法接通部下的思路。

8. 要善于利用一切谈话机会

谈话分正式和非正式两种形式，前者多在工作时间进行，后者多在业余时间进行。作为领导，也不应放弃非正式谈话机会。在业余时间无主题的谈话，是在无戒备的心理状态下进行的，哪怕是只言片语，有时也会得到意外的信息。

◎ 诚恳主动地向同事伸出友谊之手

你从一个环境转调到另一个新环境中，面对的上司和同事都是陌生的，从事的工作可能也和你以往做过的不大相同。无形中给你的内心造成一种负担，仿佛人海茫茫，你却在一个孤岛上，不知道如何才能使自己投入人群中并被大家接纳。

在人们的内心深处，对外来以及新来的人都或多或少有些排斥心理。如果你聪明的话，首先就要抛开自己对他人的陌生感、畏惧心、戒备心。一方面，你要多多拜访你的新同事、新上司，多了解新单位的情况；另一方面，你必须专注地投入到你的新工作中。这样的话，你的新同事很快就会接受你，适应你。因为你的拜访说明你对他们有兴趣，愿意和他们相识、结交。同时你专心投入工作，也使他们认为你是个认真的人，并且很喜欢你的新工作，也表明你在各方面都力求和他们保持一致。他们会很快消除对你的排斥心理，会很快同他们打成一片的。

一次，某单位同时调进了两个人，小杨和小白。小杨是个性格开朗、爱说爱笑的人，小白则老是一脸严肃、沉默寡言。

小杨虽然看似开朗，爱说爱笑，可是却目中无人。来到新单位很久了，他不仅没有拜访过任何一位同事，而且在工作过程中也从不向别人讨教，也许是他认为自己有足够的能力干好工作。过了一段时间，大家都认为：小杨能调来本单位，一定是上面有人，看他那副神气劲儿，也不像个能干好工作的料儿。我们干了这么多年了，还免不了互相请教、学习，可他一个新来的，不向我们请教，就能把工作干好？时间一长，大家对小杨都敬而远之，对他不冷不热的。

小白虽然在办公室很少寒暄，总是勤勤恳恳低头工作，但工作之余的时间，却总是问长问短，逐家拜访、了解，打听新环境、新单位的一些情况，顺便也提出了许多工作上的问题讨教。所谓“一回生，二回熟”，“人敬我一尺，我敬人一丈”，没过多久，小白就与同事们混熟了，工作起来更是如鱼得水。虽然自古以来就有“君子之交淡如水”之说，但“礼尚往来”，有礼有节，你有情，我就有意。人与人之间就是通过来来往往、反反复复地交谈、沟通增加彼此间的了解，同时也增进了友谊。

所以一旦你转入了一个新单位，适应新环境最好的方法就是利用业余时间多和人们交流，多向新同事学习、讨教。通过你的话语让你的新同事知道，你需要他们的帮助和友谊。如果你能做到这点，那么还会有谁拒绝向你伸出友谊之手呢？

“小赵，你好！冒昧打扰实在不好意思。不麻烦你吧？我也没什么事情，就是来你这儿随便坐坐。我刚来新单位，也没有熟悉的朋友。我们在一起工作，所以就不自觉地走到你这儿来了。”

“平时上班时间，忙忙碌碌，也没空儿深谈。你来这个城市多久了？你对这儿一定很熟悉吧？”

“小孟，找你真难呀！原想着你是单身，家在外地，我也刚来此地，正好是个伴儿。没想到，找你几趟都不在，今天终于让我‘逮’到你了”。

“原来，你的业余生活还挺丰富的，桥牌、麻将、钓鱼、下棋样样都会。杀一盘怎么样？让我也好向你学几招。”

从以上的例子我们不难看出，只要你诚恳、虚心并主动向他人伸出友谊之手，你的新同事也一定会张开双臂欢迎你的。

◎ 对客户，要提供诚信的保证或承诺

面对客户，做出可靠的承诺是能赢得信赖的。

如果你的产品或服务是好的，顾客的反应也会跟着变好。你的保证愈长，你所能制造的特别期望值越高，越会有更多人来买。

而如果要打消顾客购买之后的担忧，最好的方式就是要向顾客提供保证。你必须做的事就是承担你和你客户之间的所有风险。

万一你向顾客做了承诺或是保证，而你又没有兑现，该怎么办呢？方法有两个：

第一，对客户不满意之处予以补偿。

第二，如果顾客要求退费，运用“两倍退费”法提供金钱上的赔偿。

当客户最后接受到比预期更好的服务、品质以及表现时，你和客户在这个程序中都是大赢家。

一位与笔者曾经一起工作过的猫眼石珠宝商，就提供了一个很贴心的保证：任何一个向她购买宝石的人，不管将宝石带到何处，包括给其他一些朋友，如果他们不满意，甚至改变主意，没问题，只要在一年之内，她都会将顾客的钱完全退还。而在全国的珠宝商中，从来没有人敢提出这样的保证，结果她大获全胜。

有一位知名的糖果制造商，他的糖果棒包装纸上印有“保证满意”的字样，如果你并不满意，只要将此 5 毛钱的糖果棒未吃完的部分及一张写有你不满意的原因的纸寄还，你就可以得到退款。而该公司还会代以另一支不一样的

糖果棒送给你。如果你还是不满意，他们会再送一支，直到你明确表示不需要为止。

还有一家生产美容化妆品的公司，给顾客的承诺是："如果您使用我们的产品，90天内没有看起来更年轻、更亮丽，皮肤更光滑、更有弹性，我们无条件退款。如果您在使用我们产品的90天内，对产品表现不满意，我们就不配拿您的钱，您有权利要求我们在任何您指定的时间内，不问任何问题，将您的钱百分之百退还。您也不需要觉得有任何不对。"

这样一个大胆的保证是需要足够的品质保证的。事实上，这家美容化妆品公司生产的产品品质是一流的，他们在此之前做过充分的试验，证明产品的效果确实非常棒。

但是你的保证必须真诚，全心全意并毫无漏洞。一个有漏洞或不真诚的保证，比没有保证要造成更大的伤害。

第二章
说话要分场合

我们在与人交谈的时候常常会面对不同的场合，对于在不同的场合，我们要说的话也要有所不同。做一个社交达人其实并不是那么难，只要你掌握好说话的技巧，能分清场合，在合适的地方说合适的话，那么你就一定能够得到别人的认可，受到大家的欢迎。

◎ 什么场合说什么话，才有好效果

说话要分清场合，这是人们在长期的工作、生活中总结出来的经验。说话若是不分场合，有时会闹出很多笑话和尴尬。

很多人见面习惯问对方“吃了吗？”不管在什么场合，都少不了这样的问候。两个熟人在厕所门口遇上了，一个正准备出去，另一人正准备进去，两人不约而同地问道：“吃了吗？”其中一个人说：“刚吃过，你呢？”另一个回答：“还没呢，正准备去吃。”不明就里的人还以为厕所是餐厅呢，岂不好笑！

上述例子可以当作一个茶余饭后的谈资，供人们开心一笑，但是这也的确说明了有些话只能在特定的场合说，换一个环境、换一个场合就不行。要明白，某些场合，哪些话该说，哪些话是万万说不得的，只有这样才有利于人与人之间的交流和沟通。

一些人看似伶牙俐齿、口若悬河，但却常常把事情办砸，完全是自己场合意识培养不足的表现。这些人遇事时往往心里有什么嘴上就说什么，完全不顾场合环境，结果有意无意地就冒犯了他人。如果一个人说话不分场合，那不仅不会有好的人际关系，还可能因此吃大亏。你若想受人欢迎，获得良好的人际关系，就必须在什么场合说什么话，否则就会破坏交际效果。

一次，美国总统里根在国会开会前，为了试试麦克风是否好使，张口便说："先生们请注意，5分钟之后，我将对苏联进行轰炸。"一语既出，全场哗然。里根在错误的场合、时间里，开了一个极其不恰当的玩笑。为此，苏联政府提出了强烈抗议。这说明，在庄重严肃的场合里是不宜开此类不当的玩笑的。

这个事例说明，有些人说话之所以惹恼人，并不是他们不会说话，而是场合观念淡薄。所以，对于这些人来说，当务之急在于增强场合意识，懂得不同场合对说话内容和方式的特定限制和要求，时时不忘看场合说话。说话必须要讲究场合，不注意这点，说一些不适宜场合气氛情境的话，往往与初衷适得其反。

喜欢开玩笑的人，让人觉得他很容易接近。一个玩笑可以拉近两个人的距离，但是同样的两个人，同样的玩笑，如果不注意场合就容易使对方难堪，甚至产生矛盾。

小刘和小李两个人关系不错，平时没事也习惯逗乐子。如果几天没有见，一见面一个就说："你还没有'死'呀!"对方也不计较，回一句："我等着给你送花圈呢!"两个人哈哈一笑了事。后来小刘因病重住进了医院，小李去医院看望，一见面想逗逗他，又说："你还没有死呀?"这一次，小刘变了脸，生气地说："滚，你滚!"把他赶了出去。

对方正在病中，心理压力很大。小李在病房里对着忧心忡忡的病人说"死"，显然是没考虑场合，人家怎能不反感、恼火？其实，小李说这话也是好意，他想让对方轻松一些，可惜他在思想上缺乏场合意识，不该在这种场合开玩笑，才闹出了不愉快。

说话分清场合，才能有好的效果，这也是一个人有素养、有眼色的表现。说话时一定要有场合意识，这样才能和周围的气氛相协调。国学大师翟鸿燊曾经说过“不做气氛的破坏者”。可以说，人们对那些破坏气氛、破坏场合的人是深恶痛绝的。

一个会说话的人，要注意以下两点。

1. 要充分利用特定的场合讲话

正因为受特定人际关系和场合心理的制约，有些话只能在某些特定场合说，换一个场合就不行。同样一句话，在这里说和在那里说也有不同的效果。因此，在人际交往中，说什么、怎么说，一定要顾及场合、环境，才有利于沟通。不顾及场合的心直口快是不值得提倡的。

2. 要自觉摆脱谈吐上的习惯性

人的言行往往带有一定的习惯性。这种习惯性使他们说话时来不及考虑就脱口而出，造成与场合的不协调。所以，一个聪明人必须要有意识地摆脱自己口语表达上的惯性，养成随境而言的良好表达习惯。在与人交往的过程中，要把交际对象、交际场合、交际时间等多种相关因素都考虑进去，想一想如何表达自己不失礼数，话说得适时适地，从而使你获得更好的表达效果，达到沟通最优化。

面临着各种各样的场合，面对着各式各样的人物，一个说话高手一定能分清场合，选择最恰当的方式说话，到什么场合说什么话，使自己的谈吐既符合场合要求，又考虑到谈话对象的接受心理，最大限度地实现与交际对象的沟通。这样可以为你增添无穷的魅力，使自己成为一个妙语连珠、谈吐不凡、受人欢迎的说话高手。

◎ 正式场合，语言要简洁明快

简洁的语言是最经济、最实用的手段，简洁明快的语言能输出大量的信息，简洁的语言能带给人们一种生气勃勃的感觉，特别是在正式的场合，简洁明快的话语最受人们的欢迎。所以，我们需要努力培养自己简单精练的语言风格。

说话时运用过于烦琐的语言，会让人觉得很反感。即使很华丽、很优美，可是过多的话，通常会适得其反。我们不管做什么都要掌握好一个度。很多人以为好口才就是口若悬河、夸夸其谈，事实上，这是一种误解。很多时候，你在一开始的时候口若悬河，可能很多人都会关注你，引起别人的注意，长时间下去，若你还是这样喋喋不休，那你将会迎来别人的反感。

特定场合下也许用得上这种方式，但在更多的时候，这并不能表示我们很有口才，相反，却会证明我们说话缺乏诚意、不负责任甚至还会让人觉得你庸俗。这种说话方式很容易让人以为是夸大其词，让人对你产生不好的印象。

在学校开晨会的时候，每当陈校长站在台上发言，下面总会传来一阵欷歔声，原来陈校长是一个中文教授，多年的教育习惯让他变得喋喋不休，虽然每次发言都很精彩，语言也很华丽，在一开始的时候大家都会很认真地听校长的发言，10 分钟过去了，陈校长还没有讲完，又 10 分钟过去了，陈校长还站在上面，当陈校长终于说出“我的讲话完了，谢谢大家”时，站在队伍里的同学们终于松了口气。下一次晨会，陈校长又上了台，同学们立刻就没有了精神，陈校长说：“下面我来说两个问题，第一个问题，如何做好学生的管理工作，第一点……”同学们以为两个问题很简短，可是谁知道两个问题，其中的一个就包括许多个小点。陈校长的话说完，20 分钟又过去了。本来简短的话语，可是他加上了华丽的词汇，3 个字变成了 10 个字，一段话就多出了很多字，原本耐心听话的人，也会变得没有耐心。

我们在讨厌别人喋喋不休的时候，也要想想自己有没有这样的情况出现。一句话能说明的事情，不要用两句话来说，话不在多而在精，这是我们要牢记在心的。

墨子的学生问墨子：“话是说得多好，还是说得少好？”墨子说：“你看田里的青蛙，整天叫个不停，却没有人理会它，而公鸡每天只在天快要亮的时候才叫一两下，人们都很注意它。可见，话不在说得多而在说得有用。”

一个男生去向另一个男生借洗发水，可是他又不好意思，于是就坐下和这个男生开始聊天，聊了半个小时后，男孩起身说，我先回去了。一会儿，男孩又来了，这次他鼓足勇气说道：“我想借一下你的洗发水。”这个男孩立刻就明白了，原来他第一次来和自己聊天就是要借洗发水。本来很简单的一句话，非要绕个大圈子，最终让别人产生反感，明明能办成的事情，最后只能失败而归。

谈话抓不住重点、絮絮叨叨、不着边际，说来说去让人无法把握住他谈话的要点，这种人常会遭到别人的反感。

小洪是一家报社的记者，一次，他托一位同事代买圆珠笔，并再三叮嘱他：“不要黑色的，记住，我不喜欢黑色，暗暗沉沉，叫人一看心情就很低落，千万不要忘记呀，12 支，全部不要黑色。”第二天，同事把那一盒笔交给他时，他差点昏过去：12 支，全是黑色的。小洪埋怨同事，可是同事却振振有词地反驳：“你一再强调黑色的，黑色的，忙了一天，昏沉沉地走进商场时，脑子里印象最深的两个词是：12 支，黑色，于是就一心一意地只找黑色的买了。”其实，小洪只要简单地说“请为我买 12 支蓝色的笔”，相信同事就不会买错了。从此以后，小洪无论说话还是做事都做到言简意赅、抓住重点。

在公众场合，我们最厌恶的就是那些说话半天说不到重点上的人，说了半天，还是不着边际，完全弄不清楚他想表达的意思。这种说话不直接而喜欢绕圈子的人，虽然在业务上会下苦工夫，可是这样的人往往很难成大事。

在社交场合中，简洁的语言通常要比冗长的话题更吸引人，它可以体现出一个人分析问题的能力，它能使听话的人在很短的时间内明白大量的信息，也有助于赢得对方的好感。现代社会本就是个节奏快、时间观念强的时代，文山会海，已被称为社会的公害，所以简洁的语言恰恰可以减少这些社会公害，也被大家推崇。时间观念强、说话简洁的人，会给大家留下好印象。

◎ 与人寒暄，不怕啰唆

与陌生人见面的时候难免有些尴尬冷场，而寒暄就可以有效地缓解这种气氛，寒暄是一把打开话匣子的钥匙，适当地寒暄可以营造交谈的气氛，使气氛变得融洽，帮助你和他人顺利地完成对话。在我们和别人寒暄的时候一定不要怕说什么废话，假如你没有话题说的时候，你可以和他聊一聊天气，这一点是绝对不会有错的。

在与人初次见面的时候，寒暄要适度，既要表现得亲切，又不要阿谀奉承，这样对方才能很乐意地与你交谈。几句简单的寒暄可以打开对方的话匣子，使你们的交谈继续下去，有时候你会觉得“早上好”、“今天天气真冷”这样的话是废话，可是恰恰这样的话就是你寒暄的开始，从讨论天气，再展开接下来的话题，这无疑是一个好的选择。适度地寒暄不仅不会使对方感到厌烦，还会让对方觉得亲切热情、温暖。

在我们与人寒暄的时候，客套话是必不可少的，明知故问的话你也要说，对方的手表很好看，看起来价值不菲，你不妨夸赞一下说：“好久不见，您的风度更加迷人了，您佩戴的这块手表很好看，一定很贵吧。”对方听你这么一说，一定会感到很高兴，自己身上的小东西还会被别人注意，说明你是一个细心的人，他也就会对你产生兴趣，愿意与你交谈。

寒暄是冲破人与人之间交流障碍的有效方法，如果你在和人寒暄的时候能有意无意地插进一些能够吸引对方注意的话题，或者是对方比较了解的一些事情，由此展开交谈，那么寒暄就不仅仅是形式上的客套话、废话了。如果寒暄的话语用得巧妙，那彼此的距离也就很容易拉近了。在温馨的气氛营造成功之后，要及时进入正题，要注意寒暄也不能过度，否则对方会觉得你的热情有些过度，也可能会对你有所提防，那么你之前所做的全部铺垫就白费了，功亏一篑。

寒暄没有固定的方式，通常要注意以下几点。

1. 注意寒暄的内容是否恰当

在我们初次与人见面的时候，可能只有短短几分钟的时间，一般只有简单的几个问答回合。在这个时候，为了加强别人对你的印象，你可以做一般性的寒暄，可以问候、谈论一些无关紧要的话题。我们还要注意应该避免使对方尴尬、触及对方的隐痛、引发对方一些不愉快的回忆，以及那些容易引起争论的话题，但是也不能漫无目的的瞎聊。

寒暄的内容，你可以根据当时的场景来定，可以触景生情。与人初次见面交谈，如果总是在籍贯、家庭、身世上转圈，会让别人觉得你是来调查户口的，对方会对你有所警惕、有些反感，还可能会出现冷场的现象。寒暄的内容不要太过于死板，看到什么谈什么，这样的话会变得灵活，也不至于让气氛变得很死板，还可以增进彼此的友谊。

2. 要保持愉快的情绪

在你与人相遇的瞬间，要迅速地培养出自己愉悦的情绪。我们要做到主动，充分体现自己的真诚，要使对方感觉到你的问候是发自内心的，要使对方受人尊重的心理需要得到一种满足。而且，积极的姿态也是一种自信、真诚的外在表现，这样也会有利于融洽人与人之间的交流。

3. 要选择一个恰当的时机

在与人寒暄的时候也要注意选择恰当的时机。首先，我们要分析对方当时的心情，再决定打招呼时的方式和表情，假如对方的家里刚发生不快的时候，你可以从他的面部表情看出来，这种情况下若你要打招呼，声音不要太大，语言也不要太热情，要低调。或者可以用询问式的语言，用安慰的语气来打招呼。如果对方脸上洋溢着喜气，那你就可以很热情地与他打招呼，使对方感觉到温暖，从而展开讨论的话题。

◎ 公务应酬，说好“酒话”

说起喝酒，很多人都有切身的体会。现代人交际过程中，越来越多的场合离不开酒。确实，酒作为一种交际场合的媒介，在迎宾送客、朋友聚会、沟通交流、友情传递的时候，都发挥着本身独特的作用。掌握一些酒桌上的“酒话”，有助于你的成功。

我们都知道，酒喝多了并没有什么好处，但酒作为一种媒介，很多时候不喝又不行，所以我们一定要练好“推酒”的艺术，少喝酒，还要使在座的各位不扫兴，没有一定的说话艺术是做不到的。

在酒桌上要看清场合，我们要正确估计自己的实力，不要太冲动，要有所保留，还要注意说话的分寸，不能让别人小看了你，也不能过分暴露自己的实力。选择适当的机会，逐渐展露自己的锋芒，才能不被人看低。

我们在参加酒席的时候，酒席上有领导或长辈的时候，你作为晚辈，在你向长辈或领导敬酒，起身说话的时候，所说的话要符合自己的身份，注意要以尊重的态度，注重措辞的严肃性和礼节。如果是熟悉的长辈，而且长辈又喝净了杯中的酒，但你的酒量又不好的时候，你不妨对他撒一下娇，耍耍赖，套套近乎。你也可以对他说：“张叔，您又不是不知道大侄女的酒量是拿不上台的，要是我真的喝多了，还让您操心，您不心疼我了？张叔，您看这是您最喜欢吃的烤鱼，我给您夹一块，您快尝尝好不好吃。”这时候我们不妨给每位领导及长辈都夹一块吃，倒上茶水。这时，你的一番甜言蜜语已经转移了大家的注意力。如果是遇到不是很熟的长辈或者领导的时候，遇到这种情况，你不妨面带微笑地说：“晚辈在长辈面前大杯喝酒，尤其是女孩子会有失体统，再说对长辈和领导也是一种不尊重。”作为晚辈，你已经说出这样的话，长辈也不好再让你喝酒了。

在我们和同事一起喝酒的时候，因为是同事，大家每天在一起相处，抬头不见低头见，彼此之间很熟悉，如果大家能坐在同一个酒桌上，都能比较放松，喝酒时的气氛也会很热烈，这时候要想推酒也就没有那么容易了。所以，在和同事喝酒的时候如果想推酒，就需要发动你的聪明才智了。同事们坐在一起都是平等的，没有业绩的好坏，没有你上我下，所以你不能因为和谁的关系好或者他是你的上司，就喝他让的酒。而其他同事因为与你关系差点或者能力相对差点，就因此不喝他让的酒。那样势必会引起同事对你的成见，而且也会在同事的心中产生不好的印象，大家会觉得你很势利，在以后的工作中，也可能产生不好的影响。

余先生喜得贵子，在孩子满月的时候请同事好友聚会庆祝，小白也在其中，而且小白平时很少喝酒，酒量更是不堪一击。在酒宴上，余先生提议和小白单独喝一杯，小白知道自己的酒量不好，忙起身，堆起一脸笑容，一个劲儿地说圆场的话：“酒不在多，喝好就行。余哥喜得贵子，本来是件好事，我们要是喝多了，那多扫兴啊。大家经常见面还客气什么。你看我喝得满面红光，全都是托你的福，实在是不能再喝了……”结果余先生无可奈何。

俗话说“无酒不成宴”，我们在交际应酬的时候，自然是少不了饭局和酒场的，吃饭喝酒是联络感情、洽谈生意必不可少的事情，只要吃好了、喝好了，没有办不成的事情，所以许多事情就是在推杯换盏、迎来送往中办成了。其实我们都知道，许多生意是在饭桌酒席上谈成的，其成功率要远远高于在办公室。酒其实是给人壮胆的，能麻痹人的心理，人在喝酒的时候就能放下心中沉重的枷锁，喜欢喝酒的人自然也能理解其中的微妙。

在酒桌上我们常会遇到别人劝酒的事情，有人也总是喜欢把酒桌当成战场，想方设法地劝别人多喝几杯，还觉得不喝酒就是不实在、不给面子。以酒论英雄，对酒量好的人来说还好，可是你的酒量要是不好，那就犯难了。所以学会一点推酒的艺术，对我们真的很有帮助。

尤其是女性朋友，在你推酒的时候若是能说出不能喝酒的实情，再加上肢体语言，一定能使劝你喝酒的人欲言又止。

小静去参加一个同学的毕业典礼，宴席上小静看到几个老同学，大家倍感亲切，同学程成端起酒杯说：“小静，好久不见，你是越来越漂亮了，今天高兴，我要和你单独喝一杯，你不会不给面子吧？”小静露出笑容说：“不是不给面子，你的好意我心领了，你的心情我也理解，因为我也有同感，只是最近我身体不好，一直在吃药，医生说让我忌口。我以茶代酒敬你一杯，大家不是常说嘛，只要感情有，喝啥都是酒。”

美酒佳肴、推杯换盏的确能缩短彼此之间的距离，但我们要量力而饮，千万不要因为高兴或者难为情多喝，要尽量保留一些酒量和说话的分寸。你可以说一些幽默的小段子博大家一笑，转移大家的注意力，成功地为自己挡酒。这样你不管做什么，都会给宴会增添不少气氛。

很多人是非常成功的推酒者，任凭你怎么劝，他总是笑而不饮，而且振振有词。聪明人不仅能在酒桌上少饮酒，而且还会很巧妙地推酒，为酒桌增添欢乐的气氛。推酒的方法就如同与人交谈，同样是因人而异，随机应变。

◎ 办公室里不适宜说的话

步入职场的我们，除了家，办公室就是我们常待的地方。在这个大环境里，怎么说话很重要，有的话适合说，有的话不适合说，如果在办公室里说了不该说的话，那么你就有可能给自己惹一些不必要的麻烦。

办公室乃是非的滋生地，同事们每天待在一起，难免会生出一些是非来。我们要想在职场中立于不败之地，一些不适宜在办公室里说的话，我们一定要注意。说话时要小心谨慎，不要因为你的语言失误而承担后果。

平时在办公室里，表面上看起来大家和和气气，实际上大家的内心都在波涛涌动，各种利害关系牵动着同事们是否能同舟共济、携手并进，或是各怀心事，心中暗暗地打着自己的小算盘。所以，这种关系呈现出来的就是和平与争斗共同存在。我们要处理好与同事的关系，一定要注意回避一些话题。

1. 薪水的问题需要回避

很多公司实行薪水不公开制度，同事之间的薪水往往也有着不小的差距，也有着同工不同酬的现象。所以，薪水问题就会引起很多人的心理不平衡。很多人喜欢在发薪水的时候去问别人的薪水有多少，如果他的没有别人的多，他就会觉得心理不平衡，即使他的脸上露着微笑，可是他的心里就不一定了。他会觉得对方是在炫耀。如果你碰到这样的同事，最好早作打算，当他把话题往薪水方面引的时候，你要尽早打断他，告诉他公司不让谈论薪水。如果他的语速很快，没等你打断他就说完了话题，这时候，你就可以冷冰冰地对他说："对不起，我不想讨论这个问题。"识相的人，有一次就不会再有第二次了。

2. 不在办公室里谈论私人的生活

无论你是失恋还是热恋，都不要把你的情绪带到工作中来，更不要把你的感情生活带到工作中来。办公室里容易聊天，不要说起来只图自己痛快，而不去考虑别人的感受，不分对象，往往话说出口了又后悔不已。把同事当成知己并不是一件好事情，你信任他，告诉了他你的秘密，你的私事将来就可能成为他让你难堪的把柄。职场上竞争激烈，你没有害人之心，可是不能没有防人之心，时刻谨记不要把自己的私事带到办公室里。

3. 不和同事谈公司里的人和事

世界上没有不透风的墙，只要你说公司一句不好的话，立刻就会有人传到老板或领导的耳朵里，或者你说一句同事不好的话，很快也会传到他的耳朵里，在你还没有弄明白是怎么一回事的时候，你可能已经得罪了对方。比如你今天和同事说：“小李能力不行，还不是靠着关系进的公司。”过不了两天，这话就传到小李的耳朵里，这可能只是一句抱怨的话，可是说者无意听者有心，你还不知道怎么了就把人得罪了，要是对方再不存好心，说不定还会对你打击报复，到时候，你哭都不知道为什么，早知如此何必当初呢?

4．家财不可外扬

对于你的同事，你的家财最好不要对他们提起，其实这不是什么秘密的事情，也不是你不够坦率，只是什么该说，什么不该说，你的心里必须有数。就算你腰缠万贯，刚买了新房，买了新车，也没有必要拿出来在办公室里炫耀，有些事情知道的人越少越好，被人忌妒的滋味其实不怎么好受，也很容易被人算计。如果碰上家庭条件不好的，此人心胸狭窄，那你岂不是给自己找麻烦吗？所以无论你贫穷还是富有，都不要在办公室里提起，与其讨人嫌，不如知趣一点的好，不该说的话就不要说。

5．有雄心不可外露

我们可能会在办公室里谈起你的人生梦想，其实你有雄心壮志只要和家人朋友说说就好，在公司里没事就念叨“以后我要当老板”、“自己单干”等的话，“等我当了领导，我会怎样怎样”。这样的话说出口很容易让领导把你当成自己的敌人，或者是被同事另眼相看。话说得太大了很容易让同事把你放在对立面上。

“不想当将军的士兵不是好士兵。”这句话就告诉我们，做人需要有雄心。可是实际上不是叫你没有雄心，而是叫你把雄心藏起来，即使有雄心，你也要收起你的锋芒，要知道成为众矢之的的后果并不好。做人有时候要放低你的姿态，才能走得更远，受到大家的尊敬。要知道放低姿态也是自我保护的一个好方法。

6．好汉不提当年勇

我们常说“好汉不提当年勇”，无论你的过去是多么辉煌，多么轰轰烈烈，要知道现在的你只是公司里的一个普通员工，每天要和你的同事们一起工作。没有谁喜欢听你的峥嵘往事，就算你说的是事实，那也只是属于你的光荣往事。你常说，只会让别人觉得你是在炫耀自己，也会说明你现在的状态并不如以前好，能力不及从前。同事们听起你的过去不一定会尊重你，反倒会觉得你现在没有实力，看不起你。久而久之，同事与领导会渐渐地疏远你，过分地炫耀，会伤害到同事及领导的自尊心，必然会导致大家疏远你。一个人过分沉溺于自己的过去，会让人觉得你活得不现实，生活在现在这个群体中，就应该很好地融入才对，而不是刻意地孤立、抬高自己。即使你曾经辉煌，那也只能代表你的过去，想要证明自己的实力，还是要融入现在的群体，拿出你的真本事，让大家心服口服。

在职场生存本来就不容易，我们更要时刻保持警惕。要知道办公室是闲话的滋生地，工作闲暇的时候我们就喜欢找些话题来放松一下，为了不让闲话侵入私人的空间，最好的办法就是围绕一些无关紧要的事情，比如天气、时事、新闻、电影等都可以成为我们在办公室里闲谈的话题，避开个人话题，不牵扯个人利益。

有时候，办公室会像一个温暖的大家庭一样；有时候，也会像战场一样的残酷。我们在工作的时候，一天至少有 1/3 的时间在办公室里，所以办公室也可以算得上是我们的第二个家，为了让我们的这个家庭变得温暖，请你注意什么话该说，什么话不该说。

第三章
说话要讲身份

我们每个人在社会中都要面对不同的人，在不同的人面前，我们的身份也有所不同。在父母面前，我们是子女；在家庭里，我们是丈夫或妻子；在孩子面前，我们是父母；在上司面前，我们是下属；在下属面前，我们是领导……所处的身份不同，我们也就要按照自己的身份来说话，不要让你的语言背离你的身份定位，给你带来负面影响。

◎ 作为东道主，说话应热情周到

我们在与人交往的时候，在你的“主场”一定要做到热情周到，在你的地盘就一定要尽到地主之谊，让对方不要产生被冷落忽略的感觉。不要见到谁都板着脸，要知道没有谁愿意看一张板着的脸。

“来到这儿就当是自己家，别客气”，“有什么照顾不周的地方，你就跟我说，我让他们去做就行”。像这样热情的客套话，让对方听起来也会觉得很温暖。

人与人是有差异的，每个人待人接物的方式方法都不一样，有的人给人的第一印象就是冷冰冰的，可是一旦你表现出你的热情，他也立刻会用他的热情来对待你。

赵平是一位非常优秀的数码相机推销员。有一天，一位顾客来到他的数码产品直销店挑选相机，这位顾客看了店里所有的相机之后，没有看中任何一款，正准备离开。这时，赵平走过去热情地对他说："先生，我可以帮你挑选到你最满意的相机，我是这里的推销员，我很熟悉附近的数码产品直销店，我愿意陪你一起去挑选，而且还可以帮你砍砍价钱。"

这位顾客同意了赵平的请求，赵平带着他来到另一家数码产品直销店。那位顾客把所有的相机店都看了一遍，还是没有挑选到他满意的相机。

最后，这位顾客对赵平说："我还是决定买你的相机。老实说，我决定买你的相机并不是你的相机比其他店里的要好，而是你对顾客负责的精神感动了我。到目前为止，我还没有享受过这种宾至如归的服务。"

结果，这位顾客从赵平那里买了三个相机，而且，还在他的朋友圈内免费为赵平做广告，给赵平介绍了很多客户。

热情最能够感化他人的心灵，在对待顾客的时候富有热情，在销售过程中待人接物更要始终保持热情。在你的主场保持热情会使人感到亲切、自然，从而缩短与对方的感情距离。

如果在和他人交谈的时候，你总是板着脸，说着冷冰冰的话，对他人也是爱答不理的态度，那么对方又如何能够喜欢你呢？又如何有兴趣听你讲下去呢？如果你说话缺乏热情，你的话语就像是蔫掉的菠菜，毫无生气可言。

有热情才会有动力，有动力才能全身心地去做好每一件事。对他人讲话的时候，热情周到是使交谈顺利进行的关键之一。有了热情，谈话才会取得良好的效果。你的热情也会成为你最好的招牌。

一位女士想要买房子，可是高傲的她只是一个人在一边看着广告牌上的信息，不管业务员怎样对她笑、对她有礼貌地说话她都不理不睬，也不离开。业务员小江推断这位女士一定想买这里的房子，于是走上前微笑着对这位女士说："您好女士，您是想买房子吗？您看外面挺热的，不如到屋子里凉快凉快，您坐下来喝杯水，我跟您慢慢地介绍，这广告牌上只有一部分房子，还有一些新出的好户型，我们还没有来得及贴出来呢。”小江说了那么多话，女士还是无动于衷。于是，小江继续面带微笑地说：“女士，您看看太阳这么毒，我们倒无所谓，倒是您，晒黑了就不好了，现在紫外线那么强，对皮肤伤害很大的。屋子里有空调，吹着冷气，会让您舒服一些。”女士终于听从了小江的话，决定到屋子里坐下来听小江慢慢地介绍。

原来这位女士就住在附近的小区，现在远方的父母也想搬过来，可是这些天她一直没有找到合适的房子，小江热情地为女士介绍着，并预约了三套房请女士看。感受到小江热情周到的服务态度，女士一直冷冰冰的脸终于浮起了一丝笑容，从中午到傍晚，小江一直热情地陪着女士看房子，终于在看第三套的时候，女士中意了。

临走时女士对小江说：“小伙子，你真是热情啊，我还有朋友想在附近买房子，到时候，我一定把你介绍给他们。”

在生活中，我们每个人都尝过被别人冷落的滋味，这样的滋味很不好受，尤其是你是一个很热情的人，人际关系也很不错，可是你到了一个新环境，总会有人对你不理不睬的，这样你心里的落差感就会产生，这个时候，你千万不要灰心，继续用你的热情去笼络他的心。俗话说得好，“伸手不打笑脸人”。他再怎么冷漠，都无法对你的笑脸及热情周到的话语发脾气，他也不能拒绝你的热情，最终他会被你所感染，接受你。

与人交谈时热情周到，总是会得到相应的回报，在别人对我们冷漠的时候，我们不能同样用冷漠的态度去面对这些，如果大家都冷漠，那么关系只能是越处越僵，最后形同陌路。在遇到别人对我们冷漠的时候，我们就要用热情周到的话语去贴他的冷面孔，时间久了，再冷的面孔也会被融化。

◎ 做好绿叶，切忌喧宾夺主

在不同场合，我们一定要认清我们所处的位置，处在什么位置上，就做你该做的事情、说你该说的话，说的太多有时会让对方误解，对你时刻提防，这样对你也不是一件好事。

在生活中，我们每个人都是主角，演绎着自己最美好的戏，可是不要忘记了，很多时候我们并不是主角，而是配角。好的配角，说好自己该说的台词，千万不要抢了主角的台词，这样才是聪明人的做法。说话也是一样，你若是在不该说话的时候说了领导要说的话，就会让领导觉得你不把他放在眼里，想要取代他的位置。可能你只是习惯于这样说话，可是要知道这并不是很好的说话方式。

赵彤是一家外企所辖分公司的员工，经过几年的奋斗，她已成为这家公司的公关部经理。

一次，总公司的几位高层领导在北京举行宴会，除了北京分公司的总经理及一些要员外，英国总部也来了不少重要人物，再加上一些大客户的参与，宴会的阵容显得非常盛大。

赵彤在商场中有着一定的声誉，平时也喜欢以女强人自居，让她引以为豪的是自己的业绩一直都非常出色。

正是因为她的自以为是，使得她在一些宴会中，风头常常凌驾于北京分公司总经理之上。总经理是一位性格宽容的好好先生，一般也不会让她难堪。于是，她更加有恃无恐，准备抓住这次宴会的时机开拓自己新的职业生涯。

宴会当晚，赵彤周旋于宾客间，确实令宴会气氛甚为活跃。到总公司的高层和主管分公司的总经理致辞时，赵彤在旁一一介绍他们出场。轮到她的上司，即分公司的总经理时，她竟先说了一番感谢词："谢谢大家光临，公司能有今天的辉煌，都离不开大家的努力啊。希望以后我们还能再创佳绩。"虽然只是三言两语，但已让总公司的主管皱眉，因为她当时只负责介绍上司出场，而无独立发言权。

在宴会的过程中，总公司主管主动与她交谈了一番，发现她在提及公司的事务时，常以个人主见发表意见，全然不顾经理的旨意，给人的假象是，她才是这个分公司的总经理。

宴会后，分公司经理被上级邀请开会，研究他是否坚守自己的职位，是否能胜任自己的职务。后来，赵彤因越位，说了本不该她说的话，被他的上司找个借口"炒了鱿鱼"。

赵彤的错误之处，是她的"手伸得太长了"，嘴巴太快了，说了不该说的话，把上司晾在一边，反客为主，遭人排挤，造成不必要的麻烦，最终只得以职场中黯然离去。

在职场中，你一定要清楚什么话该说，什么话不该说，这是一种智慧、一种气度。在一个团体之中，每一个人都有属于自己的位子。我们应该根据现实情况找准自己的位子，既不要越位，也不要让别人占了自己的位子，这样，才能够保证团体成员间的协调合作，推动共同的事业向前发展。假如一个球队的前锋跑到后卫的位置，中锋又跑到前锋的位置，那么这场球赛必输无疑。说话也是一样，找不准自己的位子，抢了主角的台词，就会给自己造成不必要的麻烦。

老李的孙子满月，他请了很多亲朋好友，一屋子的宾客为他的孙子送上祝福，其乐融融。这时老李的战友老余，看到大家都在兴头上，就拿着手机翻出了自己孙子的照片，给大家看自己孙子的照片，嘴里还一边说着："你们看，这是我孙子百天的照片，你看多胖啊，长得多可爱啊，你看那小嘴，这孩子可聪明着呢……"老李看到这个情况，心里很不愉快，于是就收起了笑容，众人发觉了，便不准备答理老余，可是老余还在那里喋喋不休，弄得场面很尴尬。

在不该你多说话的时候，你就最好少说话，只要迎合就好，就像是相声中的捧逗之分，有捧有逗，节目才能演下去，若是逗哏抢了风头，那么这节目还怎么演下去呢？

我们居于次要地位的时候，就实实在在地做好我们的配角，和主角争夺位置是没有必要的，争夺不属于你的位置，到头来会得不偿失，还会让你丧失容身之所。不要为了逞一时之能而断送了自己的前程，这不是聪明人所为。所以我们在说话之前一定要考虑清楚，是不是到自己出场的时候了。

把握好适度的原则，不越位，不越权，不要让不分主次的失误害了你，把事情做过了头。要与人和谐相处，就必须找准自己的位子，使所说的话符合自己的身份。

◎ 下属进谏，巧妙说出意见

进谏是一门学问，作为下属，把自己心里的意见、建议巧妙地说出来，既可以让自己的想法付诸实施，又可以得到领导的赏识，这不是一件容易的事情。面对来自上面的压力，总有一些话想说，可是又不知该如何说出口，如鲠在喉，不吐不快。这时，你应该怎么做呢？即使是金玉良言，也不可以完全不顾及领导的颜面，不管领导职位的高低，不管领导是否大度，你尖锐的语言都会惹得他不高兴，那你为什么不在进谏的时候动动脑子，换个说法呢？要知道忠言也可以不逆耳。

一般来说，好建议都应该从正面说，但不是人人都可以接受你的直言，不管你面对的人是谁，都应该考虑对方能不能接受。那些固执己见的人，往往不容易接受你正面提意见，如果同他争辩，不仅不能让对方接受，还会适得其反，最终不欢而散，达不到说服的目的。我们向领导进谏的时候，不妨试试以下几种方法。

1. 良好的建议，用幽默的方法说出来

某公司的员工待遇相当不好，公司的全体员工苦不堪言。公司领导知道公司的这种情况，可就是不愿意改善职工的待遇。

有一次，公司的某位员工针对越来越严重的迟到现象对领导说："刚到公司的新职员简直没法到公司办事！"

领导问："这是为什么？"

这位员工说："坐出租车吧，觉得车费太贵；坐公交车吧，又苦于挤不上去；而且每月的交通费也是一笔不小的数目，让他们如何能解决这个问题？"

这个员工叹了口气，一副束手无策的样子。领导接着说："走路来上班，倒是不费钱，而且可以借此锻炼身体，不是好办法吗？"

这个员工摇了摇头说："这个方法不行，鞋袜要是走破了，他们可买不起新的。我倒有一个办法，希望领导出一个布告，提倡赤足运动，号召人家光着脚走路上班，这个问题不就解决了吗？谁让他们命运不好，出生在这个年代？谁让他们不去想赚钱的门路，却只能当苦命的职员？他们坐不起出租车，也不能鞋袜整齐地到公司上班，他们只能自认倒霉！"

这个员工边说边笑，让公司领导觉得挺不好意思的，于是答应改善下属的待遇。

用幽默的方式对领导提出你的建议，这是一种聪明的做法，在嬉笑之间，领导会欣然接受你的意见，你的目的可以达到，还不至于得罪领导。

这个员工就是采用开玩笑的方式来劝说领导的。他没有正面劝说领导，而是用责备下属的语气尽情表露他们的苦衷，用反面的方式表达正面的意思：公司待遇太低。在语气上是嬉笑，实质上是建议、批评。由于比较委婉，不伤对方面子，对方容易听进去，一旦对方觉察到自己的过失，就容易接受劝告，改变行为。

2. 将"意见"转变为"建议"

在恰当的时机向领导提几点建议，它不但包括了你所提出的意见，还包括了你提出意见的方案。建议合理、恰当可能会使你的工作变得顺利，该提问题的时候要委婉地提出，可是要记住，把做决定的事情交给你的领导去做。

卫天骄是一家公司老板的秘书。一天早晨，老板把他叫到办公室，对他说："你起草一个关于公司改革销售人员的奖惩办法，结合以前的方案，再补充一些，明天早上拿给我看。"

回到自己的办公室，卫天骄搜索整理了公司以前的奖惩办法，发现其中多是惩罚的条款，而奖励的条款很少，而且在奖惩幅度上，惩罚力度明显比奖励的要大得多。需不需要把这种情况反映给老板，还是直接按照自己的想法把奖惩标准统一？当时卫天骄还真有点犯难，因为老板没有明确告诉他要怎样做，只是让他起草。想来想去，他决定先找老板把自己的想法说出来，再请示一些具体问题。

说完自己的想法和改进意见后，老板连连点头，接受了他的建议，最后说："先按照你的想法起草吧。"

下班前，卫天骄拿着起草好的方案走进了老板的办公室。老板看后，表扬他写得很好，然后他又补充了几条，让卫天骄加进去。

第二天中午，卫天骄再次把打印好的完整文件拿给老板看，说："张总，您看还有什么需要补充的？"老板说："哦，很好，不需要了，就这样吧。"卫天骄看到，老板的脸上有一丝笑容掠过。

第二天下午的公司全体大会上，老板宣读了卫天骄起草的新的奖惩规定，当读完最后一条时，台下突然响起了热烈的掌声。卫天骄知道，这意味着大家对新规定的认可和接纳，也是对他工作的肯定。

从上面的事例，我们可以得到很好的启发：将"意见"转为"建议"的确是一种向领导进谏的好方法。站在领导的立场上，出发点是好的，也维护了领导的权威。这种方式还照顾了领导的自尊，容易让领导接受，效率也会比较高。

3. 用一分钟说完你的建议

向领导提意见，你认为多长时间会比较合适？一般来说，谁都会对长的意见感到不耐烦。如果你能在一分钟内说完你的意见，领导就会觉得很高兴，如果他觉得你说得在理，也会比较容易接受。即使他不赞成你的意见，也不会因为你占用他的时间而对你反感，他会觉得你用心了，以后还会对你多多关注。

4. 让你的建议有理有据

向领导提建议的时候，当你的建议被一些否定的词驳回时，就应该在你建议的内容以及方式方法上多下功夫。内容上，既然是提建议，就应该有理有据，不仅要把自己的建议表达出来，还要以大量的数据材料为依据，否则领导一旦问到了，你又答不出来，就很容易让领导怀疑你是在信口开河。如果你的建议没有问题，那就应该注意你提建议的方法，向领导提建议本是好事，可是你的热心过头，领导就会觉得你是不怀好意，不会接受你的建议。这时，你一定要记住，不要过于自作主张而忽视了领导周围的人际环境以及时间安排。

◎ 作为领导者，说话应谦恭

一个人想要成功，就要以一种低姿态出现在别人面前，态度要谦和、朴实。作为下属，你要谦虚；作为上司，你也要学会放低自己的姿态，没有人喜欢总是仰望别人，作为上司你要知道，得不到下属的拥护，你的位置是坐不久的。所以有一天你坐在高位的时候，要注意你的言辞，不要对你的下属要派头。

李泉是公司的老总，在一次例会上，他姗姗来迟，让大家等了很长时间。他到会议室之后，并没有因自己的迟到向大家表示歉意，而是开口就说：“刚才堵车，我来晚了，但是你们上班绝对不可以迟到，否则就扣除你们的奖金，我这么做，因为我是老板，而你们是员工，你们没有权利迟到。”李泉说完这些话，立刻就引起底下的一阵骚动。有人开始窃窃私语，有人故意咳嗽来表示自己的不满，整个会议室开始变得混乱，可想而知，员工对于李泉这些话的不满程度。

喜欢耍派头的人，总是会让人觉得不舒服，大家都不愿意接触你。你是上司，所有的人只会用敬而远之的态度去面对你，你们的关系只会越来越疏远，只会保持在上下级之间。在一个公司里，大家都喜欢和平易近人的上司打交道。要知道你的架子会导致你的孤寂，权力越大，也就越孤独。

如果你在谈话中不尊重人，语出伤人，说了不客气的话，就会很严重地影响到自己的形象。语言也体现出一个人的素质，一个没有素质的人还能有什么威望呢？所以，领导在说话的时候一定要注意说话的轻重和方寸方法，没有素质品德的领导最终会导致众叛亲离的下场。

老于是某公司的经理，一次，他接到了上级的通知，说总公司的领导要来视察，老于觉得这是一件大事，于是就召集所有员工开会说："你们明天要穿得正式一些，有总公司的领导来视察，我们要给上级领导留下好印象，要知道你们代表着公司的形象。"虽然有些形式主义，但是大家觉得领导的出发点是好的，也就同意了。

第二天一大早，大家都提前到了，着装也都很正式，有的员工甚至还买了新衣服穿上，可是上级领导来了之后，视而不见地去了财务室，完全没有注意员工们的穿着打扮。上级领导查了账户以后，看出了很多问题，于是严厉地批评了老于，希望他能对这些问题做出一个交代。

上级领导走了以后，老于来到了员工们的办公室，他见到秘书小珍，大吼道："我昨天不是让你们穿得正式一点吗，你看看你们都穿了什么？小珍，你看看你穿得像斑马一样，还有你，小陈，你的领带怎么和裹脚布一样。小王，你怎么不把妆化得再浓一点，简直可以到舞厅里去上班了。"老于把所有的员工都批评了一遍，他把上级领导对他发的火全部都撒在了员工身上，他倒是痛快了，但所有人心里都不痛快了。后来大家纷纷辞去了工作，老于看着眼前空荡荡的办公室，悔不当初。其实员工们并没有错，谁都希望自己的公司形象好一点，他们的穿着打扮都很得体，但是老于却为了出气，将他们贬得一文不值。

作为领导，你一定要注意自己的措辞，出言不逊只能伤害员工们的自尊心。身为领导一定要注意你说话的分寸，领导在单位里扮演着家长的角色，既要树立威信，也要和大家做朋友，即使你的员工错了，也不能用恶语来中伤他们，应该和颜悦色地对他们进行讲说，你要学会尊重你的下属，只有你尊重别人，别人才会尊重你。

作为一个上司，想要笼络人心，千万不要以高姿态出现，你的高姿态会让人觉得厌烦，很多人不愿意受气，你的人际关系也就不好，作为领导，如果你的下属都不拥护你，那你作为领导是非常可悲的。

在社会上生存并不是一件容易的事情，我们更应该学会处世之道，即使你做了领导，你也要注意你的言行，不可一世的态度最终会让你众叛亲离。放低姿态，并不是让你低声下气，讲话的时候放低姿态也是一种艺术，特别是你和对方的地位悬殊的时候，地位高的人采用适当的低姿态，可以满足和你说话的人的自尊，这样你们的谈话将会很顺利，你也自然会受到欢迎。领导在谈话中放低姿态，能拉近与下属之间的距离，而且更容易进行沟通。

◎ 同事之间，说话要有所保留

在职场中，不如意的事情太多了，不公平的事情也是随处可见。不合理的制度、没有能力的人却做了你的上司、同事之间的勾心斗角，等等，都会让你烦恼不已。

面对这些不如意的事情，你不能不分场合、不分对象地肆意评说，要知道你的直言直语只能解你一时之快，却给你带来巨大的影响。职场中聚焦了形形色色的人，小人处处可见，不知道什么时候你就会被自己的直言所害。

在我们与同事交往的时候，一定要注意保持恰当的距离。不管你们的关系多么要好，距离的保持是很有必要的。在办公室内发展友情，我们不得不去考虑其中的利益关系。如果说职场的友谊是一朵美丽的花，那么其中的利益就是长在花中间隐蔽的刺，在利益当头的时候，那些隐蔽的刺往往会变得突兀，伤及感情。

身在职场，你一定要知道：公司并不是你畅所欲言的地方，你若是常常对同事毫无顾忌地说出你心中的想法，那么你留在公司的时间也就快到尽头了。

在和同事聊天的时候，我们常会不由自主地抱怨公司里令人不满的事情，而大家在抱怨的时候，并没有意识到自己所说的消极言论所带来的负面影响。无论怎样，在工作场合话语都应该是积极的。你要想畅所欲言，又不希望自己完全不受影响，那是绝对不可能的，所以在你和同事讲话的时候，一定要注意你的言论。只有将你的牢骚藏在心里，你才能做职场的常胜将军。

王欣和琳娜是好姐妹，两人又是同乡，年龄相仿，喜好相似，都喜欢吃湘菜，喜欢看电影。更巧的是，两人又同时应聘到同一家公司工作。两人中午一起去吃饭，周末一起去逛街，关系越来越亲密，彼此也成了对方的心里依靠。

几个月后，王欣的销售业绩很好，职位也有所提升，作为好友的琳娜也很高兴。随着职位的升高，让王欣烦心的事越来越多。吃午饭的时候，王欣开始谈论一些同事的话题，有时候，王欣会抱怨部门其他的同事，抱怨他们拖后腿，不能完成公司的销售目标。而琳娜呢？永远只做个忠实的听众，从不发表意见。她也从不把自己的心事说给对方。

两个关系如此亲密的好姐妹，谁料想到她们之间也会出现裂缝。

有一次，两人因为一个客户的问题发生了口角，她们都认为这个客户应该是自己的。刚开始的时候，她们还能心平气和地说，到后来，两个人都抑制不住心中的怒火，竟然吵了起来。琳娜对同事们说："你们评评理，你们知道王欣在背后怎么说你们的吗，她说总经理和副总关系很不一般，副总是靠总经理才爬上去的，否则就凭她的实力，能坐到那个位子上嘛？还说小于能力不行，效率低下，一直拖大家的后腿……"王欣很吃惊，她没有想到自己和琳娜闲聊时的话，她竟然当着大家的面说出来。她一直当琳娜是好朋友，什么牢骚抱怨的话都说给琳娜听，却得来这样的结果。又羞又愤的王欣，只得把客户给了琳娜。后来，大家听说王欣在背后说自己的是非，也都不愿意和她来往了，最后王欣不得不选择辞职离开。

所以，想做办公室的赢家，一定要守住自己的秘密，不可轻易地与人推心置腹，即使是你最好的同事，也不能口无遮拦，你的口无遮拦有可能就会是你最大的把柄，祸从口出的事情，可能就在此时种下祸根了。

小剑和小方是大学的同学，两个人上大学时关系很一般，后来进入了同一家公司，又住进了同一间宿舍，渐渐成为知己。因为读大学，小剑借了很多钱，为了能把钱早点还上，小剑悄悄找了一份兼职，帮一家小公司管理财务。小方发现小剑下班后总是忙得不可开交，就问小剑是怎么回事，小剑就把自己做兼职的事情告诉了小方。

每一年，公司都会派一名优秀的员工去一家著名的商学院进修，恰好这次的进修，小方和小剑同时被列入了候选名单。小剑对小方说："如果我们能一起去该多好啊。"小方说："但愿是这样。"

结果小方被选为进修的员工，小剑很失落，他非常想得到这次进修的机会。于是小剑找到经理想问清楚这件事情。

经理看着小剑说："你太忙了，就免了吧。"

小剑说："我手头的工作很快就能完成的。"

经理脸色一沉说："你走了，那家小公司的财务谁管？"

小剑大吃一惊，经理怎么会知道自己做兼职的事情？于是他辩解道：“我兼职是有原因的，这并没有影响我的工作。”

经理说：“好了，我还有事，你也回去工作吧。”小剑听经理这么说只好离开，他没有想到小方会出卖自己。

在办公室中发展友谊，不得不让我们考虑到利益的关系，最好的方式，就是与同事说话时保持一定的距离。

古人云，“君子之交淡如水。”那么在今天，同事之间也应该做到“同事之交淡如水”。在你和同事交谈的时候，一定不要牵扯个人的利益隐私，同事之间的是非，你也不要掺和。在这单一枯燥的办公室环境中，聊天就成了大家生活的调味剂。说出去的话就像泼出去的水，收不回来。一句话说错了，可能就会给你带来很多不必要的麻烦，与其这样，不如在同事面前说话的时候保持适当的距离感。同事之间最好不要走得太近，什么话该说，什么话不该说，你一定要清楚，否则吃亏的只有你自己。

◎ 面对家人，多说关爱话

一个家庭想要“家和万事兴”，家庭成员必须要相互体谅、相互包容。在工作中，你或许是老板、上司、下属；在家庭中，你或许是父母、儿女、伴侣。我们最好不要把工作中的情绪带到家里来。很多人都有职业病，但如果把工作中的情绪带到家里来，那样会给家人带来很多困扰。

我们在家的时候说话要注意，在你面对家庭成员的时候，你的身份不一样，对于不同的家庭成员，你说话的语气方式都会要有所不同。

父母对孩子总是很贴心，不管你说什么，他们的话总是能带给你无限的温暖。作为子女的我们在对父母说话的时候，也一定要注意你说话时候的口气，不要让你的不耐烦伤了父母的心。

“天气冷，出门多穿点。”母亲看着衣着单薄的你说着。

“哎呀，我不冷，我赶时间，不和你说了。”你挥着手不耐烦地向母亲说着。

“路上小心，看好自己的行李，到了打电话。”离家前，父亲不断地叮嘱你。

“好了好了，我又不是小孩子，又不是第一次出门。”

很平常的话，蕴藏着父母的爱心。我们在对父母亲说话的时候，一定要耐着性子，心平气和地跟他们说话，这样才不会伤了他们的心。

父母并不奢求从我们这里得到什么，只是希望听到我们几句关心的话：“妈，天气冷了，您要多注意身体。”“爸，您的身体不好，天气寒冷，出门多穿点儿衣服。”

有一个年轻人常和父亲吵嘴，当父亲带着一肚子气离开家上班后，他便开始后悔，于是他拿起电话给父亲道歉：“爸，刚才的事是我太冲动了，我向您道歉。”“没关系，没关系，我怎么会生你的气呢？”电话那头，他可以听得出来父亲的声音是喜悦的。争吵是难免的，只要你能说出几句贴心的话，什么事都会烟消云散。

因为是一家人，家是我们最坚强的后盾，所以我们在与家人对话的时候，一定要和气。夫妻吵架是常有的事情，两个人互不相让，最后闹得不可开交，伤神又伤心。

一对夫妻因为一件小事吵得不可开交，女的生气极了，激动地收拾完东西说道：“天啊，这还是家吗，我再也待不下去了。”说完她就拎起自己的皮箱冲出家门。她刚出门，看到男的也跟上来了，怒气冲冲地说：“等等，咱们一起走，这样的家有谁能待下去呢？我也决定出走了。”男的也拎上自己的皮箱，追上女的，从她手里把箱子接下来。

妻子被丈夫的这一举动逗笑了，之前的不快全都忘记了。

丈夫的一句话让妻子破涕为笑，妻子也不好再继续生气了。

家庭里，我们每个成员都应该相亲相爱，说话应该和和气气，即使发生矛盾，也不可以说出让人伤心的话，互相谦让，家才能和和美美。

作为儿媳，应当善解人意，你要想想，你的母亲是母亲，那丈夫的母亲呢，难道就不是母亲了吗？作为儿媳不要凡事都站在自己的立场上，对婆婆说话的时候横眉怒目的，这样，想让家庭和谐是不可能的。

小萍的小姑拿回来一身新衣服，很漂亮，作为儿媳的小萍看到后心里很不舒服，心想这一定是婆婆买给小姑的，认为婆婆偏向自己的女儿。她越想越生气，这时婆婆说："我出去一下，晚饭你自己做一下吧。"小萍恶狠狠地说："不自己做难道还要你做？"这句话一说出口，婆婆心里难受极了。为了搞好团结，婆婆上街买回同样的衣服给儿媳，说："我不能亏待儿媳，一人一身。"后来小萍才知道，那身衣服是小姑的男朋友买给她的，不是婆婆买的。小萍心里一阵自责，同时，她也感到了婆婆的宽容，以后她不再多疑，对婆婆说话也友善多了。此后，婆媳关系也就密切多了。

我们在家庭中充当着不同的角色，不管我们身处何位，我们对家人说话都要有爱心，家人给我们永远是最温暖的感觉，要记住"家和"才能"万事兴"。

第四章
说话要看形势

人生在世，什么样形形色色的事情都可能遇到，于是我们应该在不同的形势中说好不同的话。在你说话之前，要看清你所处的形势，不要在不适当的时候说出不恰当的话，让别人尴尬，这样也会弄得自己很没有面子。说话的时候，要适当地站在对方的角度去思考问题，想想这句话说出口会产生什么样的影响，会不会给别人带来什么不便。突如其来的问题有很多，我们就需要更多的应对技巧，看清形势说话，才是最重要的。

◎ 求人办事，应仔细斟酌

我们常说：“出门观天色，进门看脸色。”观天色，可推知阴晴雨雪，携带雨具，以不受日晒雨淋，看脸色，便可知其情绪。人的面部表情色彩屏幕上显示的图像不同，人的情绪也不同。学会察言观色，实在是不可忽视的为人处世之道。知道情绪便能善相处；善相处，便能心相通；心相通，便能达成一致。

这里的脸色就是我们所谓的时机，也就是说，我们在对方心情好的时候说出你的要求建议，对方接受的可能性就更大，在对方愿意接受的时候谈起你的请求，即使他对这方面不感兴趣，也会很乐意地停下来听你讲一讲。

我们每个人都有求人办事的时候，不是每件事情都可以自己解决，总会有需要别人帮助的时候，但不是我们每一次的要求，别人都会答应。所以，在求人这方面，也是一门语言的艺术。会说话的人，求人成功的可能性就大一些，所以，在求人的时候，我们一定要想好怎么去说服对方答应我们的条件。

求人办事情，要想达到我们的目的，就必须激起对方的欲望，暗示对方只要能成事，利益就在后面，要让他相信你说的话不是假话空话，接着你再不断地刺激他，挑起他的欲望，这样你的条件他就能答应了。

此外就是利用对方的同情心，求人的人一般都有苦衷，你要把自己的事情说得很困难，非他帮忙不可，自己是多么的无能为力，多么的无助，多么的艰苦，把自己说得越可怜，也就越能激起他的同情心，一旦同情心被激起，你成事的希望也就越大了。

求人办事还有一条规律，就是央求别人答应你的条件，不如委婉地请求别人答应你的条件，这两者看似很接近，但是存在着本质的差别。前者有恳求的意思在里面，完全把自己的地位降得很低。而后者却只是委婉请求，并没有降低身份的意思在里面。劝导不如诱导，很多人不愿意去听你解释那么多，劝说的难度要远远超过诱导。在运用这一策略的时候首先要引起别人的兴趣，才能一点一点地诱导别人去做你想做的事情，帮你完成你的目标。

求人办事的时候一定要把事情的理由讲清楚，达到目的不是一件容易的事情，你大可不必有一种消极的想法，而应该利用问题本身的理由去吸引别人，用求人的理由打动他，这才是求人的高境界。也许你会说，我什么都没有，用什么去吸引他？其实，仅仅靠语言就可以了，没有资本的时候，语言就是我们最好的工具，想清楚你要说什么，想清楚你的目标，在求人的理由上做文章，只要你的理由得当，就不怕他会不答应你的请求。

美国斯坦福大学社会心理学家弗利特曼和弗利哲两位教授，曾以学校附近一位家庭主妇亨利太太做了个有趣的实验，他们打了个电话给她：“这里是加州消费者联谊会，为具体了解消费者的实况，我们想请教您几个关于家庭用品的问题。”“好吧，请问吧!”亨利太太很有礼貌地说，教授们提出了一两个关于她经常使用哪一种肥皂等简单问题。当然，这个电话，不仅仅只打给了亨利太太，还打给了其他像亨利太太一样的家庭主妇。

过了几天，他们又打电话了：“对不起，又打扰您了，现在，为了扩大调查，这两天将有五六位调查员到您家当面请教，希望您多多支持这件事。”这实在是件不太礼貌的事，但也被同意，什么原因呢？只因为有了第一个电话的铺路。相反，他们在没有打过第一个电话，而直接有第二个电话的要求时，却遭到了拒绝，他们最后以百分比作为结论。前一种答应他们的占 52.8%，后一种只有 22.2%。所以由此可知，向别人提出请求的时候，我们应由小到大，由浅入深，由轻加重才是。如果两位教授一开始就提出大的请求，一定会遭受到对方的断然拒绝。

所以，我们可以得到一条结论，在你向别人提出请求的时候，不妨先说一些简单的事情，慢慢地引入话题。总之，就是要引起对方对你提出的要求的兴趣和好奇心，然后再引发他的激情，让他能热心地参与你的计划，你必须诱导他来做一下尝试，然后再量体裁衣，选好时机和话题，逐步地引导他朝你的方向走来。

求人办事的时候，我们不能很贸然地提出条件，这样对方可能接受不了，会很干脆地拒绝。所以我们应该循序渐进，由浅入深，可以先说一些客套话，然后再绕到你想说的话题上，最后顺势把你的要求全部说出来，一步一步、一点一点地完成你的目标。

◎ 安慰他人，以真情打动人心

有很多人在劝慰别人的时候，总是习惯于把自己放在一个旁观者的角度，对别人受到的伤害和挫折，只停留在表面的语言规劝之中。这种错误的劝慰方式，不会有任何意义。我们经常讲：“心病还需心药医”，这个“心药”的

“药引”就是劝说者的真挚感情，只有当我们向对方传达出个人的真诚情感的时候，对方的心里才能明白你和他有着同样的切肤之痛，也能感觉到你的真诚和热心，就会自然而然地听从你的劝慰，逐渐地从挫折和困难之中走出来。

一天，化妆品女皇玫琳·凯在海边看到了一位坐着的女孩子，她的脸上布满了忧虑和哀愁。热心的玫琳·凯微笑着走上前去，亲切地对她说：“你好，我叫玫琳，能跟你说几句话吗？”对于她的热情，女孩子并没有理睬，别过头去，依然是满脸的冷寂与落寞。玫琳·凯并没有生气，而是继续温柔地说：“虽然你心情非常糟糕，但你依然很美。你有什么伤心痛苦的事情，可以跟我说说吗？”

看到玫琳·凯真挚的表情，女孩对她有了好感，就向她倾诉了起来。而玫琳·凯在认真地倾听着，用鼓励的眼光示意她说下去，并且不时地点头。最后，那个女孩说，今天走到海边，就是准备自杀，因为那个曾经和她相爱的人，在飞黄腾达之后就把她给抛弃了。

玫琳·凯听了之后，十分同情这个女孩的遭遇，气愤地指责那个男人的忘恩负义。最后真诚地对她说：“你一定要振作起来，为了一个忘恩负义的男人去死实在不值得。你长得这么漂亮，连我都喜欢你，更何况是男人呢。我相信，你一定能够找到一个值得你依靠的男人。”

女孩终于想开了，感激地对她说：“我感觉今天才算真正地发现了自己，从来没有人和我说过这么多话，在你的开导下，我才发现，活下去是多么美好。”

在痛苦、磨难、疾病、挫折面前悲观、失望、伤感的人，他们的情绪都是受到感情支配的，当我们能够用真诚的表情、诚挚的话语对他们进行劝慰的时候，那么就会让对方减少一些敏感和抵触心理，很自然地将内心的天平倾向于你，也会很自然地听从你的劝解和开导。

徐佳不久之前失恋了。不知道是什么原因，本来是卿卿我我的一对小情侣几乎是在一夜之间反目成仇。在感情上受到挫折的徐佳变得十分消沉，精神恍惚，经常一个人独自坐在角落里暗自垂泪，几天下来，整个人都瘦了一圈。有很多热心的人前来安慰她、鼓励她，不过她们在安慰中总是不停地询问分手的原因，争论谁对谁错，告诫徐佳以后谈恋爱的时候要在哪些方面进行注意，结果徐佳却觉得自己委屈了，精神更加低落起来。她的朋友小米听说之后，就把她接到家里，用了一个星期的时间专门陪伴她，陪着她默默流泪，又在生活方面对她进行了无微不至的照顾。随着时间的推移，在小米细心的照料和劝说下，徐佳终于想开了。不再怨天尤人、长吁短叹，也不再去想那些曾经的甜蜜和悲伤，所有那些不愉快好像也从她的脸上被风刮走了一样。

在我们目睹别人伤痛的时候，可以让他们把痛苦发泄出来，在他发泄着对痛苦和挫折不满的时候，你也可以坐在一旁一边默默地陪着他流泪叹息，一边紧紧地抓住他的手，向他传递着支持和理解。等到他的心情慢慢平静下来之后，你再用真诚的声音告诉他："尽管这些事情不是发生在我的身上，但是我有着和你一样的感受。无论如何，你都不要太过于伤心，要相信我们一定能够渡过难关，战胜这些挫折的。"当我们给对方传递了这样的信息时，既体现了我们对其伤痛的尊重，又表明了自己和他永远站在一起的态度。这样，就能让他少一些孤独和悲伤，多一份自信和坚强。

以情动人地去开导他人、面对他人、安慰他人，就能够对他人的遭遇有一种感同身受，能够帮助他人一起分担痛苦，也能和他人一起去面对困难、战胜挫折。这种感同身受的真情实感，对于被安慰者来说，是一件最宝贵的礼物。

◎ 道歉，言语诚恳方得谅解

在生活和工作中，我们难免有做错事的时候，与人交往也难免会说错话。如果你的言行因不慎而给他人带来了精神上的痛苦和经济上的损失，你就应该及时地向对方承认错误，真心道歉，以求得对方的谅解和宽恕。

在向别人道歉时，可以使用自责的方式。这可以让对方明白自己向他道歉的意图，且能显示出自己豁达、率直、敢作敢当的风范。

纽约《太阳时报》主笔丹诺先生在读稿时，常常喜欢把自己认为重要的几段用红笔勾出，以提醒排校人员“切勿将它遗漏”。

但是有一天，一位年轻校对员偶然读到一段文字，也是被人用红笔勾出的，上面大致是说：“本报读者雷维特先生送给我们一个很大的苹果，在那通红美丽的皮上露出一排白色的字，仔细一看，原来是我们主笔的名字。这真是一个人工栽培的奇迹！试想，在一个完整无缺的苹果皮上，怎么会露出这样整齐光泽的字迹来呢？我们在惊奇之余多方猜测，始终不明白这些奇迹是怎样出现在苹果上的。”

那个年轻的校对员是一个常识丰富的人，他读了这段文字不禁好笑起来。因为他知道这些苹果皮上的字迹是怎样形成的，只要趁苹果还呈青色时，用纸剪成字形贴在上面，等苹果发育红时将纸揭去，那样字就会形成了，这根本就是个小朋友的恶作剧而已。

所以，这位年轻的校对员心想，这段文字如果登了出来，必将被人讥笑，说他们的主笔竟会愚笨至此，连这样一点小“魔术”也会“多方猜测，始终不明……”因此，他便大胆地将这段文字删掉了。

第二天一早，主笔丹诺先生看了报纸，立刻气呼呼地走来向他问道：“昨天原稿中有一篇我用红笔勾出的关于‘奇异苹果’的文章，为何不见登出?”

那位校对员诚恳惶恐地把他的理由说明后，丹诺先生立刻十分诚挚和蔼地说：“原来如此！是我错了，我向你道歉，你做得十分正确，以后只要有确切可靠的理由，即使我已用红笔勾出，你仍不防自行取舍。”

丹诺坦然承认错误的经验值得借鉴。你要明白，很多时候，坦然承认错误不仅能产生惊人的效果，而且在任何情况下都比为自己争辩有用得多。

道歉的技巧各种各样，最常见的技巧主要有如下几种。

1. 陈述自己失误的原因

当错误已经酿成的时候，当事人首先要坦率承认错误，真诚道歉，使对方的怒气渐渐平息下来，然后再从主客观方面出发，向对方分析自己失误的原因，述说自己的难处，在一般情况下，对方都会理解你的苦衷，谅解你的过失的。

2. 道歉要抓住时机

道歉要善于把握适当的时机，应选在对方心平气和、有喜事临门等心情较好的时候。这时，他更容易接受我们的道歉，与我们握手言欢、重归于好。当然，时间宜早不宜迟。最好不要拖延时间，要马上道歉，越早越好。如果错过时机再道歉，不仅难以启齿，而且还会让听者认为你没有诚意，失去应有的效果。

3. 道歉要选准地点

道歉要善于选准适当的地点，最好是亲自上门道歉，或约对方到一个环境幽雅安静的地方，双方都能平心静气，自然也就容易推心置腹、开诚布公地谈一谈心，化干戈为玉帛。

4. 道歉要有诚意

向对方表示歉意时要有诚意，当你道歉之后，对方的怒气或怨气肯定还没有完全消除，这时要耐心倾听对方的诉说，让对方重复发泄内心的不满。从不满到谅解需要一个过程，切不可操之过急。如果你耐不住性子说一句："我都道歉了，他还没完没了，真是活该!"这样不仅会前功尽弃，还会重新激化矛盾。

著名文学家闻一多先生，因观点与鲁迅不同，与鲁迅有点过节。后来，当他发现自己错了时，鲁迅先生已经逝世了。在纪念鲁迅先生的大会上，他当众表示自己对鲁迅先生的深深歉意。他说："反对鲁迅先生的还有一种自命清高的人，就像我自己这样的一批人。现在我向鲁迅先生忏悔：鲁迅对，我们错了。"对于闻一多这种坦诚直率的品德，与会者无不报以热烈的掌声。

5．要使用恰当的道具

当心与心相隔时，我们应巧妙地借助外物表达心意。如果直接至歉不适宜，也不妨在适当时间打个电话或写封言辞诚恳的信，向对方表示歉意。当然，也可以请一位彼此都信任的朋友或同事代为转达歉意。日后，时机适宜时再登门致歉赔礼。

雨不小心伤害了同学阳，他感到很内疚。于是，阳生日那天，雨到学校广播站为阳点了一首歌，并说："阳，对不起，我真的不是故意的，你能原谅上周末惹你生气的朋友吗？今天是你的生日，我祝你生日快乐，前程似锦！"阳听到广播后很感动，立刻登门致谢，两人和好如初。

道歉是一种艺术，它是为人处世的一个方面，掌握道歉技巧的人，会改善并增进与朋友的友谊，甚至可以化敌为友。道歉不但不会丢面子，还会给人以有修养、有胸怀的印象。

◎ 尴尬处境，给人留"台阶"

在交际活动中，常常会有第三者说出一些让人感到惊讶或者气愤的话。他们怪异的言谈举止带来交际各方的误会，导致了交际场合的尴尬。在这个时候，我们应该开动脑筋，用打圆场的方式制造轻松的气氛，或者用擦边球的形式来强调言语唐突者的合理性，让各方都能有一个台阶下，达到"你好，我好，大家好"的目的。这样，就会得到别人的感激和敬佩，获得良好的人际关系。

人在生活中会遇到很多情况，很多时候都是突发性的，我们容易被弄得措手不及，当你的上司处于尴尬的局面时，自己的朋友和别人争吵的时候，夹在中间的滋味是比较尴尬的。作为争论的局外人，我们应该善于随机应变地打圆场，让彼此的矛盾得以化解，使他们不至于陷入尴尬的局面，把那些即将爆发出来的力量化作祥和之气。

在一次同学聚会上，久别重逢的人们十分高兴，亲热地聊起了天。或许是酒喝多了的缘故，一个男士对着一名女士信口开河地说：“当初你追求我的时候，我拒绝了你，现在你是不是还耿耿于怀呀？”这本来是一句玩笑话，虽然有些过火，但在同学聚会的欢快气氛之中也是无伤大雅的。但是，这位女士可能是因为心情不好的原因，听到之后竟然勃然大怒，指着那个男士大骂：“你神经病啊！你也不撒泡尿看看你那副德行，哪个人会瞎了眼追求你这种长相谦虚心理龌龊的人？”她的声音很大，压过了别人的谈话，顿时热闹亲切的场景一下子冷了下来，大家都感到异常的尴尬。这时候，另外一位女士站了起来，笑着说道：“多年不见，我们的公主脾气还是没变呀，她喜欢谁，就说谁是神经病，说得越是刺耳，就说明喜欢得越厉害，我说得没错吧？”这番话说完，大家就很自然地想起了美丽的大学生活，不由得七嘴八舌地相互开起玩笑来，刚才的不快就像没有发生一样，一场风波就在短短的几句话中得以平息。

无论是在什么场合下，没有一个人愿意被别人刺伤面子，从而下不了台。但是，很多尴尬的事情出现，往往不是因为事先的难以预料，而是由于外在的因素而导致。在别人的面子受到伤害的时候，如果你能够采取正确的方法给他一个“梯子”，帮助他挽回面子，那么就会让他对你感激不尽，从内心里愿意和你交往。

无论是在和别人聊天的时候，还是在大型的聚会场合，抑或在工作的时候，需要用灵活变通的手法打圆场的事情有很多，有时候我们要为自己的口误打圆场，有时候也要为朋友同事打圆场，只要我们能够发挥聪明才智，就能够做到息事宁人，将十分复杂的事情简单化处理。

课堂上，一位实习老师正在黑板上写板书，刚写完几个字之后，突然有学生大叫起来：“实习老师写的字比我们李老师写的字好看多了！”

此言一出，语惊四座。有口无心的学生不会想到，坐在后排听课的李老师是多么的尴尬，心情是多么的不舒服。而这位实习老师刚刚从学校出来，就碰到了这样让人尴尬的场面，着实让人头痛，如果处理不好的话，很可能影响和李老师之间的关系，让两个人在实习期里都会因为心里的疙瘩而不好打交道。这个时候如果用谦虚的话来贬低自己并不能很好地解决问题。这位实习老师在情急之下灵机一动，装作什么也没有听见，继续板书，头也不回地说："是谁不安安静静地看课文，在下边大声喧哗?"

此言一出，让后座的李老师长吁一口气，感觉自己的面子得以保全，顿时轻松多了，尴尬的局面也就随之得以消除。

这位实习老师虽然年龄不大，但是在说话上却十分成熟老练。当学生称赞他的字写得好的时候，他选择了避实就虚的方式，避开了学生的赞扬，从批评学生不遵守课堂纪律的角度入手，既维持了教学过程的正常进行，又体面地维护了李老师的面子。表面上他是在批评学生，而实际上却是在向后排的李老师传递"我根本不知道学生说了些什么"的信息，同时又防止了学生继续称赞的发生，从而避免了再次造成尴尬的局面。短短的一句话，取得了非同凡响的效果。

生活是千变万化的，许多尴尬的场景让我们防不胜防。既然尴尬无法避免，那么就不妨采用一些巧妙的手法来维护他人和自己的面子，让双方都能够有一个台阶下。在尴尬的时候能够打圆场，不仅能够反映一个人的聪明才智和应变能力，同时还体现了他善于设身处地为别人着想的良好道德修养。

如果在别人处在尴尬境地的时候，你能够不失时机地为他们采取行之有效的方法打圆场，那么，你就能够获得别人更多的赏识和信任，从而提升自己的个人魅力，获得丰厚的人脉关系。

◎ 冷场，学会自嘲解围

自嘲，算是语言艺术中一个较高的境界，自嘲是缺乏自信的人不敢使用的技巧，因为需要你自己嘲弄自己，把自己当作笑料来嘲弄。也就是拿自己的失误、不足甚至是生理缺陷来开玩笑，对于丑陋的地方不仅不掩饰，反而将它放大、夸张让人注意，然后引申发挥，自圆其说，来博得别人的一笑。说起自嘲，若是没有豁达乐观的胸襟是无法做到的。

在适当的时候，适度地自嘲，可谓是一种良好的修养、乐观的态度。人际关系中，在别人面前蒙羞时、处境尴尬的时候不妨用自嘲来面对眼前的事情，不仅能找到一个台阶下，而且还会产生幽默的效果，让大家对你刮目相看。自我嘲解，让自己笑，同时也让大家笑一笑，可谓是一种很高明的脱身手段。人是很特别的，当他发现你自嘲的时候，自己承认错误便不好再对你多做责备，这就叫“巴掌不打自嘲人”。

一次，林肯遇见一位妇人，她仔细端详了林肯后说：“先生，你是我见过的最丑的男人了，你为什么不会有一张好一点儿的脸呢？”林肯回答说：“夫人，我实在没办法，请问你有什么好的建议吗？”那位妇人想了想后说：“那你总可以待在家里吧？”

林肯笑着对那位妇人说：“谢谢你，我的夫人，这倒是一个挺不错的建议。”

无独有偶，几天后，林肯与他的竞选对手进行一场公开的辩论赛。他的竞选对手指控他说一套做一套，完全是个有两张脸的人。

林肯哈哈一笑说：“几天前，我遇到一位老妇人，她看到我的这张脸，建议我待在家里不要出来，但是为了美国人民的福祉，我不得不带着我的这张

‘丑脸’出来工作。他指责我有两张脸，大家说说看，如果我有两张脸的话，我会带着张‘丑脸’来见大家吗?”林肯的话逗得大家哄堂大笑，连他的对手也跟着笑了。

正是在自嘲与调侃的辩论中，林肯博得了大多数选民的同情与理解，一路顺利，最后成功当选美国总统。

不管怎么样，嘲笑自己的长相，或者嘲笑自己做得不好的事情，会让别人觉得我们很豁达，给人一种和蔼可亲的感觉，增加人情味。因此，在社交场合中，自嘲是我们不可多得的灵丹妙药，在我们无迹可循的时候，不妨拿自己当作笑料，至少自嘲是安全的。聪明人的做法就是：不管你想怎样笑别人，首先应该学会笑自己。

自嘲的人表面上看起来是消极态度，其实是积极地促使谈话往好的方面发展。醉翁之意不在酒，表面的嘲弄而非真正意义上的嘲弄，表面消极其实却另藏底蕴。所以自嘲在很多场合具有很特殊的使用价值。运用自嘲的方法，在很多情况下还可以挽回语言伤人的损失。

一位老师的普通话不太标准，有一次上语文课，讲到某一问题要举例说明的时候，把“我有 4 个比方”说成了“我有 4 个屁放”，顿时教室里像炸开了锅一样，学生们哈哈大笑。老师灵机一动，脱口而出一首打油诗：“4 个屁放，大出洋相，各位同学，莫学我样，早日练好普通话，年轻潇洒又漂亮。”老师的机智幽默赢得了学生的热烈掌声，从此以后，同学们也越来越喜欢上这位老师的课了。

自嘲运用得好，不但可以为自己解围，还可以为交谈平添许多风采，增添一个人的个性，尤其是在初次见面的时候，即使你很不出众，但是你的自嘲一定会给人留下深刻的印象。可是，如果自嘲用得不好，就会使对方反感，造成你们沟通的障碍。自嘲必须要审时度势，可以妙用，却不可以滥用。有些场合是不适合自嘲的，你要是自嘲的话反倒会给自己抹黑。此外，自嘲还要避免采取玩世不恭的态度。具有积极意义的自嘲，也是一种自尊自爱的体现。

◎ 坏消息，兜个圈子再说

在生活和工作中，经常有一些“坏消息”需要你传达给别人。传达坏消息并不仅仅是一个告诉他内容就算完成任务的事儿。事实上，传达坏消息并没有想象的那么容易。当你告诉别人坏消息时，你必须预测一下这个消息会对他造成什么样的影响，想象一下他会做出什么样的反应，并做好应对的措施。

赵鹏是一家公司的职员，工作业绩突出，当他得知公司年底准备根据员工的业绩提升一些员工为中层领导时，工作劲头更足了。

时间过得很快，转眼到了年底。有一天，赵鹏问他的上司关毅：“您知道公司年底提拔中层领导的事吗？我有没有希望得到提升呢？”关毅想都没想，直截了当对他说：“赵鹏，很抱歉地告诉你，今年你的提升计划泡汤了，真不知道公司那些领导层是怎么想的。”赵鹏听到上司对他说了这个消息后，一下子沉默了下来，他本以为今年他是一定会被提升的，可现在的结果真的很出乎他的意料。

“别担心，没什么大不了的，一定是那帮老家伙犯糊涂啦，明年还有机会！”关毅继续说。他哪儿知道今年的提升对赵鹏来说是多么的重要。

在上述案例中，关毅听了赵鹏的问话，并没有做出明智的回答，他直截了当地向赵鹏通报了坏消息，这样处理问题的方式叫赵鹏难以接受。其实关毅可以先同赵鹏聊一些别的轻松话题，然后再把话题引到他想要说的事情上来。并且在和赵鹏面谈的过程中，可以帮助他认真分析一下没有得到提升的具体原因，这些分析对关毅可能并不算什么，因为关毅知道的情况总比赵鹏多。但是对赵鹏来说却很重要，因为他可以从中汲取很多的经验，在以后的工作中就会注意弥补自己的不足，逐步提高自己。

有时，有些话虽然并不过分，也没有什么不正当的意图，但是你还是很难说出口。比如，告诉下级被降职了、解雇了；伙伴辛辛苦苦拟好了计划书，却被你否决了；同事向你提出了一个很好的建议，而你却由于疏忽大意或工作过于繁忙忘记审阅了等等。如果你作为一个管理者，必须向下级通报一个坏消息，那么兜个圈子再说是很有必要的。你可以借鉴一下下面的技巧：

1. 变更计划

首先要说的问题是：要更改已经通过的计划，该如何向下级说明？

千万不能对下级说："不关我的事，都是经理一人说了算，我也没办法！"这样把责任转嫁给上级，自己暂时没有问题了，但部下会对经理产生怨气。或者，一旦下级明白你是在推卸责任，肯定会对你产生极大的反感，你自己的威信也肯定会降低。

也不应该为了防止下级反对而用高压手段制止对方开口。这样做会使下级心里留下疙瘩，对上级不满，也会对工作不满，这是最不明智、最不可取的做法。正确的方法应情理兼顾，善意地说服他，才能使下级真正地心服口服，不会丧失工作的积极性。

2. 提案被耽误

上级接受了下级的提案，并且满口答应"看一看"，而过了一段时间后还没有看。下级希望得到一个圆满的答复而问上级：

"那个提案，您看过了吗？现在办得怎么样了？"

在这种情况下，应该直率地说：

"我现在很忙，实在没有时间细看。不过一周之内一定会给你一个满意的答复！"

同时，最好在约定时间之前，主动由上级答复下级。下级一定会被上级主动的热情所感动的。尤其是如果答复是否定的，与其让下级追问理由，倒不如由上级主动加以说明，表示上级的确认真对待了他的提案，是有诚意的，而不是草草应付了事。

如果提案需递交给更高一级的上级，而上级的上级态度不明确，以至于没有确定结论时，此时上级最好能说明立场，表示自己已经递交给了上级，却久久没有回音。不得已催促上级时，所得的答复却是否定的。这时要详细说明，千万不能敷衍。

3．降级通知

有时候，公司人事调动，下级被降职或是调到分店，或是被打入“冷宫”，委派他去干一些琐事，总之不再受到上级的重视，上级这时有责任通知他，并且要耐心安抚，尽量使他能保持积极愉快的心情前往新岗位就职。

请千万记住不要用伤感情的字眼。下级被降职，心里本来就非常不痛快了，上级再用词不当，甚至恶意地嘲讽对方，无异于是给下级火上浇油，顷刻就会爆发出来，造成难以想象的后果。也不要等事情成了定局后再吞吞吐吐地透露出要调他走的意思，使下级误会是你想把他赶走，造成心理上的不平衡。

第五章
说话要留口德

在人际交往中，谈话要有分寸、认清自己的身份。适当地考虑措辞，认真地斟酌哪些话该说、哪些话不该说、应该怎样说，这样才能获得更好的交谈效果。说话的分寸拿捏得好，即使是很普通的一句话，也会平添几许分量，话少又精到，令人感觉深思熟虑。有口德者，分寸当为第一原则，真正的聪明人都能够管住自己的嘴，明白“谨言慢口，话留三分”的道理。说话讲究分寸，三思而言才会免遭灾祸。

◎ 话讲七分，有所保留

有口德的人懂得逢人只说三分话，不可全抛一片心。日常交谈中，你的心事大可不必完全说出来，一旦别人了解了你的内心想法后，你的脆弱面或缺点就会暴露无疑，如此你就失去了神秘感，时间久了不仅让人感觉无味，而且很容易泄露你或他人的一些重要秘密。

很多人都有这样的毛病：肚子里搁不住事，管不住自己的嘴，有一点点小事就总想找个人倾诉；更有甚者，不分场合、时间，见什么人都把自己的心事向人家说。

当然，这样做没有什么不对，好的东西的确要与人分享，坏的东西也不能让它沉积在心里。因此，要说可以，但不能“随便”说，更不能对谁都说。每个倾诉对象都是不一样的，就算是朋友也要分个三六九等。说话要有口德，首先要做的就是对自己有口德，该说的时候说，不该说的时候千万要管住自己的嘴巴。

有的人一有心事就把它挂在脸上，或找个倾诉对象一吐为快，其实这种做法常常会暴露他们的缺点。一有委屈就向人抱怨，一有心事就找人倾吐，这会让对方认识到你的脆弱面，让人下意识地看不起你。最可怕的是，这种脆弱面一旦被那些居心不良的人掌握，你就会被对方抓住软肋，对方随时可以借此置你于死地。

还有一些心事就更不能随便向人倾诉了，比如你在工作上遇到的一些不满、遭到的一些不公平待遇甚至对某个人的评价，等等。当你在向他人倾诉这些人和事的时候，一定要注意分寸，否则一不小心得罪了人还不自知，那么最后吃亏的只能是你自己。

张琳在某大学做辅导员，因为她肯吃苦，又认真负责，深得同学们和领导的喜欢，尤其是中文系系主任对她更是十分信任，有时会把系里领导之间的一些事情也讲给她听。

后来系主任有意提拔她为助教，但暗示她不能把这件事告诉别人。张琳听了很高兴，但心中又十分苦闷，恨不得把所有的事情都向人家说出来。正巧，与张琳关系不错的一个辅导员看出了张琳的心事，就询问她是不是有什么事。

于是，在闲谈中，张琳就把系主任跟她讲的所有事情都说了出来，包括系领导之间的闲话是非以及她要成为助教的事情。把事情都说出来后，张琳感到内心轻松多了，可没想到她做助教的事竟然黄了。不久之后，听她倾诉的那位辅导员竟替代她成了助教，而张琳则在系主任找她做了一番貌似肯定、实则否定的谈话以后，继续做她的辅导员工作。

一个人若能在保守秘密这个问题上处理得当，就不会因泄露秘密而把事情搞得复杂化，或者陷入于己不利的境地，从而使自己保持良好的个人形象，成就一番事业。

因此，最好的方法就是见人只说三分话，这不是让你对任何人都紧闭心扉、滴水不漏，而是要你做一个有城府、有智慧、让他人不可捉摸的人。嘴上有口德的人就懂得这个道理，他们往往会在与人交谈的过程中把局势扭转到对自己有利的一方。

“二战”英雄巴顿将军爱放“大炮”、毫无城府，不但使上司颇为难堪，而且自己也失去了不少人缘，被同事们称为“和平时期的战争贩子”。1925 年，巴顿到夏威夷的斯科菲尔德军营担任师部的一级参谋。一年后，他被升为三级参谋。巴顿的工作主要是负责对战术问题和部队的训练提出建议并进行检查，但他经常越权行事。1926 年 11 月中旬，他观看了第 22 旅的演习，对这次演习非常不满，于是他直接向旅指挥官递交了一份措辞激烈的意见书，他的这种做法是纪律所不允许的，因为他只是一名少校，无权指责一名准将指挥官，这样一来，他便招致了上司的非议和怨恨。

但巴顿并未吸取教训。1927 年 3 月，在观看了一场营级战术演习后，他又一次大为光火，他指责营指挥官和其他人员训练无素、准备不足，没有达到预定的目标。虽然这次他很明智地请师司令部副官代替师长签了名，但其他军官心里很清楚这又是巴顿搞的鬼，所以联合起来一致声讨巴顿。众怒难调，师长没有办法，只好把这位爱放“大炮”的参谋从三级参谋的位置上撤下来，降到二级。

古语云：“君子三缄其口。”又云：“不得其而言，谓之失言。”如果你不能确定自己说的话对人对事有益无害或者利多害少，那么不如不说。具体说来，可以通过以下三点来做到隐藏自己、趋利避害。

1. 保留自以为是的见解

如果细心观察便不难发现，但凡经验丰富的领导人在别人进行激烈讨论时，往往会坐在那里一言不发，直到大家把想说的话都说完后再发表他的意见，最后总能语惊四座，让人自叹不如。

这就是聪明人的做法，即使有意见、有见解，也不会盲目地进行发言反驳，而是等大家都说完，当他掌握了更多的信息之后再进行更系统、详实的总结。这样既为他人保留了面子，又能进行更加有力的说服，两全其美。

2. 保留不恰当的批评和指责

有口德的人从来不会在人前或人后对其进行不恰当的批评和指责。所谓不恰当有多种含义，如果你看错了现象、误会了他人，而对他人大加批评，这就是不恰当的；如果对方的确做错了事，而你又当众很无礼地指责了他，让他丢了面子，这种批评也是不恰当的。

在批评指责的过程中，你有必要看清风向、测准温度，看这种批评对他是否有帮助，如果不能有所帮助，反而会促使矛盾激化，那还不如不要批评。批评时，你还要做到点到为止，把那些伤人的、多余的废话都咽回肚里去。

3. 保留毫无价值的牢骚和不着边际的废话

人生在世，不如意之事十之八九。纵然你的不如意有很多，也不要随便将它们拿出来与人分享。要知道，牢骚和抱怨一般都没有任何价值，它们只会让你自降身价。

对别人说一些不着边际的废话不但不会让你显得多有才华，反而会泄露你的无知。如果你想用话语来显示自己，就不应该让别人看出你有多大的智慧和勇气，因此你没必要自吹自擂或是夸夸其谈。很多时候，让别人感觉出你的才能比你单方面显示才能更能引起别人的尊重。

不随便乱说话、不轻易揭自己的底，这是修炼好口德的第一步。在与人交往的过程中，要记住逢人只说三分话，不可全抛一片心。

◎ 开玩笑也要讲分寸

人际交往中，适当地开个玩笑可以松弛神经、活跃气氛，但开玩笑一定要注意言辞分寸，尽可能避免说出令人尴尬或厌恶的话，倘若为了营造欢乐、热闹的气氛而刻意制造幽默，却弄巧成拙地让人生气，那就失去了开玩笑的意义。

开玩笑是一种幽默的表现，是人们生活中的调味剂。有人说过："人生就像一顿大餐，而幽默就是这顿大餐中的调料。"是的，如果一顿大餐缺少了调料，那何来的美味呢？生活中，如果没有玩笑也就会变得没有乐趣。但是，开玩笑也是要分人、分地点、分场合的，否则会闹出不少笑话，而且或许还会引起对方不高兴。适度开玩笑可以让人与人之间的关系更融洽，让对方感觉你是一个谈吐幽默的人，这样的人会很容易交到朋友；然而，如果玩笑开得不恰当，便很容易造成朋友之间的隔阂。

美国前总统林肯在任职期间十分受美国民众的欢迎，威信度极高。他的正直、坚强、仁慈、敏锐的洞察力和人道主义精神使他成为美国历史上最受敬仰的总统之一。林肯受欢迎的原因不仅于此，更是因为他幽默、风趣的个性。

有一次，一个妇人突然闯入白宫来找林肯，她理直气壮地说道："总统先生，你必须要给我儿子一个职位，至少是上校。我们有这样的权利，因为从我的祖父那一代就开始为国效力。瞧，我的祖父曾参加过雷新顿战役，我的叔父在布拉敦斯堡战役中壮烈牺牲，而我的父亲是纳奥林斯之战的英雄，我的丈夫则牺牲于曼特莱战役，所以……"林肯不等女士回答完，便幽默地说："夫人，您一家三代为国家效忠，贡献实在够多了，对此我深表敬意，现在您可以给别人一个为国效命的机会了！"妇人听了无话可说，悄悄地走了。

林肯巧用一个小小的幽默，既化解了与妇人之间僵持的气氛，又打消了妇人无理的念头，这便是在开玩笑时所把握的分寸。生活中，我们要善用玩笑、活跃气氛、切莫过机、把握分寸。

一个人在讲述笑话时应避免过度地讥笑与嘲弄。幽默并不意味着取笑于人，如果玩笑过了度，就会让对方产生误解，最终冒犯他人，得不偿失。开玩笑是一种调节谈话气氛的良好方式，但使对方太难堪了，就失去了玩笑的意义了。

那么在开玩笑的过程中，该如何避免讥笑与嘲笑呢？

1. 态度友善，与人为善

开玩笑应该是善意的，是为了增进感情，但如果你借着开玩笑的时机对他人冷嘲热讽、发泄不满，那么就会招致厌烦，甚至得罪于人。在这个过程中，你的伶牙俐齿看似帮助你占了上风，但别人会认为你不懂得尊重他人，从而疏远你。

玩笑的目的是活跃气氛，但如果讲出来的话不但不能让大家感到轻松，反而倍感尴尬，那么这个玩笑就是失败的、是有失分寸的。

2. 内容高雅、轻松

马克·吐温说："幽默自身的秘密源泉不是快乐，而是悲哀，天堂里不会有幽默。"很多时候，玩笑的内容取决于开玩笑者的思想情趣与文化修养。有修养的人应该有口德，所开的玩笑也应该是内容健康、格调高雅的，这样的幽默不仅可以给对方启迪和精神享受，也是对自己美好形象的有力塑造。而低级、下流的玩笑只会污染生活、降低档次，让听者心生厌恶。除此之外，带有污辱性的、与种族和宗教信仰相关的玩笑，都应尽量避免。

3. 分清对象

说话要看对象，对小孩不能用高深莫测的语调说话，对大人说话则不能太过孩子气。开玩笑也是一样，由于对象的身份、性格、心情不同，其承受能力也不同。同样一个玩笑，有的人听了能意会，而有些人就未必能理解。对于那些性格外向的人，就可以适当地加大玩笑的尺度，而对于那些一丝不苟的内向者，开玩笑就应该谨而慎之了。此外，开玩笑要分场合、时机，当对方开心时，便可以适时地开玩笑，当对方伤心或生气时，玩笑就开不得了。

4. 借用手势要适度

有的人在开玩笑时喜欢指手画脚，以借用手势来强化幽默的效果。但是需要注意的是，借用行为语言来强化幽默的话，应该要讲究精炼、自然、活泼和个性化，从而总结出一套适合自己的说话风格和行为习惯，切不可误用、乱用。

5. 少开陌生人的玩笑

对待陌生人，开玩笑一定要适度。开玩笑之前，应该考虑到对方的身份以及双方间的亲疏关系，一般来说，越亲密的人之间越容易开玩笑。但如果对方只是与你刚刚结识的陌生人，就应该中规中矩地进行一番寒暄。一旦玩笑开不好，就会影响两者进一步的发展。

适度的玩笑可以活跃气氛，让大家开心，使彼此之间的关系更加融洽。如果玩笑过分必会伤害对方，影响彼此的关系，所以要把握好开玩笑的度。

玩笑开得不好有伤感情，一般朋友间的谈话虽然比较随便，偶尔开开玩笑本无可厚非。但是，不论本意如何，适度地收敛这种行为是非常必要的，尤其在工作场所等比较严肃的场合更应该多加注意。因此，在交际中，玩笑不是不能开，只不过要掌握分寸。

◎ 知人不必言尽

美国社会心理学家马斯洛在其研究中提出心理健康的标准，其中第一条就是个体要有“充分的安全感”，而在安全感中有个很重要的词叫作“隐私”。

隐私，顾名思义，就是不愿公开的事情。俗话说，打人不打脸，骂人不揭短，就是在提醒人们知人不必言尽，对于那些别人不想公开的事情，即使知道了也不要轻易说出来，为别人留有余地，也是为自己日后留余地。

比如，同事小张换了身新衣服，尽管这件衣服穿着很不合时宜，在风格上也不适合她，那你也不能直接跟她说“你穿这件衣服好难看”。每个人都是有自尊的，都是很容易受到伤害的。知人言尽，很多时候在他人眼里并不是“爱之深，责之切”，相反，他会认为你是在故意侮辱他，逞一时口舌之快。

小王毕业后，顺利地应聘到一家私营企业担任经理助理。实习期间，小王工作认真、刻苦，每天早到晚走，公司里的人都很喜欢他。

经理的办公室里悬挂着许多名家的字画。小王从小就喜欢写毛笔字，在学校期间还获得了书法比赛一等奖，他觉着经理一定是个有文化、有品位的人，从这些字画中可以看出经理还是一个学识渊博的人，然而事实似乎并不是那么回事。

小王慢慢地发现了很多端倪，比如在与客户谈判时，经理都会把小王带到身边，让他把合同给他读一遍，甚至连需要经理签名的地方也要小王给他指出来；平时在办公室里，员工送过来的文案，经理也要求小王读一遍给他听，甚至有几次，小王发现经理竟然把文案都拿反了。

经理似乎“目不识丁”，这是小王通过观察发现的一个天大的秘密。

小王仔细看看墙上的字画，有他很喜欢的王羲之的《兰亭序》，虽然是后人仿写的，但依然很有张力，他趁着给经理读自己起草的发言稿时小心翼翼地问：“经理，你很喜欢王羲之啊？”经理不知其所问，回答：“什么王羲之，公司里只有一个叫王雅之的吧！”小王这下更加确定了自己的想法。

后来，有一次小王犯了错，被经理臭骂了一顿，小王情急之下脱口而出：“经理，你又不识字，装什么文化人？”经理的脸顿时铁青，没说一句话就返回了自己的办公室。

那天的事情过后，小王很后悔。后来他才清楚，原来公司的每个员工其实都知道经理不识字，但从来没有在背后议论或当面揭穿过。实习期过后，小王便被辞退了。

传说，人类的始祖亚当和夏娃刚出生时就懂得了羞耻心，并懂得用树叶遮体。现实中，每个人都有自己的“遮羞布”，案例中经理的“遮羞布”就是那些字画，小王因为捅破了这层“遮羞布”，自然为此付出了代价。

说话应该长点儿心眼，千万别知人尽言；说话更应该留点儿口德，不要没事揭人短。每个人都有自己的自尊，当你捅破了那层不该捅破的窗户纸后，除了落个小人的名称之外别无所获。

在与人的交往中，要时刻把握准说话的度，千万不要因为自己知无不言而犯下不可饶恕的错。知人不必言尽，成全对方的面子，也给自己留口德，何乐而不为?

隐私是个人的事情，一般来说，它不愿为人知晓、不愿被他人干预或者不愿为公众所知晓。几乎每个人都有属于自己的隐私，它也许是一段不堪回首的往事，也可能是一次不幸的遭遇，或许是内心世界的情感变化，等等。这种私密的东西一旦泄露出去，就可能会对当事者或其他人造成难以预料的影响和伤害。

很多时候，也许你揭露他人的隐私是出于一种好意，但在此之前，你还需慎重考虑，设想一下自己的言行到底会给他人赢得同情还是带来危害。所以，你应该善于控制自己，明白什么可以说、什么不可以说。对于别人的私密一定要做到守口如瓶，无论对什么人都不能泄露。拿别人的隐私当话题，不但害了别人，最终也会害了自己。

◎ 社交聊天，忌抢话题

说话是人类生存的重要工具，也是重要的交际手段。人在成功或者失落的时候都会有一种倾诉的欲望。朋友之间彼此谈论一些最近发生的事情、工作上出现的困难，或者谈论些文学、酒文化、宗教、政治，等等，虽然很多时候我们并未从中获得好的知识，但与朋友在一起交谈时那种如沐春风的感觉会让我们觉得生活很美好，而我们就是需要这样的美好来点缀我们的生活。

在一个悠闲的下午，三两个知己好友欢聚畅谈……单是想象这样一幅画面就足以令人神往。“有人的地方就有江湖，有江湖的地方必有争斗。”朋友之间因为彼此思想不同而产生令人不愉快的事情自古有之。在与朋友的交往中，你一定有这样的经验：当你畅谈正酣的时候，突然被人打断，于是你的好心情也随之打断，甚至有些恼怒。

俗话说，饭可以乱吃，话不可以乱说，就是警告人们，说话要掌握一个度，经常抢话题是一种缺乏素养的表现，但不少人却有这样的毛病，结果往往会破坏彼此的友谊。在讲话中，被人打断是一种痛苦的经验，对方甚至会认为你不尊重他。

小王有机会去丽江度假，旅游回来之后与朋友闲聊，刚好聊到这次假期的丽江之行，于是小王开始夸夸其谈，认为这是一次最有价值的旅游。朋友们听得大眼瞪小眼，谁都插不上一句话，但小王似乎并没有在意，仍旧口若悬河、高谈阔论，恨不得把丽江搬到朋友眼前，让朋友亲眼看看。

突然，一个朋友转移话题，说起了去年的西藏之行，并强调西藏之行才是真正意义上的旅行，接着这个人开始口若悬河地讲述他的经历。瞬间，小王有一种被冷落的感觉，而且觉得这个扯开话题的朋友非常讨厌。最终，小王一点儿也听不进对方的谈话，于是一次难得的朋友聚会就这样不欢而散了。

小王对后来打断他话题的朋友十分生气，这是人之常情，但他不知道自己在滔滔不绝时同样被他人厌烦着。不管是在谈话中滔滔不绝者还是打断别人的话题者都是容易招人厌烦的。培根曾经说过：“打断别人、乱插话的人甚至比发言冗长者更令人生厌。”

一个真正有素养、有口德的人是不会随便打断别人谈话的，尤其在朋友中。

每个人都有一种表现自我的欲望，在朋友之间，这种欲望更期待得到满足，甚至很多人交朋友就是因为对方善于聆听、能够满足他倾诉和表达自我的欲望。茫茫人海，彼此能成为知根知底的朋友就是一种缘分，何不管住自己的嘴巴？不要随意抢话题，以免惹得对方心里不快，破坏良好的友谊。

那些没有礼貌的人总是在对方口若悬河的时候突然插上一句与话题无关的话，倾诉者会在瞬间失去倾诉的欲望，甚至会忘记接下来该讲什么，情绪就会变得非常暴躁，对打断者心生厌烦，而打断者津津有味的谈论一般是自我夸耀，无疑又让倾诉者非常不快。甚至心里想：他就是故意打断我的话的，他这是不尊重我，我实在没必要和他成为朋友。

抢走朋友的话题，也许你面对的就是分道扬镳的命运。

在朋友中，要想获得对方的好感，你就需要改变自己好打断别人谈话的陋习，努力学着做一个倾听者。如此，你会发现你收获得更多，你会明白上天给我们“两个耳朵、一张嘴巴”是有用意的，就是鼓励我们“多听少说”。

虽然朋友间最忌抢话题，但在有的情况下你不得不这么做，比如对方倾诉冗长、言辞无味，又引起你厌烦，这时候就有必要打断朋友的谈话了，但这毕竟是一种不礼貌的行为，打断朋友的谈话应该学会不伤感情的使用技巧，你可以适当地找个时机看看手表，然后说“对不起，我还有一个约会，听你谈话真是愉快的体验，听君一席话，胜读十年书。但我既然与别人有约，失信于人总是件不怎么光彩的事。”这样的话，给朋友台阶下，他也不至于厌恶或憎恨你打断他的谈话，又不会伤害你们之间的友谊。

在与朋友的交往中，要尽量克服自己抢话题的毛病，否则，你抢走了一个话题，却失去了一个朋友，因此要努力学会做一个善于倾听的人。

◎ 不在背地讲别人闲话

有的人天生就喜欢背后对人指指点点说坏话，这样的人便是没有口德的人，而他们也自然不会招人喜欢。然而还有一种人，他们会在当面附和众人一起称赞你，转过身后却像变了另一副面孔一样，四处揶揄你。

“君子坦荡荡，小人常戚戚。”一个真正的君子是没有闲情逸致去搬弄别人的是非或背后说他人的闲言碎语的，只有那些自己技不如人且怀有强烈虚荣心的人才会在背后说他人的是非。

俗话说：“好事不出门，坏事传千里。”今天在背后闲言碎语地说别人坏话，也许明天就会传到那个人的耳朵里，真正的聪明者或者会置之一笑，但如果当事人认真起来，就可以追究造谣者的法律责任，让造谣者赔偿自己的名誉损失。

某名人和某模特在一起吃了顿便饭，有些好事者就大肆渲染成某名人和某模特有私情、关系很暧昧。坏消息总是传播得很快，于是一时间，世人都知道某名人私生活不检点。被这种无中生有的小事而扰乱了生活的名人十分恼火，因为这不但影响到了他的家庭生活，还侮辱了他的人格。最后，为了证明自己的清白，他一怒之下把这些在背后闲言碎语者告上了法庭，要求赔偿其名誉和精神损失费。

如果你对一个人有意见，应该当面或者以一种比较委婉的方式来告诉他，而不是在背后闲言碎语恶意中伤。在背后闲言碎语者总会给人一种不真诚的印象，没有多少人会乐意相信这些道听途说的小道消息，最后只会说明此人的素养是多么低级，损人不利己。

己所不欲，勿施于人。如果有一天你走在街上，突然听到别人说你的闲言碎语，那种滋味一定很不好受。既然你不想这样，那么就不要去说别人的闲言碎语。做人要将心比心，事情就会简单很多。

诚然，谁人背后不说人？谁人背后无人说？闲言碎语者往往会有意无意地靠近你。例如，你在办公室工作，某同事走过来对你说某某和某某怎样怎样，又或者和上司怎样。从精神分析学来看，这一类人是把自己的快乐建立在别人荣誉受损和痛苦之上，这是一种“杀人不见血”的行为，是一种道德素养低下的表现。

谣言止于智者。无论从哪方面看，在背后闲言碎语都没有可取之处，只会惹人厌，从而惹祸上身。所以，我们在平时与别人交谈时，应该注意避免说那些别人不爱听的话。

也许有一天，你会听到别人所说的关于你的闲言碎语，最好的做法是淡淡一笑、置之不理，又或者可以借鉴一下狄仁杰的做法。

狄仁杰是武则天时期有名的“神断”，又位居高位，在背后议论他是非的人很多，慢慢地，有些闲言碎语就传到了武则天的耳朵里。这些闲谈碎语全是说狄仁杰的不是，蒙骗皇上、拥权自重、结党营私等，武则天听后怒火中烧，于是她找人去偷偷地调查狄仁杰。几天后，武则天得到回报，这些闲言碎语全是子虚乌有、造谣生事。

于是，武则天大悦，心里厌烦那些造谣者，打算将他们全部处斩，但她想知道狄仁杰会怎么做，于是她把狄仁杰叫到后花园中说道：“有人造谣，说你坏，你想不想知道是谁？”

狄仁杰回答：“如果有过错，臣便改正，至于是非者，臣不愿知其是谁。”

狄仁杰胸怀坦荡，从那以后，武则天更加信任狄仁杰，很多国事都找他商量。

狄仁杰的大度为他赢得了女皇的信任，也许一般人都达不到他这种境界，但我们必须管住自己的嘴巴，应该学会对事不对人的处世方法。在背后说人闲话，稍微有良知的人都会鄙视这种做法，尤其为那些正人君子所不齿。这个社会，人们真正尊重的是那些在背后说别人好话、以德报怨的人。

第六章
说话要过大脑

俗话说，“病从口入，祸从口出。”如果在与人沟通的时候管不好自己的嘴，说话啰里啰唆，那么很有可能因为哪句话不该说而招惹是非。因此，我们在思想、行动上有较强的独立性、能够控制自己的情绪，尤其在面对挫折、困难有相当的承受力和抵抗力的时候，一定要沉稳。不过多地使用甜言蜜语，不夸大其词，给人踏实、可信的感觉。

◎ 开口前多掂量

常言道：“说者无心，听者有意。”一句不经意的话可能会触犯别人的大忌。而内向性格的人由于少言多听，这让他们在“祸从口出”这一点上降低了很大概率。

常言道：“饭可以乱吃，但话可不能乱说。”大多数内向性格的人的话都较少，不会口无遮拦。但是我们较容易发现个别外向性格的人过于心直口快，虽说这样的性格并无大碍，甚至还常常被当作优点来赞扬，但到了现代社交场合中，可就有人少不了要因此而吃亏。如果说话总是口无遮拦、毫无顾忌，在任何场合下想到什么就说什么，就会常常给自己招致“杀身之祸”。

19 世纪 20 年代的俄国处于沙皇的统治之下。1825 年，一场叛乱爆发，沙皇尼古拉一世平息了叛乱，并抓获了一名叛军的首领李列耶夫，并判处他死刑。

在行刑之前，李列耶夫在断头台上拼命挣扎，竟然把绳子给挣断了。这种异常之举在当时科技尚不发达的情况下被视为天不让其死的征兆，所以刽子手没敢立即动手。李列耶夫看老天这么给面子，以为自己不会被杀，于是就大声喊道："哈哈，俄国人连绳索都造不好，还能成什么大事呢？"

原本打算赦免他的尼古拉一世听到此话后非常愤怒，于是收回了赦免的命令，并顺水推舟地说道："好啊，那就让我们用事实来证明一切吧，看看这绳子到底结不结实。"

第二天，李列耶夫再次被送上断头台。不幸的是，这一次的绳子很结实，直到李列耶夫气绝身亡也没断掉。

故事的背景虽然不是社交场合，但它却向人们表明了说话不经过大脑的后果何等惨烈。原本上天给了李列耶夫一个活命的机会，却因为他的口无遮拦，激怒了沙皇，这才让自己命丧黄泉，可见语言的力量虽然无形，却是巨大的。

不可否认，少言多听，这让人在"祸从口出"这一点上降低了很大概率。曾有智者说："群居防口，独坐防心。"意思就是说，在与人交往相处时要注意自己的嘴巴，以免说错话而招致无端的麻烦；独自相处时则要防止自己的思想情感出现偏差。生活中我们也常听人告诫做人处世要谨言慎行，如此苦口婆心，为的就是防止"祸从口出"。

现代社交环境虽然比不上军事领域那般险恶，但同样也是一个不见硝烟的战场。激烈的竞争让很多人都像自然界的野生动物一样没有安全感，时刻保持警惕。因为名利的牵扯，不得不小心翼翼地行事做人。一旦你触及了他人的尊严和利益，对方就会把你视为危险分子或敌人，欲"除"之而后快。

所以，人一定要保持自己严守嘴巴的习惯，掂量之后再发言。俗话说："说者无心，听者有意。"也许你的一句不经意的话语恰好就触犯了对方的大忌，那后果可就不堪设想了。那么，我们该从哪几方面来做到这一点呢？以下几条建议可供你参考：

1. 不要主动打探别人的隐私

人们天生都有好奇心，内向的人也不例外。可是，俗话说得好：“好奇害死猫。”好奇心可以有，但是用错了地方就会惹来大麻烦，尤其是别人的隐私。既然是隐私，自然就是不想让他人得知的秘密，如果你还偏偏不识相地想去打破砂锅问到底，那你就是在搬石头砸自己的脚，自找苦吃。一旦触及对方的底线，可就别怪对方翻脸不认人，把你当成敌人或异类对待。

因此，当你与别人交谈的时候，一定要尽量避免探问对方的隐私。在话说出口之前要先问问自己：这个话题是否会涉及对方的隐私、是否会引起对方不悦。如果涉及了，就要尽量避免，无法避免之时，也要尽量婉转，让对方接受。

2. 不当众揭他人之短

古语有言：“金无足赤，人无完人。”有些追求完美的人，对于别人犯错、出糗等事会很在意，有时候可能会当面指出来。其实，这样做无疑是狠狠地抽对方的耳光，不但让对方脸面上过不去，内心的痛也会加倍。因此，你一定不要当众揭别人的短，即使有看法也要私下里说。

毋庸置疑，言语的力量是巨大无穷的，我们可以因它而建功立业，也可以因它而惹祸上身、自我毁灭。嘴巴长在你自己身上，它能为你带来好运还是灾祸，关键看你是否懂得对其善加控制和利用。

◎ 讲话有凭有证，言之有理

俗话说“有理不在声高”，在与人交谈的过程中，我们要尽量有理有据、言之有理，对于没有把握的事情不要随便做出承诺，应三思而后说。

人们每天都在说话，但是如果有一天，别人说你说话没有道理或者不讲道理，那么你一定会很生气。作为听众的他人，有权发表自己的观点和意见，而你也需要根据判断、分析，看看他人对自己的评价是否合理。

对于每个人来说，当自己好不容易开口说话后，如果当场就被人否定，肯定会心里不舒服，这是正常现象，但如果就此气馁，那便永远也得不到拥有能够说服他人的口才。说话“言之有理”本身就不是一件容易的事情，需要说话的人所拥有的见解力以及思辨能力高于平常人，也需要平日多多积累。

我们看到一些优秀的演讲者在进行演讲的时候说的话极具说服力。如果仔细听，便可以发现，他们往往在讲述一个问题的时候会引入具体的数据和案例来支持自己的观点，让自己的话语更有说服力。

如果要在表达的过程树立这样的形象，有以下要注意的几个关键点：

1. 适当引入数字，让话语更深入人心

如果你要劝大家每天坚持看书，那么你可以用这段话来告诉大家，“如果每天花 10 分钟看 10 页有用的书，那么每年就可以看 3600 多页书，30 年后便是 11 万页书。你是选择做一个学者，还是选择做一个成天自顾玩游戏的人？”是不是会比直接说“每天坚持看书能够让你成才、让你增长见识”更有说服力，这便是数字的用处。在与人交谈的过程中，如果想让自己的话语更有力度，可以适当地加入数字，用数字来说话。

2. 锻炼使用“因为”和“所以”，让语言经得起推敲

逻辑思维能力是一个人在说话过程中能够得到别人认可并且能够带领大家思路的重要素质。有时候，人的逻辑思维没有问题，但在表达的时候却容易前言不搭后语，出现紊乱，这便严重影响了自身的可信度。这不仅需要多掌握知识，还需要在平时的日常交流中加以注意。可以在表达之前先想清楚事情的起因、经过、结果，按照这个顺序将事件阐述出来，如果一次不行，训练两次、三次，反复训练，让话语跟上思维，逐渐前后连贯。

3. 不要做传声筒，对没有把握的事情谨慎处理

一些人在听到别人趣闻的时候觉得很新鲜，往往不假思索地就传达给其他人，也有一些好打听他人隐私的人喜欢将别人的事情宣传出去。作为正常人来说，两只耳朵听到的东西有时候会比一张嘴巴说出去的东西多。那么，为了不让自己成为一个不可信的人，不要瞎说话，对于一些自己没有把握的事情不要说。随随便便当传声筒的人是最不容易让人信任的，也是最容易被他人排挤，即使为了训练口才，也不要做类似的事情。

4. 开口之前想清后果，兑现不了就不要承诺

人们常常说，“没有金刚钻，别揽瓷器活儿。”在与人交流的过程中，能够兑现诺言、助人为乐当然是一件好事，但如果根本实现不了，那就不要承诺。你的一句承诺可也许是别人的期望，期望一旦落空，你再说任何话，别人都不会相信。所以，记得要仔细思考自己是否能做到之后再承诺。

5.“狼来了”的故事已经失效，不要做失信的人

“狼来了”的故事大家都知道，道理也都明白。而在说话的时候，往往不被引以为鉴。如果随意揣测他人的事情，说一些并不存在的事情，甚至搬弄是非，那么只会让你在人际交往中成为过街老鼠。要做一个成熟、有修养、认真、有责任感的人，就不能胡说八道，不能让“狼来了”的故事发生在自己身上。

虽然，我们并不要求自己能够引经据典，但是，如果想要锻炼让人信服的口才，就需要将稳重的性格融入话语中。在与人交谈的过程中，尽量有理有据、言之有理，对于没有把握的事情，一定要谨慎，不要随便承诺，这样才能让你获得更多的加分。

◎ 不要发牢骚，没人愿意听你抱怨

在我们的周围总会有些人像怨妇一样，不是抱怨这，就是唠叨那。如果再细细研究的话，我们会发现，这些人多数都是比较随性，想到什么说什么，缺少深思熟虑的习惯。比如，清早出门上班，他们会抱怨地铁太挤、公交车太堵；到了办公室，会抱怨地面不干净、同事说话太吵；打开电脑，抱怨网速太慢、上司分配的任务太多；给客户打电话，报怨客户难缠、订单难签……总之，他们看什么都不顺眼，心中总是憋着一股怨气。

刘刚和林大庆同是某动漫工作室的设计师，刘刚性格大大咧咧，说话从不经过大脑，而林大庆则性格内向、少言寡欲，凡事爱深思熟虑。

由于工作室成立时间不长，很多制度都还不完善，老板经常临时做决定，以致经常会在下班时间或者周末给他们打电话安排工作方面的事。对此，刘刚很厌烦，他觉得老板占用自己的业余时间很不道德，于是就经常抱怨，和同事们说老板的不是。而林大庆虽然也不希望老板占用自己工作之外的时间，但他一想到工作室尚在初创阶段，很多地方不完善，老板也是在不断的摸索中，自己多付出一些是应该的。当刘刚对他抱怨时，他还不时地劝说几句，不让刘刚抱怨，可刘刚就是无法控制自己的嘴，10 句话中有 9 句是在抱怨。

不久之后的一天，刘刚在向同事抱怨时，老板出现在他身后，声音冰冷地说：“原来我有这么多缺点，真是委屈你了，你和林大庆交接一下手头的工作，然后去找个让你满意的老板吧。”老板同时找到了林大庆，告诉他有个比较重要的设计工作需要他来承担，除了工资之外，还会外加不少提成。

从这个案例中，我们很清楚地看到抱怨和不抱怨最终的结果。换句话说，那些善于思考、舌头比别人慢半拍的人反而少了很多抱怨，也多了很多机遇。

毋庸置疑，如果让抱怨成为一种习惯，你就会像故事中的刘刚一样被老板扫地出门。反之，像林大庆这样少抱怨、多做事，你的人生之路纵然不会一帆风顺，但也不会有太多坎坷。

在平日的工作和生活中，每个人都会遇到不顺心的事情，如果一味地胡乱抱怨，而不去思考问题的根本和解决的办法，只会让周围的人对你越来越疏远。相反，如果遇事能像多数内向者那样多想、多做、少抱怨，那么就更容易得到周围人的喜欢和信赖。

当然，我们也必须承认，由于每个人都会遇到烦心事，也就避免不了心生不满的情绪。那么，在对于不满情绪的处理方面，又该怎样防止抱怨的产生呢？不妨来看看下面几个方法：

1. 当问题出现时，应考虑其本质，而不应抱怨他人

许多人在问题出现时，第一反应就是抱怨别人，这种习惯是非常不好的。抱怨他人不仅解决不了问题，而且还会给人留下爱推卸责任的坏印象。

2. 培养乐观积极的心态

一个消极悲观的人总是看不到事情的积极面，无法找到生活的目标，生活中也自然缺少很多快乐，这也势必提高了牢骚产生的概率。所以，日常生活中，应该积极主动地面对和处理问题：

（1）给自己做一个周详的计划

不管是在工作上还是生活上，都给自己制订一个周详的计划，并且将计划付诸实践，这样可以使自己的生活更加充实、心情更加舒畅，抱怨也自然会减少。

（2）合理安排自己的时间

合理安排时间是执行计划的重要一步。合理科学地利用时间，可以提高工作效率，而且还可以利用闲暇来做一些自己喜欢的事情。

(3) 善于总结

根据计划执行的情况，应定期总结自己在这一段时间以来的得失。客观看待出现的问题，认清自己的不足，不断完善自我。

3. 对自己不要太苛刻

有些人，尤其是典型的完美主义者，不仅做事要求万无一失，而且对自己也苛刻到吹毛求疵的地步，经常会因为一些小到可以忽略不计的瑕疵而深深自责，结果累己累人。为了避免挫折感，减少抱怨的概率，应该将目标和要求设定在自己的能力范围之内，这样心情才会放松舒畅。

4. 要有自信心

在自信心这一点上，对此外向者而言内向者或许略有欠缺，由于不自信而带来的抱怨情绪也会时有发生。所以，内向性格的人要树立自信心，有了自信心才会相信自己的能力，遇到挫折和困难时才不会怨天尤人、手足无措。

总而言之，每个人都需要发泄心中的牢骚和不满，但我们可以运用上面的方法把抱怨和牢骚的频率和“杀伤力”控制在一定范围内，让自己远离“幽怨族”的队伍。

◎ 说话不要只图口舌之快

在我们周围有很多说话不经大脑思考的人，他们口若悬河、滔滔不绝，看起来十分潇洒，实际上最惹人厌烦。因为你不知道在什么时候，他们就会说出一些“恶语”而得罪人。所以，为了不成为众矢之的，你在说话的时候必须管好自己的嘴巴，知道什么该说、什么不该说，切莫因逞一时口舌之快而伤害了他人。

当然，生活中有很多这样缺心眼的人，他们看起来貌似天真可爱，实际上缺乏修养，他们说话不讲究措辞和语气，想到什么说什么，却不明白这样的口不择言将会成为损坏人际关系的罪魁祸首。在《三国演义》中，杨修就是因为图口舌之快、卖弄自己的小聪明而惹来了杀身之祸。

杨修是东汉末期的文学家，以学识渊博而著称，建安年间被任为郎中，后为曹操主簿，因其聪明伶俐、能言善辩而得到曹操的重用。只要有重要的、难以处理的事情，曹操都会把他带在身边，让他出谋划策。一时间，杨修成了曹操身边的红人，满朝文武竞相巴结他，以图他在曹丞相面前美言几句。

曹操公布的文书及策略很多都是出自杨修之手，一般曹操的文书公布后，得到了众人的称赞，杨修就会心直口快地说这份文件是他起草的。时间一长，曹操就有些厌烦杨修了，他曾经想过割去杨修的舌头，但后来并没有行动，而杨修“大嘴巴”的毛病却越来越厉害。

有一次，曹操雇人翻修自己的住房。工人们日夜加班，赶在一周内完成了翻修。曹操来看后，什么话也没说，只在门上写了个“活”字，工人们不懂什么意思，议论纷纷，而这时杨修正好经过，杨修不以为然地说：“不就是嫌门太‘阔’吗?”后来曹操来检查，发现门改得很合理，就问工人如何破了这个谜，工人老实地回答是主簿大人。“又是杨修。”曹操心里又是一阵厌烦，于是便萌生杀意。试想，有那么一个人时刻在你身边抢风头，的确是一件很不爽的事情。但曹操又的确很爱才，只好再次选择忍下来。

之后不久，曹操带兵进攻斜谷，没想到敌方势力过于强大，主帅又很善于用兵摆阵，一时间，曹操被困在斜谷，正犹豫在进退之间，随即传令夜间以“鸡肋”为行动口号，众将不明曹操其意所指，在军帐面前议论纷纷。杨修经过时，听说曹操以“鸡肋”为号，顿时明白曹操心中所想，随即对众将说，大家回去收拾好东西，晚间退兵回朝。

听到外面没有了动静，曹操从军帐中走出来，却看见众将正忙活装车，忙问众将是怎么回事，众将回答主簿大人说丞相今晚要班师回朝。曹操肺都气炸了，他叫人把杨修喊来，质问杨修为何破坏军心。杨修答，“鸡肋者，食之无味，弃之可惜，由此可以知道丞相你的命令。”曹操大怒，他对杨修的“大嘴巴”实在忍无可忍了，于是下令以扰乱军心的罪名为由把杨修给斩了。

杨修也明白自己的口舌之快惹曹操心里厌烦。据说，在行刑时，杨修曾叹息：“我固自以死之晚也。”

杨修死后，曹操亦痛惜万分，但仍憎恨杨修只图口舌之快而给自己带来的不便和厌烦。

杨修为逞一时口快，无意中一次又一次地伤害了曹操的自尊心，纵使曹操再珍爱杨修之才，也不过是只“鸡肋”，食之无味，弃之可惜，虽然可惜，但终究好过让其日日在身边招他心烦要好很多。所以，虽然曹操对身边的人说：“杨修之死，我亦万分痛惜，他若不死，我则夜夜不安，唯恐有什么事要发生。”杨修之死，全在于他没有管住自己的嘴巴，不懂得什么时候该说、什么时候不该说，不懂得维护曹操的尊严，若不然，凭他的聪明才智，不难有一番作为，而如今，后人提到杨修只感到可惜，却无法明白其真正的才能。

逞一时口舌之快确实能够给我们带来短暂的安慰，但在我们一次次地心直口快中却错失了很多良机，得罪了多少朋友，更有甚者，还会因此阻挡我们取得成功。尤其当我们心直口快、惹怒上司时，职场之位就会变得岌岌可危，升职之路会更遥遥无期。

况且，说话心直口快并不是绝对的优点。特别是众人聚会的时候，说话图口舌之快，似乎力图表明你是个“万事通”，这样的人最惹人反感，尤其是当你的言语与对方对立，即使众人明白你是对的，也不会给他们留下好印象。

一个真正成熟的人是善于控制自己的人。控制自己的情绪、控制自己的嘴巴，明白什么该说、什么不该说。所以，真正成熟的人是能够完全把握自己命运的，这样的人是受人欢迎的。

因此，为了你能有一个更好的前途、能有更多的朋友，你应该管好自己的嘴巴，不要只图口舌之快，害人又害己，得不偿失。你应该加强自身的修养，努力做一个有礼貌的绅士，不逞口舌之快、待人谦虚、给人留下好的印象，这样，你的人生才会更加精彩。

◎ 不做争强好胜的“嘴上英雄”

永远都不要想着在争论中打倒对方。退一步说，争出了结果，你输了，带来的只是对自己鲁莽行为的悔恨和作死鱼般的挣扎，在对方振振有词的神态中自惭形秽，纯粹的自讨苦吃。你赢了，你洋洋自得。别人的观点被你攻击得千疮百孔，体无完肤，那又能说明什么呢？证明了他的观点一无是处，又能证明你比他优越，你比他知识更广博吗？其实，你大错特错了，你不顾别人的尊严，让人家当众出丑，来满足你的虚荣心，只会让其他人瞧不起你。有这样一个故事：

从前有一个高官非常喜欢下棋，而且也自诩为下棋高手。甲是其门下一名食客。有一次，甲与高官下棋，一出手便表现出咄咄逼人之势。高官自知遇上劲敌，不多久，就显得心神大乱，汗流而下。甲见对方焦急的神情，格外高兴，故意留出一个破绽。高官发现了，抓住机会立即进攻，满以为可以转败为胜。谁知甲突然使出杀手锏，一子落盘，很得意地说道：“你还想不死么?”高官正杀得性起，突遭此打击，心中大为恼火，立起身来就走。

据说，这位高官是一位胸怀宽广的人。可是，被甲这么一“逼”，也觉得颜面大失，颇为不快。因此对甲始终耿耿于怀。而甲却莫名其妙，他始终搞不明白高官为什么从此不再与他下棋。更让人感叹的是高官本可使甲飞黄腾达，只是为了这一点不快，老是不肯提拔他，甲只好郁郁不得志，以食客终其身。更让人同情的是：甲终其一生也没有找到自己不得志的原因，以至自叹命薄。

在我们的身边，有很多争强好胜的人。他们总是追求表面的光彩，喜欢哗众取宠，喜欢追随其左右的“面子”生活。对于他们来说，你伤害了他的“面子”，他会将之视为“奇耻大辱”，会一直耿耿于怀，并可能随时找机会进行报复。但他们始终想不明白的是：自己的“面子”如此重要，别人的“面子”岂不也很重要吗？

有一年，英国退役陆军元帅蒙哥马利访问中国。一次，他在河南洛阳参观时，无意中看到剧院正在上演豫剧《穆桂英挂帅》。当他了解该剧的剧情后，连连摇头，说：“这个戏不好，怎么能让女人当元帅？”于是，他和中方陪同人员发生了一点小小的争论。开始时，中方陪同人员解释说：“这是中国的民间传奇，群众很爱看。”蒙哥马利立即断言：“爱看女人当元帅的男人不是真正的男人，爱看女人当元帅的女人不是真正的女人。”中方人员不服气地说：“我们主张男女平等，男同志能办到的事，女同志也能办到。中国红军里就有很多女战士，现在解放军里还有位女少将呢！”蒙哥马利毫不退让：“我一向对红军、解放军很敬佩，但不知道解放军里还有一位女少将。如果真的是这样，会有损解放军声誉的。”中方人员又反驳说：“英国女王也是女的。按照英国的政治体制，女王是英国国家元首和全国武装部队总司令，这会不会有损英国军队的声誉呢？”蒙哥马利突然语塞，无话可说了。

显然，蒙哥马利对这个争论结局，感到有些难堪，心中的不悦之感是可想而知的。事后当周恩来总理听说此事后，严肃地批评了有关人员，并指出：“他有他的看法，何必去反驳他？”“弄得人家无话可说，你就胜利了吗？”

从这件事中，我们可以悟出人际交际中一个不可忽视的重要原则：“不要争强好胜伤人面子。”周总理之所以要批评有关的陪同人员，就是因为那位同志当时疏忽了这一点，在争论中将自己的意见或看法强加于人，没有给对方留有充分的余地，弄得人家无话可说下不了台，有损于来宾的面子，这是不可取的。

世上有一种人，他总是和别人过不去，当别人每提一件事时，他都会和人家争论不休。这种人无论走到哪里，大家都会回避着他，不愿意和他进行深层次的交往。这类人总是爱挑别人的语病、喜欢让人下不来台，自己却乐得其所，这样的人是没有人喜欢的。

第七章 说话要有智慧

说话是我们理性思维的一种呈现，当我们懂得灵活运用沟通的时候，它会呈现出与沉默甚至对抗截然相反的魅力。真正有智慧的人是不会选择对抗的，因为它生硬冰冷，并不能为我们带来想要的结果，反而很多时候会适得其反。

◎ 说话的基本原理是“爱”

我们每个人都是有爱心的，而这种爱已经延伸到世界的各个角落了。但是很多时候，我们会吝啬自己的爱，羞于出口，尤其是当我们对爱人表达喜爱之情时，就更是如此了。不管是感性对待爱，还是理性对待爱，我们最主要的就是把爱说出来。

当然，男女之间，谈及爱情，多数时候要理性大于感性，只有这样，我们才能让爱情更加长久。爱他（她），主要还是需要理性对待，不管这份爱是说出来还是不说，我们都要权衡清楚，只有这样，我们才不会做出让自己后悔的事情。

理性地去看待问题，远比一意孤行要好得多。如果我们看问题只是看到表面的话，那么我们就大错特错了。很多事情，表面只是一层假象，而深层的东西是需要我们用理性的思维去分析、去判断之后才能发现的。

爱情中的男女更不应该太过于感性，感性只会让你的敏感神经左右你的判断，往往不去理性思考，只是歇斯底里地去爱。当然，这样的爱情仿佛没有功利性，显得非常美好。但是，现实中看似太美好的事情可能会是镜花水月，很难长久。在这时，就需要男女双方理性地去分析爱情中的矛盾，然后做出最正确的判断。

有一对情侣，闲来无事就去出海游玩，男女之间本来关系非常好，但是男孩处理事情的时候却非常怯懦，女孩希望通过这次出海，让男孩逐渐改掉这个坏毛病。

没想到，出海游玩的途中遇到了大风，两个人乘坐的小艇被巨浪掀翻了，而这对情侣也不幸落入了海中，幸亏女孩紧紧抓住了一块木板才得以保住两个人的性命。女孩就问男孩："你现在害怕吗？"

男孩从怀中掏出一把水果刀："我害怕，但是如果有鲨鱼来的话，我就拿这个对付它。"女孩再次感受到了男孩的怯懦，只是摇头苦笑了一下。

没过多久，一艘货轮就发现了这对情侣，正在此时，一群鲨鱼也随之出现了。

女孩大叫："会没事的！我们用力游，一定能获救的！"

男孩却不管这些，而是把女孩推入了海里，自己趴在木板上，向着货轮的方向游了过去："我先去尝试一下，如果可以的话，你再来！"女孩看着男孩逐渐消失的背影，不由得泪流满面，感到无比失望。

这时候，鲨鱼向着女孩逼近，但是它们只是闻了闻就离开了，然后疯了似地向男孩的方向游了过去。男孩被鲨鱼撕咬着，但是男孩还是奋力地大喊："我爱你！我永远爱你！"

最后，女孩获救了，而男孩则被鲨鱼吞进了肚子里。甲板上的人们纷纷为男孩默哀。船长走到女孩身旁说："小姐，请你节哀！你的男友是我们见到过最勇敢的人。让我们为他祈祷吧！"

女孩却不以为然，而是非常冷漠地说：“不，他不像你说的这么好，他是一个胆小鬼!”

船长说：“你怎么可以这么说他呢？我刚才用望远镜观察了男孩的一举一动，他把你推开之后，就游到了远处，然后用刀子割破了自己的手腕。鲨鱼对血腥味非常敏感，而正是男孩用自己的生命为你的安全脱险赢得了时间。如果不是男孩这么勇敢的话，恐怕你也不会安全地站在这艘船上。”

女孩总是感性判断男孩，认为他是最怯懦的人，就算遇到大灾难，男孩也会害怕地率先离开，弃自己于不顾。但事实却是，男孩承担起了自己应该承担的责任，他果断选择了牺牲自己，来保全女孩。最后，女孩得救了，但是因为自己的感性判断，错怪了男孩，倒是船长的一席话，让女孩陷入了深深的沉思。

爱情中，感情用事就像是一种必然，因为彼此相爱，感情用事更像是恋爱中男女的必备功课。但是如果我们总是感情用事的话，只会让自己走向极端，缺乏全面判断事情的能力。爱情是美好的，但是现实中，再美好的爱情也会出现瑕疵，面对爱情瑕疵，我们最应该做的就是多一些理性，少一些感性。

曾经听朋友说过：“爱情就像煮开水，要随时保持火候，不然，水就会慢慢冷却。”我们在人生的旅途中，每时每刻都能遇到陌生的风景，但是熟悉的、给人留下深刻印象的风景却少之又少。

在恰当的时候，理性一点，把爱说出来，让对方感受到你的爱，只有这样，两个人的关系才会越来越紧密。爱的话语越多，越能折射出两个人的未来。爱的话语就像寒冬中的一杯热茶，就像深夜中的一盏灯火，爱的话语能在关键时刻激发出我们的潜能，让我们在爱的道路上坚定不移地走下去。

哈基宁是著名的 F1 赛车手，当他在赛车场上取得一个又一个成绩的时候，是他的妻子恩雅在身后默默地支持他，不管什么时候，恩雅都是他最坚强的后盾。

恩雅是芬兰一家电视台的主持人，因为主持人职业的缘故，恩雅认识了不少的赛车手。在这些赛车手中间，哈基宁并不怎么出众，他不仅沉默寡言，而且有时候甚至显得比较木讷。但是经过不断地了解，恩雅发现哈基宁是一个非常勇敢的男人，从不轻言放弃，如果有人能在他身边不断鼓励他，那么他的潜能就会被全部激发出来。

1995 年，澳大利亚站的排位赛中，哈基宁发生了重大交通事故，头骨被车冲撞破裂，和死亡擦肩而过。在这个时候，恩雅一直衣不解带地照顾着哈基宁，一直说着彼此相爱一生的甜蜜话语，哈基宁听后非常感动，等到哈基宁伤愈之后，两个人就步入了婚姻的殿堂。

2000 年之后，哈基宁和恩雅逐渐淡出了人们的视线，过着只羡鸳鸯不羡仙的生活。

爱情就是不离不弃的承诺，不管发生了什么，我们也都会陪在彼此身边。勇敢说出爱，不要让爱情冷却，我们才能让荡漾在舌尖的话语折射出心底的爱。

我们不要因为主观臆断，认为对方已经完全了解自己了，就不去说爱。其实，爱有时是非常隐晦的，更是非常简单的，多表达一些，多做一些，时间一长，两个人之间的爱情就会变得越发坚固了。任何一份爱情都是需要经营的，如果不去经营，爱情只会逐渐走向凋零，我们只有不断呵护，不断用自己爱的话语经营爱情，才能让爱情变得美好而长久。

◎ 说话的基本问题是“舍”

人生是一个从简到繁，再到简的过程。我们精力有限，时间有限，这就注定一些事情会因为太过复杂而被遗失掉。正因为这样，我们才需要不断舍弃，只有不断舍弃，我们的人生才会变得充实和美好。舍弃悲伤，我们将收获快乐；舍弃繁杂，我们将收获简单……只有舍弃一些不必要的，我们才能得到一些重要的，说话之道就在于此。

我们说的话越复杂，自己的思路就会越乱，就会暴露出越来越多的弱点。最高明的说话，就是用最简单的话语，表达出最复杂的意思。我们都讲究无为而治，而这指的就是不战而屈人之兵。说话也是如此，滔滔不绝不仅会让人厌烦，而且讨不到好处。

春秋战国时期，儒家学派的创始人孔子主张以仁义治天下。为了宣传自己的主张，孔子周游列国，但却始终四处碰壁。有时候甚至被别人弄得非常狼狈，遭到周围人的嘲笑。但是孔子不但不以为耻，反而从中学到了很多知识。

有一次，孔子到了郑国，因为人生地不熟，就和弟子们走散了。孔子只得在城郭东门等候自己的弟子们。

子贡打听孔子消息的时候，有个郑国人对他说："城郭东门有一个人，额头又扁又平，还非常大；脖子很长，肩膀又很窄，腰部以下非常短。整个人看起来非常狼狈，就像一条丧家之犬一样。"子贡非常生气，但是他通过这个人的描述找到了孔子，就把这些话说给孔子听。孔子不怒反喜："外形之类的都是微不足道的细节，单说我像丧家之犬，他就说得很对啊！"

又有一次，孔子和自己的学生子路走散了。子路在路上遇到了一位老人，就作揖行礼问他："您看见孔夫子了吗？"

老者满脸的不屑神情："四体不勤，五谷不分。天下谁是夫子？我从来没见过这样的人。"

等到最后子路找到了孔子，就把路上的见闻和孔子说了。孔子说："这人是个隐士啊！"于是就和子路去找这位老者，可是却再也找不到了。

孔子的成功就在于他的淡然，对别人的话语不萦于怀，从别人简单的话语中找到对方的优点。我们也是一样，不要总认为话多就是好，话多其实就是累赘。我们每个人都有自己的忍耐限度，当我们说的话过于杂乱，让对方感觉厌烦的时候，就意味着你已经失败了。

山不在高，有仙则名；水不在深，有龙则灵；话不在多，有用就行。删繁就简的说话方式，更多的是一种经验的积累，用心去说，让经验成为我们的臂助，我们才能达到删繁就简，说服别人的目的。

一个商人辛辛苦苦地忙了大半辈子，终于富甲一方，不用再捉襟见肘，不用再斤斤算计，宽裕的生活在向他“招手”。

富商攥着大把的金银财宝，破天荒地想给自己一次完全放松的机会。于是，他来到一片海滩，准备静静地晒一晒太阳，享受一下大自然的美好。可是，已经习惯了在商场上拼杀的他，猛然这样一停下来，心里反而感到了百无聊赖的烦躁。

正在这时，富商看到在不远处，一个衣着破烂的渔夫正在海滩上懒洋洋地晒着太阳，表情安详，嘴角微微上扬，一副怡然自得的样子。

富商见状，便好奇地走上前去问他：“你不去工作，就这样浪费时间，怎么还会觉得高兴呢？”

渔夫反问道：“我为什么要去工作呢？”

富商简直觉得渔夫的想法太不求上进了，理直气壮地解释说：“努力地去工作，这样才能挣到足够多的钱，然后才能有钱出来到海滩上旅游，享受阳光啊。”

渔夫轻轻地笑了笑，依然不急不恼地问富商：“享受阳光？我现在不就是在海滩上晒太阳呢吗？”

再多的阳光，也是从天空中洒下来的；再多的废话，也是从简单的话语中衍生过来的。其实，生活中没有过多复杂的东西，关键在于我们要学会简而化之，只有这样，我们才能少费气力，但却能说出越来越多获得众人认可的话语。

很多人都喜欢长篇大论，恨不得别人都不说话，这样只会让自己的话语因为多，而变得没有多少“技术含量”。多数时候，言简意赅的语言，体现出的是一个人的干练，正因为这样，这个人才能不断地突破自己，最终，走向成功。

其实，这样的例子还有很多，比如，程序越大，套用的模块就越多，这样就越容易出问题，当出现问题时，就要求我们从细节着手。这样，我们才能取出冗长的程序模块，用言简意赅的程序语言把事情讲清楚。

舍弃是一种智慧，小舍小得，大舍大得，少说多做，这样我们才能展现出自己与众不同的魅力。没有人会希望和废话太多的人打交道，因为这样无用的话，明显是在浪费我们的时间，我们要做的就是学会运用简单思维，只有这样，我们才能把最真实的自己展现出来。

◎ 说话的基本要求是“度”

人际交往中，我们会遇到各式各样的人，在与他们交往中，我们要做的就是把握好尺度。沟通中就更是如此了，话语过深，则会让双方关系僵化，更有可能会让双方关系变得一发不可收拾；话语过浅，两个人彼此了解不深，这样一来，就会让两个人之间的沟通陷入死胡同。

口才的力量在于张弛有度，深一分不行，浅一分也不行，我们只有找到真正适合彼此的沟通方式，才能使气氛缓和下来，而对方也会受到这种气氛的影响，接受我们的建议，最终和我们趋于一致。

在生活中，很多人在面对别人的请求时，只是一味地答应，即便是别人的要求很难办到甚至是无法办到时，他们也不会去拒绝别人。他们怕一旦拒绝对方的要求，会伤了双方的感情，或是让自己吃亏。其实，他们不知道，越是想讨好每个人的，可能最后连一个朋友也没有了。

我们要知道，一个人的精力、时间和财力是有限的，我们不可能处处顾及，甚至有时为了照顾别人，结果把自己的事情都给耽误了。其实，只要在拒绝别人的时候避免直截了当，最好能找到一个适当的借口，那么你所担心的“失去亲情、友情，或者会让自己吃亏”的情况就不会发生。在向别人说“不”的时候，让别人知道你有说“不”的原因，那么别人也会理解你的拒绝。只要你能够为你的拒绝找出合情合理的借口、托词，那么就可以获得别人的谅解，赢得对方的尊重。

1799年，年轻的拿破仑在意大利战场取得全胜凯旋。从此，他在巴黎社交界身价倍增，也成为众多贵妇追逐青睐的对象。然而，拿破仑对此却并不热衷。当时的才女、文学家斯达尔夫人，几个月来一直在给拿破仑写信，想结识这位风云人物。

在一次舞会上，斯达尔夫人头上缠着宽大的包头布，手上拿着桂枝，穿过人群，迎着拿破仑走来。拿破仑躲避不及，斯达尔夫人把一束桂枝送给拿破仑，拿破仑说道：“应该把桂枝留给缪斯（希腊神话中的文艺女神）。”

然而，斯达尔夫人认为这只是一句俏皮话，并不感到尴尬。她继续有话没话地与拿破仑纠缠，拿破仑出于礼貌也不好生硬地中断谈话。

“将军，您最喜欢的女人是谁呢?”

“今天的葡萄酒真不错。”

“你很喜欢吗，那我们来喝两杯。”

“外面好像下雨了。”

“哦?你喜欢下雨吗，我很喜欢这样的天气。”

“我想我的妻子应该在给孩子们做饭了吧。”

他们这样一问一答，拿破仑不仅达到了拒绝的目的，而且斯达尔夫人也知道了拿破仑并不喜欢自己，于是只好作罢。

外交场合中，最重要的就是坚持自己的原则和立场，不该做出让步的决不松口，同时又要做到言行得体，不失礼仪。很多时候，我们不能过于直露地去辩驳，占了别人的地盘更不是什么光彩的事，一旦争吵起来就会闹出笑话，拿破仑转移话题拖延应付，完美地达到了拒绝的妙用。

在现实社会中，任何人都不可能脱离他人而独立存在，人与人之间总要存在一定的联系，这也为人际交往提供了必然性。只要有人际交往，就一定会有请求与被请求、拒绝与被拒绝的事情发生。对他人的困难急人所急，热情帮助，这都是应该的，但前提一定要量力而行。如果遇到做不到的事情，就要学会拒绝。

◎ 说话的基本方法是“灵”

人与人之间的沟通不会永远一帆风顺的，就算是平静的湖面，它的下面也会有暗流涌动，多数时候，我们在与人沟通时，会陷入僵局，更会陷入尴尬。这时，就需要我们及时调整，让自己的思想变灵活，学会让自己的话语拐弯，而只有这样，我们才能化解当下尴尬尖锐的局面。

倾听别人说话时，不能对方说什么你就记着什么。别人随口一说，你就把他说的当成圣旨一样记在心里，这是非常不明智的。有的人从嘴里说出的话，一转身的功夫，就连他自己都不记得了。其实这种话就是场面话，根本不能当真。

有句俗语讲“听话听音”，就是说要能够听得懂“弦外之音”。学会区分哪些话应该记在心里，哪些话应该左耳进右耳出。这样，才能让自己成为一个明智的人。

战国时期，宋君偃想自己称王，一听说这件事，齐国就打算率领大军来攻打宋国。无奈之下，宋国只能派臧孙子到楚国求救。臧孙子心中惴惴不安，宋国弹丸之地，而齐国却是一代霸主，楚国怎么可能会为了一个小小的宋国而得罪齐国呢！

没想到见了楚王后，对方不假思索地就答应下来了。但是在回国的路上，臧孙子仍然高兴不起来，他认为这件事不会这么简单就能定下来。

看到大事已成而主人却一脸愁容，臧孙子的车夫不禁感到非常奇怪，就问他：“楚国已经答应发兵援救了，您怎么还不高兴呢？”

臧孙子说：“宋国是小国，而齐国和楚国都是大国。楚国怎么会为了一个小小的宋国而发兵攻打齐国呢？这件事肯定不会这么简单。我怎么能不担心呢？”

臧孙子继续说：“楚国对这件事肯定别有用心，他表面上答应我们，是为了让我们坚定攻打齐国的信心。这样，或多或少都能削弱掉齐国的一些力量。到那时楚国如果再发动兵力攻打齐国就简单得多了。”

结果正如臧孙子所料，他回国之后等了好久，都不见楚国发兵。

臧孙子猜测得对，自己没有给楚国利益，楚国怎么会轻易发兵来救呢？对于宋国这样一个小国来讲，根本没有可以让楚王动心的地方。但楚王却一反常态，答应得如此爽快，明显就是想让臧孙子快点离开而说出的一些场面话。楚王知道如果直接拒绝援救，臧孙子肯定会滔滔不绝地说服他，但正是这些场面话反而让臧孙子感到楚国只是敷衍，根本不会出兵来救。

听懂弦外之音，才能找到方法来应对。别人说完话之后，我们要多想一下，别人说的话中有没有隐藏含义，只有这样，我们才能找到对方的话题方向，然后再用自己最有力的话语进行反击。尤其是职场中经常与人打交道的人，他们往往能够从多方位读懂一个人的内心，尤其是职场中的面试官。

这一年，北京某互联网公司为了扩大经营，决定招聘一位销售部门经理。消息一传开，很多年轻人纷至沓来，毕竟这家公司的效益很好，在业界也有较高的知名度。

这天，人事主管又接待了几名应聘者。主管要求每个人轮流谈谈自己的社会关系。因为，销售靠的就是社会关系和口才，考官考的这个问题是整个面试内容的核心，既考察社会关系，又考验口才。

一个高个子的男人先站了起来，得意洋洋地说："对于这一行，我是最有发言权的。不瞒大家说，我在这个圈子里足足混了八年，早就摸清了其中的门路，可以说是手眼通天，朋友有的是，手机号多得电话本里存不下，只要我一句话，什么事都不在话下。"

高个子刚坐下，另一个人也站了起来，说："我的优点就是口才。你们知道么？就是因为我能说会道，曾多次应邀出席业内论坛活动，即兴演讲大受欢迎，××名人对我评价非常高，我们俩还一起合影留念，简历的最后一页就是这张照片的复印件。"

这时，还有一个略微秃顶的中年人一直没有说话。考官示意轮到他了，中年人望着考官，平静地说："真是惭愧，我只干过两年推销员，口才也就一般。"

就在大家低声发笑之时，这个中年人从公文袋中拿出一叠资料，然后双手放在考官的桌前，认真地说："但是，我非常热爱销售。这叠资料里有两样东西，一份是我对新工作的设想和计划方案，另一份是我在原公司的业绩报告，不是最好的，但在所有销售人员中也能排在前五名吧。"

当考官看完这些资料后，脸上突然露出了笑容。他这才知道，眼前的这个中年人，在业界早已赫赫有名，好多公司都争着要他，而他现在自动送上门，真是"踏破铁鞋无觅处，得来全不费工夫"！

考官又一次看了看之前的那些应聘者，心中不由升起厌恶。他们或是游手好闲，或是华而不实，或是狐假虎威，最多只能当销售员，经理的职位根本无法胜任！于是，他站了起来，与那个中年人热情地握手，然后说道："祝贺你，你被录取了！"

这次面试中的那两个年轻人，无一例外都有一个特点：自信。然而，如果这份自信过了头，变成了自吹自擂，那么他的结果必将是惨遭失败。而反观那个中年人，他本身有很好的资本，却没有洋洋得意，甚至是炫耀的口吻来说，而是用事实说话，用实际的材料来证明自己的能力和责任感，稳重成熟的表现正适合考官心目中销售经理的形象，做到这样，就不难解释为什么这个中年人能够战胜两个竞争对手脱颖而出了。

面试官善于听懂应聘者的弦外之音，进而因地制宜，从应聘者的话语背后去理解，这样才能找到真正适合自己公司的人才。

我们就更要如此了，不要单单考虑话语表面的意思，这样很容易让我们迷失，让我们被对方牵着鼻子走，多数时候，我们要做的就是学会分析，学会让自己的思想转弯，只有这样，我们才能读懂人心，发现对方的优缺点，进而做出最正确的判断。

中篇
表达的场合与技巧

在现实生活中，人们经常会遇到各种场合，如演讲、辩论、谈判、公关等等，不同的场合应使用不同的语言。在社会交往中，尤其是在比较正式的场合，如会议、谈判、宴会等常会出现冷场现象，彼此都很尴尬。冷场，在人际关系中无疑是一种“冰块”，处理不好就会影响交谈的效果。此外，世事难料，许多变化都出人意料。在遇到各种特殊情况时，若不能遇势转换，整个场面就会陷入尴尬的境地，但若能镇定借用环境，巧妙说话，一定能取得出奇制胜的效果。

第一章
演讲：扣人心弦，语惊四座

演讲的目的在于宣传思想、激励他人，用意想不到的见解引出话题，用滴水不漏的语言，深刻影响听众，唤起听众的热情和兴趣，引起最广泛的情感共鸣。因此，演讲时，一定要注意节奏得当，语言流畅，吐字方式正确。与此同时，还应该给演讲注入旺盛的生命力，并且让富有感染力的姿势来为你的演讲增添一抹亮丽的色彩。

◎ 开场白，说到听众心里

演讲时，开场白最不易把握，演讲者要想三言两语抓住听众的心，并非易事。如果在演讲的开始听众对演讲者的话就不感兴趣，那后面再精彩的言论也将黯然失色。

1. 触动听众的内心

听众对众口一词的论调都不屑一顾，置若罔闻；演讲者倘若用意想不到的见解引出话题，营造“此言一出，举座皆惊”的艺术效果，会立即震撼听众，使他们急切地想继续听下去，这样就能达到吸引听众的目的。

美国总统奥巴马就职演说的开场白就达到了让人们震惊的效果。

今天我站在这里，看到眼前面临的重大任务，深感卑微。我感谢你们对我的信任，也知道先辈们为了这个国家所做的牺牲……

现在我们都深知，我们身处危机之中。我们的国家在战斗，对手是影响深远的暴力和憎恨；国家的经济也受到严重地削弱，原因虽有一些人的贪婪和不负责任，但更为重要的是我们作为一个整体在一些重大问题上决策失误，同时也未能做好应对新时代的准备。

我们的人民正在失去家园、失去工作，很多企业要倒闭。社会的医疗过于昂贵，学校教育让许多人失望，而且每天都会有新的证据显示，我们利用能源的方式助长了我们的敌对势力，同时也威胁着我们的星球。

统计数据的指标传达着危机的消息。危机难以测量，但更难以测量的是其对美国人国家自信的侵蚀——现在一种认为美国衰落不可避免，我们的下一代必须低调的言论正在吞噬着人们的自信。今天我要说，我们的确面临着很多严峻的挑战，而且在短期内不大可能轻易解决。

就在人们情绪被“抑”下去后，奥巴马立即接着说：

但是，我们要相信，我们一定会渡过难关。

今天，我们在这里齐聚一堂，因为我们战胜恐惧，选择了希望，摒弃了冲突和矛盾而选择了团结。今天，我们宣布要为无谓的摩擦、不实的承诺和指责画上句号，我们要打破牵制美国政治发展的若干陈旧教条。

美国仍是一个年轻的国家，借用《圣经》的话说，放弃幼稚的时代已经到来了。重拾坚韧精神的时代已经到来，我们要为历史作出更好的选择，我们要秉承历史赋予的宝贵权利，秉承那种代代相传的高贵理念：上帝赋予我们每个人以平等和自由，以及每个人尽全力去追求幸福的机会。

……

美国依然是地球上最富裕、最强大的国家。同危机初露端倪之时相比，美国人民的生产力依然旺盛；与上周、上个月或者去年相比，我们的头脑依然富于创造力，我们的商品和服务依然很有市场，我们的实力不曾削弱。但是，可以肯定的是，轻歌曼舞的时代、保护狭隘利益的时代以及对艰难决定犹豫不决的时代已经过去了。从今天开始，我们必须跌倒后爬起来，拍拍身上的泥土，重新开始工作，重塑美国。

国家的经济情况要求我们采取大胆且快速的行动，我们的确是要行动，不仅是要创造就业机会，更要为下一轮经济增长打下新的基础。我们将造桥铺路，为企业铺设电网和数字线路，将我们联系在一起。我们将回归科学，运用科技的奇迹提高医疗质量，降低医疗费用。为了能为车辆和工厂提供能源，我们将进一步利用阳光、风力和土壤。我们将改革中小学以及大专院校，以适应新时代的要求。这一切，我们都能做到，而且我们都将会做到！

奥巴马的这段开场白无异于平地惊雷，又宛若异峰突起，怎能不震撼人心?

2. 用自嘲活跃气氛

自嘲是幽默的最高境界。自嘲用在开场白里，目的是用诙谐的语言巧妙地自我介绍，这样会使听众备感亲切，无形中缩短了演讲者与听众间的距离。

在一次作代会上，萧军应邀上台，第一句话就是：“我叫萧军，是一件出土文物。”这句话包含了多少复杂感情：有辛酸，有无奈，有自豪，有幸福。而以自嘲之语表达，形式异常简洁，内蕴尤其丰富！胡适在一次演讲时这样开头：“我今天不是来向诸君作报告的，我是来‘胡说’的，因为我姓胡。”话音刚落，听众大笑。这个开场白既巧妙地介绍了自己，又体现了演讲者谦逊的修养，而且活跃了现场的气氛，一石三鸟，堪称一绝。

1938年2月9日，蔡元培70岁生日，上海各界人士在国际饭店为他设宴祝寿，他在答谢演讲时风趣洒脱地自嘲道：“诸位来为我祝寿，总不外乎要我多做几年事。我活到了70岁，就觉得过去69年都做错了。要我再活几年，无非要我再做几年错事咯。”宾客一听，顿时大笑，整个宴会充满了欢声笑语。试想，如果他摆出一副严肃相，一本正经地致答谢辞，就不会营造出这样轻松愉悦的气氛。

3. 情景交融，引人入胜

一上台就开始正式演讲，会给人生硬突兀的感觉，让听众难以接受。不妨以眼前的人、事、景为话题，开始演讲，把听众不知不觉地引入演讲之中。

1863 年，美国葛底斯堡国家烈士公墓竣工。落成典礼那天，前国务卿埃弗雷特站在主席台上，只见人群、麦田、牧场、果园、连绵的丘陵和高远的山峰历历在目，他心潮起伏，感慨万千，立即改变了原先想好的开场白，从此情此景谈起：

站在明净的长天之下，从这片经过人们终年耕耘而今已安静憩息的辽阔田野放眼望去，那雄伟的阿勒格尼山隐隐约约地耸立在我们的前方，兄弟们的坟墓就在我们脚下，我真不敢用我这微不足道的声音打破上帝和大自然所安排的这意味无穷的平静。但是我必须完成你们交给我的任务，我祈求你们，祈求你们的宽容和同情……

这段开场白语言优美，节奏舒缓，感情深沉，人、景、物、情是那么完美而又自然地融合在一起。据记载，当埃弗雷特刚刚讲完这段话时，不少听众已泪水盈眶。

4. 用悬念激发好奇心

人们都有好奇的天性，一旦有了疑虑，非得探明究竟不可。为了激发起听众的强烈兴趣，可以使用悬念手法。在开场白中制造悬念，往往会收到奇效。

有一位教师举办讲座，会场秩序比较混乱，学生对讲座不感兴趣，老师转身在黑板上写了一首诗：“月黑雁飞高，单于夜遁逃。欲将轻骑逐，大雪满弓刀。”写完后说：“这是一首有名的唐诗，大家都说写得好，我却认为它有点问题。问题在哪里呢？等会儿我们再谈。今天，我要讲的题目就是‘读书与质疑’。”这时全场鸦雀无声，学生的胃口被吊起来了。演讲即将结束时，老师说：“这首诗问题在哪里呢？不合常理。既是月黑之夜，又是严寒冬季，北方哪有大雁？”这样首尾呼应，强化演讲内容，令人回味无穷。

◎ 触发联想，产生画面感

演讲时，演讲者的思维应该处于一种极度活跃的状态，对某一话题或身边的事物应有敏锐的感触。正因为思维状态的活跃，人的思维触觉才十分敏锐，对身边的物和人能触类旁通，观一知十。因此，即兴说话时要认真观察，多方感受，快速思考，引发联想。根据演讲所处的特定时间、特定地点，深立意、巧构思，讲出一个奇妙的境界。

即兴说话时，可以按听众所关心的问题引发；可以根据场地布置的标语引发；可以按天气、时令、突发事件和前面说话者的说话内容引发。一般来说，“触媒点”应是能形诸视觉或听觉的具体事物，引发时要巧妙地找到它们之间的联系，在一定程度上赋予事物一个新的、深的含义。两者之间有同有异，唯其异才能产生新意，唯其同才能借此引发。

在一次抽题演讲比赛中，一位演讲者抽到的题目是《三峡工程在召唤》，他如是说：

大家知道，三峡工程将在三峡把长江拦腰截断。虽然从此在中国的版图上再也看不到三峡美丽的风光、壮丽的景色了，再也感受不到李白“两岸猿声啼不住，轻舟已过万重山”的意境了，但展现在我们面前的将是另一番迷人的景观。那是一幅现代科技的主体图画，是现代人智慧的完美造型，是勇敢和创造的反映物。面对如此沉重的呼唤，我不能亲临现场为三峡工程增一块砖、加一片瓦，对此我感到非常遗憾！但面对这呼唤我又感到高兴和激动，我将为之鼓舞。

这时响起了告示铃，演说到这里已进行了两分半钟，只剩下半分钟了，如果演讲者顺着这思路讲下去，似乎讲不出什么新意了。这名演讲者突发奇想，抓住刚才铃声这个触媒，引发开去：

铃声响了，告诉我演讲的时间只有半分钟了。是啊，时间紧迫啊，这铃声也向我们昭示：人生在世，时间是有限的。朋友们，让我们在有限的时间内多为祖国、为社会、为人民做点事。我虽然不能为三峡工程直接作贡献，但修建三峡工程的目的就是能够让长江两岸人民免除水患，安居乐业。所以我应在自己的工作中尽职尽责，辛勤付出，只有这样才能达到和三峡工程相同目的——为人民服务，同时也响应了三峡工程的召唤。谢谢！

他的演讲一结束，现场就响起了长时间的掌声。这就是演讲者抓住了铃声这一触媒展开联想，进行巧妙衔接，使演讲生动活泼。

著名语文教育家谢东曙应邀参加春节团拜会，事先没准备发言，可主持人在会上临时请他讲几句。他看到桌上一改过去摆设丰盛糖果、高级糕点的传统习惯，仅清茶一杯，于是灵机一动，抓住“清茶一杯”这一触媒点，以“一”字引发，即兴赋诗：“欢聚一堂迎佳节，清茶一杯显精神，团结一心创伟业，步调一致向前进！”大家报以热烈的掌声，欢呼再来一个，他急中生智，顺着刚才进行的“一”字一直思考下去，卖了一个关子：“别喊，还有一个横批：说一不二！”得体的引发得到了与会者的交口称赞。特别是最后一句“说一不二”，既是对前话的延续，又是对观众要求的答复，巧用双关，精妙之至。

◎ 引名人哲言，提振信心

一个人在演讲中能否让话题富有哲理，能否产生震撼的效果，与说话者的思想成熟程度密切相关。哲理性语言有许多种类型：

1. 警策型

这类语言的特点是语出惊人，但惊而无险；出人意料，却在情理之中。例如，有一位哲学家曾说过这样一句话：“有人可能100岁时才走向坟墓，但他生下来就已经死亡。”这句话中的“100岁时才走向坟墓”与“生下来就已经死亡”是矛盾的，然而矛盾背后却蕴涵着深刻的哲理。

2. 若愚型

这一类型的语言表述的内容往往是最平常的事，然而这些事情一经提示，便很耐人寻味。如爱默生说：“站在山的旁边，就看不到山。”歌德也曾说：“光线充足的地方，影子也特别黑。”他们说的都是极普通的事实，然而一经他们提示，这些事实就起了奇妙的变化，使人从中领悟到了很多东西。

3. 忠告型

这类语言常使人在善意中感到亲切，在亲切中领悟道理。如：“如果你考虑两遍再说，那你一定说得比原来好一倍”“如果一个人不知道他要驶向哪个码头，那么任何风都不会是顺风”“从伟大到可笑，只有一步远”等。

4. 总结型

这类语言的特征是归纳经验。如：“长久迟疑不决的人，常常找不到最好的答案”“财富往往像海水，你喝得越多，就越感到渴”等。

演讲和谈话中运用哲理性语言，可以使自己的言辞精辟、深邃和简练，更有力量。从生活中提炼具有哲理性的句子，并用排比的形式列出，效果会更好。如有一篇演讲中阐述“严厉惩处不是纠正腐败现象的最好手段”的观点时，强调指出：“腐败分子是活生生的人，你消灭了他的肉体，却消灭不了他的灵魂；你限制了他的人身自由，却限制不了他的思想自由；你解除了他的职务，却解除不了他的恶劣影响。”这段富有哲理的话，赢得了听众的阵阵掌声。

◎ 把握节奏，快慢有素

说话的时候要注意节奏，该快的时候快，该慢的时候慢，该起的时候起，这样有起伏有快慢，有轻重，才形成了口语的乐感，使话语变得悦耳动听，否则话语不感人，不动人。什么是节奏呢？那就是口语中有规律性的变化。有了这个变化，语言才生动，否则显得呆板。有位意大利的音乐家，他上台不是唱歌，而是把数字有节奏地、有变化地从 1 数到 100，结果倾倒了所有的听众，甚至有的感动得流下了眼泪，可见节奏在生活中是多么重要。

节奏主要体现为快慢和停顿。说话没有节奏变化就会像催眠曲一样使人昏昏欲睡。反之，如果能够掌握好说话的节奏，就会使人愿意听，喜欢听。

写作老师在谈到细节描写时，提问道："请问同学们，男生和女生回到宿舍时，找钥匙开门的动作有什么不一样呢？"然后就闭口不言，停顿下来，让同学们自己去揣摩。

台下的大学生们活跃起来了，有的私下议论，有的举手回答，有的干脆掏掏口袋，模拟一下自己回宿舍时找钥匙的动作。

过了一会儿，老师才说："据我观察，大多数的女生才上楼梯时，手就在书包里摸索，走到宿舍门口，凭感觉捏住一大串钥匙中的某一把钥匙，往锁孔里一塞，正好门开了。而大多数的男生呢？他们匆匆忙忙地跑到宿舍门口，砰的一脚或一掌，门打不开，于是想起找钥匙。摸了书包摸裤袋，摸了裤袋又摸衣袋，好不容易摸到了钥匙串，把钥匙往锁孔里一塞，打不开。原来钥匙又摸错了。"

写作老师的描述引起了会场中一片会心的笑声。等到同学们的笑声过后，老师趁势总结道："把男女生回宿舍找钥匙开门的动作描述出来，就是细节描写，而细节描写的生动又来源于对生活的细致观察。"

在这个故事中，这位老师巧妙地利用停顿的节奏，让听众探索悬念的答案，然后利用解答悬念抛出讲学要点，取得了很好的教学效果，这就是利用说话节奏的效果。

那么，我们到底应该怎样做才能掌握好说话的节奏呢？其实，只要掌握好什么时候应该减速、什么时候应该加速就可以了。

（1）说话时应该减速的地方有：需要特别强调的事情；极为严肃的事情；勉强控制的感情；使人感到疑惑的事情；数据、人名、地名等。

（2）说话时应该加速的地方有：任何人都知道的事情；不太重要的事情；精彩的故事进入高潮时；无法控制的感情等等。

说话的节奏和说话的语气一样，都会影响到听众。说话的节奏不同，给人的感觉也不同，节奏快了，会给人一种急促的感觉；节奏慢了，会给人一种平缓的感觉。所以，在说话时，要注意恰当地运用说话的节奏，把自己的感觉表达出来。

◎ 语言流畅，引人入胜

要想让你的语言具有感染力，能够打动人心，那么必须让你的语言具有流畅的特征。因为只有流畅的语言，才能给人以快感和美的享受。

要想让你的语言优美生动，还必须具备流畅的特征。所谓流畅，是指语言的脉络清晰，连贯无阻，没有冗繁累赘、成分残缺、搭配不当等毛病，运用语言有如行云流水，引人入胜。

在面对听众进行演讲时，要善于把握句式的变化。语言是否连贯跟句式的协调与搭配有着极为密切的关系。例如，有句演讲词说：“难道政治野心家能篡改客观真理吗？乌鸦的翅膀挡不住太阳的光辉。”这句话意思是清楚明白的，比喻也很恰当，但说起来就很不顺口，听起来也不顺耳，有别扭之感。其实，只要我们稍稍调整一下句式，效果就大不一样了。

试比较下列几种句式：

(1) 政治野心家篡改不了客观真理，乌鸦的翅膀挡不住太阳的光辉。（前后都是叙述句，句式整齐，形成对照。）

(2) 政治野心家不能把客观真理篡改，乌鸦的翅膀不能把太阳挡住。（前后都用“把”字句，增强了语言的气势。）

(3) 客观的真理不会被政治野心家篡改，太阳的光辉不会被乌鸦的翅膀挡住。（前后都用被字句，侧重点各不相同，朗朗上口，语气连贯。）

(4) 难道政治野心家能篡改客观真理吗？难道乌鸦的翅膀能挡住太阳的光辉吗？（连用两个反问句，强烈有力。）

通过以上对比和比较，可见，连贯流畅的语言，还须演讲者下番工夫琢磨。

一代文学巨匠巴尔扎克去世了，作为其挚友的雨果在追悼会上发表了《巴尔扎克葬词》，我们不妨品读下面这样一节：

在最伟大的人物中间，巴尔扎克是第一等的人；在最优秀的人物中间，巴尔扎克是最高的一个。他的理智是壮丽的、奇特的，成就不是眼下说得尽的。

他的一生是短促的，然而也是饱满的。作品比岁月还多。

唉！这强有力的、永不疲倦的工作者，这哲学家、这思想家、这诗人、这天才，在我们中间，过着暴风雨的生活，充满了斗争、争吵、战斗，一切伟大人物在每一个时代遭逢的生活。今天，他安息了。他走出了愤怒与仇恨。他在同一天步入了光荣，也步入了坟墓。从今以后，他和祖国的星星在一起，照耀于我们上空的云层之上。

雨果的这篇葬词，既没有泛泛地叙说死者的生平，也没有讲述死者的事迹，而是用诗一般的精湛语言，赞誉了巴尔扎克的高贵品格，颂扬了他对文化、历史和人类的巨大贡献。其语言凝重中透着隽永，深沉中显出壮丽，冷静中掩着奔放，有如流泉叮咚，又像江河万里，具有沁人心脾之穿透力。像这样生动流畅的演说词，全篇比比皆是，美不胜收，令人百听不厌，百读不烦。

演讲是讲给别人听的，这种“双边活动”要求讲与听中间不能有阻隔，而讲的声音是转瞬即逝的，要想让人听准、听懂，就得使用听众熟悉而又经常讲的口语。所以，演讲的语言必须保持口语的朴实风格。只有保持这种风格，才能使自己的语言平易、上口、入耳，便于传播。

这里说的口语，不是日常的口头语言，而是经过加工提炼的口头语言，要层次清晰，语句通顺。

那么，怎样做到演讲语言的口语化呢？

1. 把长句改成适合听的短句

演讲的句式要尽量简短，使听众容易把握句子内容。例如，毛泽东在《关于重庆谈判》中说：“事情就是这样，他来进攻，我们把他消灭了，他就舒服了。消灭一点，舒服一点；消灭得多，舒服得多；彻底消灭，彻底舒服。”你看，句式多么简短而又整齐匀称，显得自然流畅。

2. 把单音词换成双音词

单音词声音短促，不容易听清楚；双音词存在的时间长，留给听众的印象深。因此，演讲稿中的单音词要尽量改成双音词，如曾—曾经，已—已经，因—因为，应—应该，时—时候、时间、时刻、时分。

3. 慎用近音词和简称

例如，“坚持十年不歇脚”让人听成“坚持十年不洗脚”会大煞风景的，不如说“坚持十年不停步”。又如“打经办”之类的简称，如听众还不熟悉，演讲中第一次提到，最好用全称。

4. 把倒装句尽量改为正装句

倒装句具有强调某种成分的作用，是一种常见的句式。

但有的倒装句在演讲稿里讲起来显得别扭，听众不易把握其中的含意。如果改成正装句，就会既顺当又容易为听众所把握。例如：

原句：在开始以前已被打倒，是承认失败的人。

改句：承认失败的人，在开始以前已被打倒。

5. 在用词风格上，多用通俗生动的“现成话”，而不要文言夹杂。

演讲最忌讳使用不合时宜的文言夹杂和滥用深奥难懂的成语、典故，因为它不仅说起来拗口，而且听起来也晦涩难懂。

第二章
谈判：或曲或直，张弛有度

成语“词不达义”是指人们在说话或写文章时，不能准确表达内心的真实意愿。这种人一到谈判桌上，常常失去自己的底线，被对方牵着鼻子走。而富有雄辩的人，能充分表达自己的想法，语意或藏或露，口吐莲花，话锋或直或曲，话柄牢牢在手，把握着谈判的主动权。

◎ 避开心理期待，出其不意

谈判时，避开对方正常的心理期待，从一个意想不到的地方进行突击，尽可能让对方的思维、判断脱离预定轨道。等到对方的心理逐渐适应你的思维逻辑，再转而实施正面突击，常常会出现转机。

广东一家玻璃厂厂长率团与美国欧文斯公司就引进先进的浮法玻璃生产线一事进行谈判。双方在部分引进还是全部引进的问题上陷入僵局。我方部分引进的方案，美方无法接受。

“全世界都知道，欧文斯公司的技术是第一流的，设备是第一流的，产品也是第一流的。”我方首席代表转换了话题，先来三个“第一流”，诚恳而中肯地称赞了对方，这样的“突击”使对方由于谈判陷于僵局而产生的沮丧情绪得以消除。

“如果欧文斯公司能够帮助我们广东玻璃厂成为跃居全中国第一流的企业，那么，全中国人民会感谢你们。”这里，刚离开的话题，似乎又转了回来。但由于前面说的话，已解除了对方心理上的对抗，所以，对方听到这些话时，似乎也顺耳得多了。

“美国方面当然知道，我国北方省份的玻璃厂，正在与意大利、荷兰等几个国家的代表团，进行引进生产线的谈判。如果我们这个谈判因一点点小事而归于失败，那么，不仅对我们广东玻璃厂不利，更重要的是欧文斯公司方面将蒙受巨大的损失。这损失不仅是生意上的，更重要的是声誉。”这里，我方代表没有直接提到谈判中最敏感的问题，也没有指责对方缺乏诚意，只是用“一点点小事”来轻描淡写，目的当然是冲淡对方对分歧的过度关注。同时，指出万一谈判破裂将给美方造成巨大损失，替对方考虑。这一点，对方无论如何是不能拒绝的。

“目前，我们的确因资金有困难，不能全部引进，这点务必请美国同行们理解和原谅，并且希望在我们有困难的时候，你们能伸出友谊之手，为我们将来的合作奠定一个良好的基础。”这段话中，对方已是我们的朋友，现在不是做什么买卖，而是朋友之间的互相帮助，既通情，又达理。

经我方代表的突击，僵局打破了，协议签订了，为我国节约了几百万美元的外汇。

突击与迂回结合更有力量，因为迂回在谈判中显得持之有据，言之有理。而突击迂回中所提及的话题，应当是对方没有考虑过的，或至少是考虑得不周全的。这样，说出来的话才有“信息量”，才会引起对方的注意，并加以思考。

使用此策略，要始终充满自信。当谈判双方在某个问题上争执不下时，自信加技巧，是胜利的因素之一。谁更自信，谁说话更有技巧，谁获得成功的可能性就越大。

◎ 声东击西，欲甜先说苦

人们往往对辛苦得来的东西备感珍惜，所以善于谈判的人在谈判开始时“咬紧牙关”毫不松口，在谈判濒临破裂时才给对方一点“甜头”。

此计是两种策略的综合体，在谈判初期，锱铢必较，丝毫不让，犹如小气财神；而在谈判最后阶段，方案即将敲定时，却又突然做出让步。

在谈判中先用苛刻的条件使对方产生疑虑、压抑、无望等心态，然后逐步让步，使对方满意地签订合同，你便能从中获得较大利益。

比如，买方希望卖方在价格上多打些折扣，但同时也估计到如果自己不增加购买数量，卖方很难接受这个要求。于是，买方在价格、质量、包装、运输条件、交货期限、支付方式一系列条款上都提出了十分苛刻的要求，此所谓先给卖方一点“苦”头尝。来看一个例子：

甲方：“如果付现金的话，要减让多少钱呢？”

乙方：“那个嘛！因为分期付款要付利息，现金的话就不必了……”

甲方：“那是什么话呀！毕竟还是现金好呀！你说不是吗？”

乙方：“是的，虽然是付现金，也只能减1.5万元。”

甲方：“什么？只减那么一点儿？那跟分期付款没有什么不一样呀！”

乙方：“不是的，因为1.5万元之外还要加上3万元的利息，总计相差了4.5万元左右呢！”

甲方：“哎呀！我是用现金买卖的，再少一点吧！怎么样？再减5000元吧！”

乙方：“不要再谈下去了……不要再还价了。还是只能减1.5万元。”

甲方：“不要这么说，我是用现金！……2万元怎么样？……跟你们老总商量看看吧！”

乙方：“太勉强了，到时候会让我哭丧着脸领薪水的。”

甲方：“唉！我是永远无法得到意外利益的，那么就取中间数目1.75万元吧！”

乙方：“唔！没办法了，那就这样吧！”

讨价还价的过程中，买方尽量让卖方感到在绝大多数交易项目上，买方都“忍痛”做了重大让步。这时，卖方鉴于买方的慷慨表现，在比较满意的情况下往往会同意买方在价格上多打些折扣的要求。之所以如此，重要的一条，就是卖方觉得在价格上做减让之前，已经从买方那里占了不少便宜。

在谈判中，不论遇到或采取哪种战术，首先要挑明的就是“合则两利，分则两害”的观点，谈判中以双方利益为着眼点，如此才有助于双赢，大家同乐。所以运用先苦后甜的计策时，应注意先苦的条件不要过于苛刻，若分寸失当，会使对方觉得你缺乏诚意而使谈判中断。

◎ 若要妥协，循序渐进地说

妥协不是一味地忍让，是为了获得更多的利益。让的时候，话要说得好听，使对方感激于你的“让”，又不能一步让出很多。有步骤地妥协，才是谈判的高手。

有步骤地妥协，这种策略的方法是：先有计划地主动做出让步，以迫使对方也做出让你满意的让步，从而达到自己的目的。

第一步：在合理范围内，先提一个比较大的、极可能会拒绝的请求。

第二步：在对方拒绝了这个请求之后，再提出一个小一些的、你真正感兴趣的请求。

注意，第二个请求不必很小，只要比前一个请求小就可以了，成功的关键在于让对方看到这是一种让步、妥协。

这个策略看似很简单，实际大有学问。不少人在谈判中常用的方法是利用一切手段给对方施加压力，以达成谈判目标。其实更好的方法是让对方产生责任感、义务感，自愿并且满意地接受你的方案。先有计划地妥协，以便使对方让步，除了让对方产生“你敬我一尺，我还你一丈”互利互惠的心理外，还符合社会认知对比原理，效果十分惊人。

什么是社会认知对比原理呢？举例说：你去一个专业的服装店，如果服务员先跟你介绍一件价值 7 000 元的高档西装，然后再介绍价值 500 元的领带，你会觉得领带不是很贵，实际生活中你可能都没买过超过 300 元的领带，但今天你会心安理得地接受这个价位。

所以在达成协议的谈判过程中，如果在对方的要求下你才放弃自己原来的立场，做出一些妥协和让步，对方会觉得更合理，然后会对方案产生更大的好感。

所以，运用有计划妥协策略的谈判者，不仅可能让对方答应自己的要求，还可以提升对方对自己的满意度，使对方更加努力地履行自己的诺言，自愿对将来做出更多的承诺。

既然有计划妥协策略有以上好处，在实际工作中又如何操作呢？

1. 对谈判对手不要表现得太热心

不少人谈判时，一直以为对谈判对手表现出好感会有利于达成协议。大量调查表明恰恰相反，你对人越表示好感，对方越怀疑你有利可图，于是他更谨慎，更觉得你有让步的空间。

2. 你的第一反应应该是否定的

第一反应是否定的，一方面可以探探对方虚实，是否有让步的空间。另一方面，一旦决定接受对方条件，对方会更有成就感，这是典型的社会认知对比原理。而且，对方一旦感到满足就可能放松警惕，这时你就会更有机可乘，何乐而不为?

3. 总是佯作准备停止谈判

这一条的前提是你了解对方的底线，你要做好前期的准备和调查，随时准备停止谈判。这只是为了让对方感觉到压力，并答应你的条件，即使不答应，你一旦决定继续谈判，对方便会感到高兴，也就是你的妥协又得到了回报。

4. 坚持到底，80%的收获来自最后的谈判部分

有了上面的操作方法，你更应该坚持自己的观点直到最后，因为即使让步了，不到最后时刻，对方还会要求你再妥协，如果你一再妥协，那你的妥协就没起到效果。因此有计划妥协策略最关键一点，妥协是为了产生回报，不要为妥协而妥协。

◎ 拖延时间，耐心劝说

商务谈判中的拖延战术，形式多样，目的也不尽相同。由于它具有以静制动、少留破绽的特点，因此成为谈判中常用的一种战术手段。拖延战术按目的分，大致可分以下 4 种:

1. 清除障碍

这是较常见的一种目的。当双方因“谈不拢”而陷入僵局时，有必要把洽谈节奏放慢，看看到底阻碍在什么地方，以便想办法解决。

当然，有的谈判中的阻碍是“隐性”的，它往往隐蔽在种种堂而皇之的借口之下，不易被人一下子看破，这就更需要你先拖一拖，缓一缓，从容处理这种局面。

美国一家公司的著名谈判专家 D.柯尔比曾讲过这样一个案例：

柯尔比与 S 公司的谈判已接近尾声，然而此时对方的态度却突然强硬起来，对已谈好的协议横加挑剔，提出种种不合理的要求。柯尔比感到非常困惑，因为对方代表并非那种蛮不讲理的人，而协议对双方肯定是都有利的，在这种情况下，S 公司为什么还要阻挠签约呢？柯尔比理智地建议谈判延期。之后从各方面收集信息，终于知道了关键所在：对方认为柯尔比的公司占的便宜比他们公司多多了！价格虽能接受，但心理上不平衡的感觉却很难接受，导致了协议的搁浅。

重新谈判后，柯尔比耐心地向对方进行一番比价算价，使对方知道了双方利润大致相同，消除了心理的不平衡，这样，一个小时后双方就愉快地签订了合同。

在实际洽谈中，这种隐性阻碍还有很多，对付它们，拖延战术是颇为有效的。不过，必须指出的是，这种“拖”绝不是消极被动的，而是通过“拖”来争取时间收集情报、分析问题、打开局面、变消极为积极等，否则消极等待的结果只能是失败。

2. 消磨意志

人的意志就好似一块钢板，在一定的重压下，一开始可能还会保持原状，但一段时间以后，就会慢慢弯曲下来。拖延战术就是对谈判者的意志施压的一种最常用的办法。突然地中止，没有答复或是含糊不清的答复往往比破口大骂、暴跳如雷要好得多。

20 世纪 80 年代末，硅谷某家电子公司研制出一种新型集成电路，其先进性尚不能被公众理解，而此时，公司又负债累累，即将破产，这种集成电路能否被赏识可以说是公司最后的希望。幸运的是，欧洲一家公司慧眼识珠，派 3 名代表飞了几千公里来洽谈转让事宜。诚意看起来不小，可报价却只有研制费的 2/3。

电子公司的代表站起来说：“先生们，今天先到这儿吧！”从开始到结束，这次洽谈只持续了 3 分钟。岂料下午欧洲人就要求重开谈判，态度明显“合作”了不少，于是电路专利以一个较高的价格转让。

硅谷公司的代表为什么敢腰斩谈判呢？因为他知道，施压有两个要点：一是压力要强到让对方知道你的决心不可动摇；二是压力不要强过对方的承受能力。他估计到欧洲人飞了几千公里来谈判，绝不会只因为这 3 分钟就打道回府。这 3 分钟的会谈，看似打破常规，但在当时当地，却是让对方放弃幻想的最佳方法。

此外，拖延战术作为一种基本手段，在具体实施中是可以有许多变化的，一些日本公司就常采取这个办法：以一个职权较低的谈判者为先锋，在细节问题上和对方反复纠缠，或许可以让步一两次，但每一次让步都要让对方付出巨大精力。到最后双方已把协议勾画出了大体轮廓，但总有一两个关键点谈不拢，这个过程往往要拖到对方精疲力竭为止。这时本公司的权威人物出场，说一些“再拖下去太不值得，我们再让一点，就这么成交吧”这样的话，此时对方身心均已透支，这个方案只要在可接受范围内，往往就会一口答应。

3. 等待时机

拖延战术还有一种运用，即通过拖延时间，静待法规、行情、汇率等情况的变动，掌握主动，要挟对方作出让步。一般来说，可分为两种方式：

一是拖延谈判时间，稳住对方。例如，中国香港一个客户与东北某省外贸公司洽谈毛皮生意，条件优惠却久拖不决。转眼过去了两个多月，原来一直兴旺的国际毛皮市场货满为患，价格暴跌，这时港商再以很低的价格收购，使东北某省外贸公司吃了大亏。

二是在谈判议程中留下漏洞，拖延交货（款）时间。早在 1920 年，武昌某纱厂建厂时，向英国安利洋行订购纱机 2 万锭，价值 20 万英镑。当时英镑与白银的兑换比例为1:2.5，20万英镑仅值白银50万两，英商见银贵金贱，就借故拖延不交货。到1921年底，世界金融市场行情骤变，英镑与白银兑换比例暴涨为1:7，这时英商就趁机催纱厂结汇收货，50万两白银的行价，一下子成了140万两，使纱厂蒙受了巨大的损失。

总的来说，防止恶意拖延，要做好以下几点工作：

一要充分了解对方信誉、实力，乃至谈判者的惯用手法和以往事迹。

二要充分掌握有关法规、市场、金融情况的现状和动向。

三要预留一手，作为反要挟的手段。如要求信誉担保，要求预付定金等。

4. 赢得好感

谈判是一种论争，是一个双方都想让对方按自己意图行事的过程，有很强的对抗性，但大家既然坐到了一起，想为共同关心的事达成一个协议，说服合作就是基础。因此，凡是优秀的谈判者，无不重视赢得对方的好感和信任。

有两家公司的谈判代表刚落座，寒暄已毕，还没谈到主题，其中一方是个谈判专家，他客客气气地说："今天先休息休息，不谈了吧，我们这儿的风景名胜很多的哩。"当谈判相持不下，势成僵局，他忽然又客客气气地说："不谈了，不谈了，今天的卡拉OK我请。"于是莺歌燕舞之际，觥筹交错之间，心情舒畅，感情融洽了，僵局打破了，一些场外交易也达成了。这位谈判高手奉行的这套感情投入术极为有效，许多谈不下的业务，经他利用拖延战术后都获得了成功。

平心而论，场外沟通作为拖延战术的一种特殊形式，有着相当重要的作用。心理学家认为，人类的思维总是随着交谈对象的身份、交谈场合与环境的变化而改变。你在谈判桌上的心理和在夜光杯前的心理肯定不一样，作为对手要针锋相对，作为朋友要促膝交谈。当双方把这种融洽的关系带回到谈判场上，自然会消除一些误解，免去不少曲折。

◎ 开门见山，抢占先机

为了揽到一笔业务，商家常常花费很多精力，需要业务员做大量艰苦而细致的工作。可以说成交前的工作是艰辛的、极富挑战性的谈判，但是并非每笔生意都能成交，若不能成交，为此所付出的努力将付诸东流，一切都要从头做起。

IMG 集团公司创立之初，有一天终于约见了几个月来就想拜见的全美有名的席梦思床垫公司总裁格兰特·席梦思以及几位副总裁，向他们推销 IMG 公司的服务，希望为这家床垫公司生产配套产品。

整个会谈进行得十分顺利，但是床垫公司仿佛仍然没有被说服下决心合作。如果错过这个机会，再找机会将这几位公司的巨头与 IMG 公司的董事们聚集在一起，那可能会是几个月以后甚至是更长时间以后的事了。为此，IMG 公司总经理麦克先生果断地向格兰特·席梦思先生提出了自己的想法：

“我们刚才非常荣幸地向各位介绍了本公司能为贵公司提供的配套服务，对于双方今后的合作计划、前景也得到了各位一致的赞同，这项合作计划对我们双方都将是有利可图的。但是，如果我们一离开这个房间，这项业务或许就会被贵公司暂时搁置一旁，因为贵公司的业务实在是太多了，但我们公司已经为此等待了 4 个月的时间。既然我们都认为这是一个可行的合作项目，何不趁格兰特先生和几位副总在场把合作协议签了，为我们的初次合作画上一个圆满的句号呢？希望能原谅我的冒昧请求。”

当然，结果是非常令人满意的，格兰特·席梦思先生从沙发上站了起来，握住了麦克先生的手，说：“好。”合作协议就这样签订了。

当麦克回到公司将结果告诉同仁，他们都感到难以置信，不到一个上午的会就大功告成。但结果正是如此，只要抓住机会，直截了当地谈，照样能拿下订单，成功的过程就是这样简单。

直截了当地说明白，有时运用幽默的语言，效果会更好。来看一位乘客在一家美国航空公司售票处的经历。

这些年，美国航空公司之间竞争激烈，机票竞相减价。一次，一位乘客要买机票去旧金山，走进了西部航空公司的售票厅，对售票小姐说："我要两张旧金山的机票。"

"好的。不过，先生，这种机票有多种优惠价格，不知您适合哪一种？"小姐答道。

"哦，优惠？"这位乘客漫不经心地说："我早听说过，可不知道能有些什么优惠？"

"您如果在星期一至星期五之间乘飞机，并且保证在盐湖城（美国西部城市，那里有禁止抽烟、喝酒等许多戒律）上空不吸烟的话，我们可以给您优惠价格。"

"我从不吸烟，能给多少优惠？"

"你是美国印第安人吗？"

"不是。你问这干吗？"

"那太遗憾了，先生，因为如果您是印第安人并在清晨4点起程，又在次日清晨返回的话，我们可以给您30%的减价优待，但现在只能8%了。"

"哎，我的上帝，请问你们还有其他优惠条件吗？"

"嗯，如果您已经结婚50年以上没有离婚，并且是去参加您的结婚纪念活动的话，我们给您减价20%。"

"这对我不合适，还有吗？"

"如果您是个神经外科大夫，为了给病人做手术来买往返机票，您可以得到 10%的减价优待。”

“我在政府机构做事，你们没有什么像我这种人可以享受的优惠吗?”

“有的，这里有一种票，如果您是一个国家的驻外使馆人员，那可以给予 15%的优惠。”

“那我又错过了，我正和我太太一起旅行。”

“哎呀，先生您怎么不早说呢？您太太不到 60 岁吧？如果她不到 60 岁，且你们又不赶在周末旅行，那可以享受 20%的优惠价。”

“可我们非得在周末才有空呀?”

“嗯，别灰心，请问您和您夫人中有当学生的吗？如果你们有上大学的，且又在星期五（星期五在美国虽属周末，却又因耶稣在星期五遇难而被视为不祥的日子）乘飞机，我们可给你们 45%的减价优惠。”

“我的天，差不多便宜一半啊！可惜我两年前已经念完大学了。这样吧，小姐，您还是给我那 8%的优惠吧，谢谢您介绍。”

你看，面对如此名目繁多而又富有幽默色彩的优惠条件，这位乘客最后虽没得到多少优惠，却也心满意足地买下了机票，不用说，只要有机会，他还会多多光顾这家航空公司。

以上是商品经营者与顾客的关系处于“和平”阶段进行的情况。当由于种种原因，这一关系处于“战争”或“冲突”阶段时，直截了当地、幽默地说明白就更显得“魔法无边”了。

比如，有时候，由于商品经营者的过失，使顾客的利益遭受损害，导致顾客的强烈不满，这要怎么挽回呢？当问题发生在公司与客户之间时，直截了当地讲明白，也能发挥调解的作用。

无论是谈判，还是处理问题，针对有些对象和事情，决不能拖泥带水。

◎ 将不可谈变为可谈

你想要在各种争端中胜人一筹吗？你知道如何在谈判过程中出奇制胜，突然一拳击倒对手吗？你知道如何在似乎已经走到没有协商余地的死胡同时，创造性地找到突破口吗？有必要掌握以下两个要点：

1. 认清你的对手

在一项谈判正式签约前，什么都可能发生，什么都可能改变。很多谈判的失败，就是因为对对方的微小反应不敏感，不了解对方的真正需求与动机。

以商务谈判为例：谈判人员要非常了解公司的产品结构、成本及生产周期。应当运用自己熟悉的东西来引导顾客对自己产品增加认知程度和满意程度。自己的工厂自己了解，成本底线、生产情况、企业资金情况都应当熟悉。因此，一般工厂的谈判者都是负责销售的副厂长，而外贸公司的谈判者都是资深业务员或者部门经理。之所以这样，就是为了能在关键的时候及时做出决定以达成合作。虽然说谈价格比较困难，但不是不可以变化的。通过努力而取得成效的例子非常之多。当你了解到一个产品在国内已经饱和，那么你知道竞争的将是什么。而你的产品有技术含量，有独特的地方，那么你也知道如何可以获得高利润。

2. 把握整个过程

什么事情都是有过程的，你把握不清过程，在谈判中就会丧失主动权。

2005 年，中国某进出口公司同新加坡华裔客商某先生做成了一笔数额可观的大蒜生意。如果不是我方灵活掌握方法，将谈判的整个过程控制住，那么，到手的生意就可能跑掉了。

第一轮谈判，双方在货物品质、交货地点等问题上没有什么分歧，可是，一报价，双方差距较大：我国进出口公司报价每吨 720 美元，而对方最高只肯出 705 美元，并声称这是上司的最后决定，由于差距太大，且难以通融，谈判暂时搁浅。

几天后，我方谈判人员主动约请对方重开谈判，并提出，愿意以 705 美元的价格成交。进出口公司为何做如此大的让步呢？原来大蒜的收获期就要到了，如果不尽快成交，错过了收购期，不但质量和数量保证不了，而且，收购价格也会上涨。权衡利弊后，我方决定退让。

然而，此时对方却使出一个怪招，他说："我祖籍是山东平度，这批大蒜卖 705 美元一吨，贵公司有些亏，我也于心不忍。做生意讲个来日方长，这样吧，每吨我增加 5 美元，交个朋友吧。"进出口公司被对方这一招弄糊涂了。然而，既然对方主动加价，何乐而不接受。于是，双方签订了正式合同。

其实，对方也是一个十分精明的人，他主动加价，也是为生意的顺利成功以及今后的交往铺设道路。果然，发货时，出现了新的难题：原定的发货港青岛港刚刚开出一班到新加坡的货船，要等下一班。于是，新加坡客商找到我方进出口公司，要求将发货口岸改在上海。对这一新情况，我方经过权衡，觉得对方主动加价，表示了友好的态度，我们也应予以回报，第三天货就发出去了。

在谈判过程中，如果对方显得太过贪婪，并且在一次谈判中不断更新自己的要求，这种情况，我方要通盘考虑，将整个过程把握住。而真正的关键在于：谈判是一个战略性沟通的过程，你必须很好地把握谈判过程，在任何一个谈判中，你都不能只关注所谈的内容，而忽略了谈判到达了什么程度。

第三章
社交：礼节周到，以情动人

当今社会是一个充满竞争与合作的信息化社会，交谈不仅是人们日常生活之必需，也是直接影响个人事业成败的重要因素。生意场上有“金口玉言，利益攸关”之说；生活中有“一言既出，驷马难追”之说。

◎ 称呼对方应得体

有这样一个笑话，一个人在和别人交谈的时候说：“我的令尊很健康，你的家父还好吧。”可笑之处就是这个人在交谈过程中，在称谓的问题上犯了张冠李戴的错误。错误的称谓充分暴露了这个人在交际知识、文化修养上的欠缺。这种人在称呼的问题上犯了疏忽大意、随便乱用的错误，在交际场合中必然会导致失败，让别人对他的印象大打折扣。

在人际交往中，对人的称呼往往是进入交际大门的通行证。正确的称谓是在交际场合中的门面，能反映出自身的教养和对别人的尊重程度，甚至还能够体现出个人对社会时尚所把握的程度。称谓礼仪是最基本的交际礼仪，我们在交际场合中一定要注意称谓的正确得体，不能错用，更不能乱用。

在和别人交往的过程中，我们要想掌握正确的称呼方法，可以注意以下几个方面。

(1) 要合乎规则，不能犯常识性错误。比如称呼对方的孩子时，可以用令郎而不能用犬子。

(2) 要充分考虑对方的个人习惯。面对一个副市长，不要直冲冲地叫什么“×副市长”，不妨称呼一声“×市长”，这样，就能避免给对方的心理上带来不快。

(3) 要注意对方的风俗习惯和文化背景。来自不同地区的人，有着不同的文化修养和宗教信仰，在称呼对方的时候一定要注意这些细节。比如对一个南方人，就不要称呼“师傅”，因为在他们的观念里，这是出家人的专用词语。

(4) 要注意称呼的时代性。尽管有很多称呼流传了上千年，但是在现代社会中其内涵已经发生了变化，有的已经完全不符合现代社会交际的需要，因此，我们要注意一些在本质上发生了变化的称谓。

在日常的交际中，称谓的基本要求就是要表现出尊敬和亲切，能够与双方进行有效的心理沟通，很自然地去缩短两个人的心理距离，最终做到感情融洽、一团和气。要想使称谓郑重、规范，我们就要注意中国人的习惯称谓。中国人的习惯称谓大致可以归纳为以下几种。

(1) 职务性称谓。在我们交往的人群当中，有不少人具有中级或者高级职称，这是他们取得一定成就的具体标志，那么这就要求我们在称呼他们的时候要直接以职务相称。在我们称呼对方的职务时，就能表达出我们应有的敬意，同时也会满足对方的虚荣心。这种职务性的称谓可以分为3种：直接称谓，比如“教授”“博士”“工程师”等；在姓氏后面加上职位，比如“李教授”“周工程师”“孙校长”；在姓名之后加职称，这种一般用于正式场合，比如“范松鹤教授”“杨清源社长”，等等。

(2) 职业性称谓。在交际生活中，有时候可以根据对方的职业进行称呼。用对方当前从事的职业进行称呼，可以表现出你对他的了解和兴趣。比如直接称呼对方为“老师”“医生”“律师”等。在这种称谓之前，通常是要加上姓氏或者姓名的。

(3) 性别及年龄性称谓。在交际场合中，如果不清楚对方所从事的职业，不妨按照约定俗成的称谓来称呼对方。在称呼别人的时候，既要注意性别的差异，又要注意年龄段的不同。称呼未婚女性为“小姐”，已婚女性为“女士”。至于男性，最好还是称呼“先生”为佳，那些“哥们儿”“兄弟”的称呼，最好不用。

(4) 姓名性称谓。一般情况下，在交际场合中彼此熟悉的人之间可以用姓名相称。比如“杜小威”“赵志强”“谢昕”等。有时候为了表示彼此之间的亲切，还可以在姓氏之前加上“老”“大”“小”等字，而不直呼名字。比如，对年龄稍微比自己大的人，可以称呼为“老刘”“老李”，对于年龄稍微小一些的可以称呼为“小陈”“小王”，等等，像这种称呼，经常出现在职场之中。面对同性朋友，如果关系十分亲密的话，就可以不用称呼对方的姓，直呼其名就可以了，比如“海涛”“建伟”，等等。不过，应该注意的是，这种称呼只能存在于同龄同性别的人之间，如果是异性朋友，最好不要直呼其名，因为如果如此称呼对方的话，可能被别人误以为是夫妻关系。

◎ 贴近对方的身份说话

古人常说：“知己知彼，百战不殆。”我们在开口说话的时候也应该这样，什么话对什么样的人说，这都是有技巧的。有的人在朋友圈子里混得很好，什么类型的朋友都有，可是有的人却混得很差，原因就是不会谈话技巧。

我们在开口说话之前，要了解对方是什么身份的人，然后针对对方的身份、生活背景采取不同的谈话技巧，只有这样才能把话说到对方的心坎里，否则就可能引起对方的不满或反感，甚至惹出是非。

孔子带着他的几名学生出外讲学、游览，一路上十分辛苦。这一天，孔子一行人来到一个村庄，他们在一片树荫下休息，正准备吃点儿干粮、喝点儿水，不料，孔子的马挣脱了缰绳，跑到庄稼地里去吃了人家的麦苗。一个农夫上前抓住马嚼子，将马扣下了。

子贡是孔子最得意的学生之一，一贯能言善辩。他凭着不凡的口才，自告奋勇地上前去企图说服那个农夫，争取和解。可是，他说话文绉绉，满口之乎者也，天上地下，将大道理讲了一串又一串，尽管费尽口舌，可农夫就是听不进去。

有一位刚刚跟随孔子不久的新学生，论学识、才干远不如子贡。当他看到子贡与农夫僵持不下的情景时，便对孔子说："老师，请让我去试试看。"

于是，他走到农夫面前，笑着对农夫说："你并不是在遥远的东海种田，我们也不是在遥远的西海耕地，我们彼此靠得很近，相隔不远，我的马怎么可能不吃你的庄稼呢？再说了，说不定哪天你的牛也会吃掉我的庄稼哩，你说是不是？我们该彼此谅解才是。"

农夫听了这番话，觉得很在理，责怪的意思也消散了，于是将马还给了孔子。旁边几个农夫也互相议论说："像这样说话才算有口才，哪像刚才那个人，说话不中听。"

众所周知，子贡也是满腹才华之人，他的能言善辩也是众人所不及的。但是，在和农夫交流的时候却没有注意到对方能否理解自己所说的话，如果说出的话不能让对方理解，那么交流也就失去了意义。子贡虽有绝妙口才，农夫却不领情，倒不如另一位学生直白的相告来得痛快和容易让人理解！

一位衣着时髦的白领小姐，正在为购买一件大衣犹豫不决的时候，女营业员忙上前说："这件衣服很高雅，我们卖得很好，今天早上就卖出了好几件。"可那位白领小姐听后立即走了。不久，一位中年妇女来了，准备买一件新潮的马甲，那位营业员接受了刚才的"教训"，便说："这件马甲很不错，上身的效果很不错，很气派，一般人穿着还压不住它，从进货到现在还没有卖出一件，看来只有你最适合了。”这位中年妇女听了很生气地走了。

上述故事中那位女营业员所犯的错误，就是没有看清对方的身份说话，结果惹得顾客很生气，自己也没有卖出一件衣服。作为白领，自然是追求个性，不喜欢和别人穿一样款式的衣服，那样就会感觉有失品位。可是，对于中年妇女，最害怕看到别人不穿的衣服自己穿，那就说明自己已经老了，赶不上潮流了。由此可见，说话看不清对方的身份，会造成不好的后果。

在我们的生活中，说话一定要很注意，对领导要尊敬，对前辈要谦虚，对下属要亲切，对同事要有礼貌，要针对对方的身份进行交流，否则你将会制造很多不必要的麻烦。

全国人口普查时，一位年轻的普查员向一位70多岁的老太太问道：“您有配偶吗?”老人愣了半天，然后反问他说：“什么是配偶?”普查员恍然大悟后解释说：“就是你老伴。”老太太这才明白。

这位普查员说话没有看清对方的身份，说出不合适的话，难免会让老太太难以理解。所以我们在和别人说话的时候，看不清对方的身份就开口的话，很容易让别人厌烦，那势必会影响到你们的交际。俗话说“秀才遇见兵，有理说不清”“一把钥匙开一把锁”，这个同样可以运用到我们与人谈话上，和人交流谈话之前认清对方的身份，针对对方的身份说话，运用不同的谈话策略，这样你才能成为一个受欢迎的人。

一般来说，不要和没文化的人高谈阔论，他的文化水平不高，你就可以和他拉拉家常。和农民交谈，你可以问一下收成，与他聊一些生活的事情。他平时接触的生活是怎样的，你和他聊起来，他一定很高兴，很乐意和你交谈，觉得你懂事、亲切、会说话。对于有文化底蕴的人，你可以向他请教文学方面的事情，聊一些有深度的问题；对于爱炒股的人，你可以和他聊聊股票；对于喜欢体育的人，可以和他聊聊足球、篮球，他喜欢的项目以及近期的动态。如果没什么可聊的，可以聊聊彼此家乡的小吃民俗、新闻，等等。

一般来说，不要向一个无职业的人传播领导艺术；不要对一个普通工人或农民摆出知识分子的架子，满口之乎者也，肯定让对方满头雾水，更别说会被接受了，对方还会觉得你是故意在显摆。如果遇见文化修养较高的人，也不能开口就一副江湖气，容易引起对方的反感，更无法获得信任和好感。在学术会上，与会者都是专家教授，如果你仅仅是一个刚刚入门的初学者，却在会上夸夸其谈，这好比在关公面前要大刀。对一个初学者，你最好不要锋芒毕露，宁可让对方觉得你是一个普通人，假如你一开始就把自己定义为和别人不同的等级，对方很难对你产生好感，你若总是摆出一副高高在上的样子，那别人也会用同样的态度来对待你。专业术语，就对着专业的人来说，而如果对外行人说专业术语，一定会让人觉得反感。

与他人交往时注意谈话技巧，针对对方的身份说话，能让你在人际交往中游刃有余，并能比别人获得更多机会。大致说来，可从以下几个方面做起。

1. 用对方可以接受的方式说话

话是要有人听的，一个人口才好不好，不仅是看他是不是恰当表达了自己的思想和感情，还要看别人能不能接受和理解他说的话。

见什么人说什么话，在和别人交谈的时候，尽量使用对方可以认同的语言，谈论对方熟悉或者比较关心的话题，当然也要根据当时的情况灵活应变，这样你就能赢得对方的好感。

2. 注意对方的身份、地位

跟不同的人打交道，说话方式也有不同。

如果你面对的是身份地位比你高的人，尊敬是必不可少的。在对方讲话的时候要注意听，不要随意打断或者插嘴。回答对方问题的时候要自然、简洁得当。

如果是与比自己地位低的人讲话，不能有那种盛气凌人或者高高在上的统治者的态度。要明白，即便是你的下属，你也应该对对方有足够的尊重，才能显示出你自身的的权威和德行。

3. 注意对方的年龄、性别

同样的内容，如果要对不同年龄、不同性别的人说，用语方式也应该有所区别。比如在打听对方年龄的时候，你会对一个孩子说："你几岁了啊?"可是对于一个老年人，则应该问："您今年高寿?"或问："您今年高龄?"

如果你的交谈对象是一位女性，那么很有可能她需要的是一个很好的倾听者。因此，你不妨适当地迎合她们的天性，这样她们会觉得与你谈话十分快乐。

◎ 尖锐问题，模糊应对

生活千变万化，什么样的怪问题都可能遇到，而对付这些怪问题的方法，就是作出迅速灵活的变通，千万不能被对方的问题困死，陷于被动。不是每件事情都可以找到人来帮你开脱，关键的时候，还是要靠自己的巧言来应对。

当遇到有人故意刁难的时候，不会说话的人可能就会钻到对方的套子里。对方提出一些怪异、尖锐、有关于你的隐私、很不客气的问题，你又不想告诉他，可是不作出回答又不好，这时候就要运用模糊的语言来替自己解围，将自己解救出来。

我们在交际中遇到不便作答的问题时，闪避是比较礼貌的做法，它的要求是：对别人的提问，应当作出相应的回答，但是回答的时候又应该巧妙一点，迂回地达到躲闪、回避别人问话的目的，既不会让别人下不了台，又能使自己摆脱尴尬的境地。

清代初年，有位叫周宛云的诗赋名家，名气很大，上门来请教的人络绎不绝，大家都为能见他一面而感到万分荣幸。起初，周宛云见别人千里迢迢向他求教，于是格外的认真，是好是坏，一点也不隐瞒，他以为只有这样，这些求教于自己的人才会有所收获。谁知这些人拿着诗稿都是兴冲冲而来，经他批评一番之后，一个个都是垂头丧气地离开。时间一长，外面议论周宛云的话便多了起来：有人说他很自大，有人说他自以为是，有人说他浪得虚名，有人说他黑白不分，等等。

周宛云十分后悔，对朋友诉苦说："我既不想招来别人的怨恨，又不想称赞他们那些写得很烂的诗，我该怎么办呢？"

朋友淡然一笑，安慰他说："你呀！既不说他诗好，又不说不好，只说一句'真不容易'不就好了。"周宛云感到豁然开朗，对朋友这一妙招点头称是。

这一天，一个老人骑着毛驴带着上百卷诗稿前来向他请教，周宛云改变以前的做法，和颜悦色地问老人："您作诗到如今有多少年了？"老人很自豪地说："快 40 年啦！"周宛云用手拍拍诗稿："在 40 年里，竟能作出 100 多卷诗来，真不容易呀！"老人连连说："哪里哪里！"于是心满意足地离去。

从此以后，向周宛云请教的人都高兴而来，满意而归。他们回去都向别人说："宛云老先生说我的诗不容易，真是有眼光！"

周宛云的回答确实巧妙，用一句简单的话巧妙地回避，既让自己得到了开脱，又满足了对方的自尊心。所以我们巧妙、模糊地回答，能帮助自己渡过交流中的难关。

模糊语言是日常生活中随机应变的一种重要方法，常常用于一些不必要、不可能把话说得太死的情况。这个时候，我们就可以很巧妙地运用这些模糊的词语。

当别人问及自己隐私的时候，比如说："你的收入多少？""夫妻感情如何？""你的年龄是？"这些问题涉及自己的隐私，有的更是不方便作出回答，好事者可能就把这些事情传播开来，导致流言四起，那么你的麻烦可能会源源不断。这时候，你不妨作出模棱两可的回答，既不冷落对方，又不使自己为难。

女性朋友在与人交谈时，有时会遇到一些不愿意回答甚至可能很尴尬、受到刁难的问题。此时，女性朋友的说话技巧和反应能力，以及心理素质就成为成功回答问题的关键因素。那么如何在面临问题的时候把握分寸、滴水不漏，让对方觉得满意呢？我们可以作出模糊的回答，既无懈可击，又可以不让对方感到难堪。

男："小陈，好几天没见了，听说你病了？"

女："没什么大病。"

男："什么病？要不要紧啊。"

女："一点儿小毛病。现在已经不碍事了，谢谢你的关心。"

在问答中，男青年的好奇心太强了，刨根问底，只顾自己的急切心情，完全没有考虑到对方的脸面。女青年有难言之隐，不便言说，只好用模糊语言简单地回答。这样，问题回答了，没有直接回绝对方的提问，但是也没有说出不愿说出的事实。

在生活中，常常有人在不经意间就问到了你的禁忌之处，有些是你的隐私，你可能不方便作出回答，甚至不愿意回答，又不好指责对方说这个问题不该问，这时我们就可以用模糊的语言一带而过，如果对方还是要刨根问底，这时候你可以用一些更有力度的话来回答这个问题，让对方知道你不愿意回答这个问题，但还是照顾到了对方的面子。

对于本来已经清楚的事实或者一些想法，聪明的人会故意使用含义模糊的词语，可以使话语具有弹性，能收到良好的效果。

◎ 场面话说得多，不如说得准

在交际场合说点场面话是非常必要的。恰到好处的场面话，可以赢得他人的欢心，从而增加彼此的感情。但是，场面话并不是说得越多越好，有时候说场面话也得注意场合。如果不分场合地说场面话，很可能给别人留下轻浮与虚伪的印象。

什么是场面话呢？场面话就是让主人高兴的话。既然说是场面话，可想而知就是在某个场面才讲的话，这种话不一定代表你内心的真实想法，也不一定合乎事实，但讲出来之后，就算主人明知你言不由衷，也会感到高兴。说起来，讲场面话实在无聊之至，因为这几乎和虚伪画上等号，但现实社会就是这样，不讲就好像不通人情世故了。

场面话是日常交际中常用的语言之一，而说场面话也是一种应酬的技巧和生存智慧，生存在世间的人都要懂得去说，甚至习惯于说。从日常社交来看，你至少需要学会以下几种场面话：

当面赞扬他人的话。孩子是父母的希望，称赞孩子自然能得到他人的欢心。这个时候，你可以称赞他人的孩子聪明可爱，称赞他人的衣服大方漂亮，称赞他人教子有方，等等。这种场面话所说的话有的是实情，有的则与事实存在相当的差距，有时正好相反，而且这种话说起来只要不太离谱，听的人十有八九都感到高兴，而且周围人越多他越高兴。

当面答应他人的话。如“我会全力帮忙的”“这事包在我身上”“有什么问题尽管来找我”等。说这种话有时是不得不说，因为对方运用人情压力，当面拒绝，场面会很难堪，而且当场会得罪人；对方缠着不肯走，那更是麻烦。先用场面话打发一下，能帮忙就帮忙，帮不上忙或不愿意帮忙再找理由，总之，有缓兵之计的作用。

在很多情况下，场面话我们不想说还不行，因为不说，会对你的人际关系造成影响。

到他人家做客时，一定要感谢主人的邀请，并盛赞饭菜精美、丰盛可口，称赞主人的室内布置，小孩的乖巧聪明……

参加酒会，要称赞酒会的成功，以及你如何有“宾至如归”的感受。

参加会议，如有机会发言，要称赞会议准备得周详……

参加婚礼，除了称赞菜色之外，一定要记得称赞新郎新娘的“郎才女貌”……

至于场面话的说法，也没有一定的标准，要看当时的情况决定。不过切忌讲得太多，点到为止最好，太多了就显得虚伪而且令人肉麻，这样就让人看出我们的真面目了。

总而言之，场面话就是感谢加称赞，如果你能学会讲场面话，对你的人际关系必有很大的帮助，你也会成为受欢迎的人。

巧用幽默化解尴尬

在参与社交活动时，经常会发生一些意想不到的事情。由于是公共场合，难免会让人备感尴尬。如何来应付这种场面呢？如何做到冷静处理，尽量缓和气氛，以免造成更大的麻烦呢？最好的方法就是用幽默来化解。因为幽默不仅能缓和紧张的气氛，而且能够最快最好地解决问题，使局面重新得到控制。

有这样一个故事：

传说古代有个石学士，一次骑驴不慎摔在地上，一般人一定会不知所措，可这位石学士不慌不忙地站起来说："亏我是石学士，要是瓦的，还不摔成碎片？"一句妙语，说得在场的人哈哈大笑，自然这石学士也在笑声中免去了难堪。以此类推，一位胖子摔倒了，可说："如果不是这一身肉托着，还不把骨头摔折了？"换成瘦子，又可说："要不是重量轻，这一摔就成了肉饼了！"

还有这样一件事：

一位矮个子学者的妻子嘲笑丈夫身材太短，这位学者笑眯眯地说："我看还是矮点好，我如果不是一米五七，现在能够著作等身么？如果不是我身短力小，我们的战斗能场场取得胜利么？如果不是我矮，你能很优越地说我太短么？"话毕，全场叫绝。

由此可见，自嘲时要对着自己的某个缺点猛烈开火，容易妙趣横生。

清代大学者纪晓岚是一个学问很大、又富于幽默感的人，他的幽默以出奇制胜见长。传说他夏天乘凉，脱个赤膊，不料乾隆皇帝突然到来，他来不及回避就躲到床底下去，过了好久，以为皇帝已经走了，便问书童："老头子走了没有？"不料乾隆皇帝并没有走，便要求他解释"老头子"是什么意思。纪晓岚调动了全部的智能对"老头子"三个字做了巧妙的辩解："万岁为'老'，人上为'头'，'子'乃圣贤之尊称。"乾隆听了一笑，纪晓岚就这样化险为夷。

其实他用"老头子"来称呼皇帝是大为不敬的，可是经他这样机智地巧辩了一番，变成了十分尊崇的意思。而很有文化修养的乾隆皇帝未尝不知他这是一种即兴胡诌，但却放过了他，主要原因显然是欣赏他的机智，以及用幽默处变不惊地应付僵持局面的能力。纪晓岚这一次可以说全因机智性的幽默而避免了杀身之祸。

有时候，太生硬的语言是很难让人信服的，相反，把语气放软一点，换一种幽默的说法，则可以增强你的交际形象和聊天效果。有些幽默高手，即使遇到令人尴尬的问题，也能使问题迎刃而解。

佩迈尔是美国传奇式的篮球教练。他曾带领着欧洲迪鲍尔大学的篮球队在国内比赛中获得过 39 次冠军，许多球迷为之倾倒。可是，他的球队在蝉联 39 次冠军后的一次球赛里，却遭到一次空前的惨败。比赛一结束，记者们蜂拥而至，把他围个水泄不通，问他这位败军之将有何感想。他微笑着，不无幽默地说：“好极了，现在我们可以轻装上阵，全力以赴地去争夺冠军，背上也没有冠军的包袱了。”

还有一个故事：

一位英国外交官问一位埃塞俄比亚的外交官：“贵国的死亡率一定不低吧?”这位非洲人对这种包含歧视情绪的提问非常生气，但又要保持外交风度，便机智地反讥道：“跟贵国一样，每人死一次。”

这位英国外交官问话的对象是整个国家，而那位埃塞俄比亚人并不理会其问话的要害点，故意将死亡率针对每个人。这种匠心独具的回答营造了别样的幽默效果，维护了本国的尊严。

德国著名的霍夫曼将军有一次到慕尼黑去视察军队，慕尼黑的军官俱乐部当晚举行宴会，欢迎他的到来。一个中士服务员由于十分紧张和激动，在给将军斟酒时居然把酒洒到了他的秃头上去了。当时，在场的军官和士兵都十分紧张，不知道将军将如何大发雷霆来惩罚那个可怜的中士。中士也吓得脸都白了，脸上不自觉地流下了一道道汗水。这时，只见霍夫曼将军拿出口袋里的手帕，擦了擦脑袋，笑着说：“小伙子，我这脑袋已经秃了 20 年了，你这个方法我也用过的，谢谢你。可还是得告诉你，根本不管用！”大家都哄笑起来了，那个中士也恢复了平静，他非常感激地向将军敬了个礼，流着眼泪退了下去。

看到了吗？如果不是这位仁慈的将军善于运用幽默，那位可怜的中士还不知道会陷入到怎样一种尴尬境地。可是将军那一句宽宏大量的玩笑话，却赢得了全体将士们的尊重，这不能不说是幽默带来的奇效。

第四章
公关：有礼有度，攻心为上

仅仅依附于空洞的文字，而缺乏雄辩的口才，是无法将你和你身后的团队推广宣传出去的。只有通过在各种场合、各种环境中不断地“说”，才能够让更多的人对你与你的团队，由陌生到认识，由认识到了解，由了解再到认同，产生信赖和好感。

◎ 巧贴标签，表示认同

西方有个电影《在遥远的银河系》，卢克·天行者赢了至关重要的一仗，他说服黑武士倒戈，共同对抗邪恶势力，最终拯救了自己的生命，也为整个银河系带来了希望与和平。

那么卢克·天行者是怎样说服黑武士的呢？星球大战系列的最后一部《绝地大反击》中，卢克对黑武士说：“我知道你内心善良，我能感觉得到。”难道是这句简单的话说服了黑武士吗？一个心理学实验告诉我们，卢克的成功就在于这句话。

这句话运用了公关学的标签技巧法，即公开给他人贴个“标签”，表明他具有的个性、态度、信仰或其他特点，然后再提出符合该标签特点的要求。为了不担虚名，他人就会同意你的要求。

理查德·叶兹做过一个实验，它能表明标签技巧法在说服他人投票上的效果。理查德随意告诉一组选民，从他们的兴趣、信仰或行为看，他们“会积极参与投票与政治活动”。另一组选民则被告知他们的政治积极性一般。实验表明，前者不仅自认为比后者更优秀，在一周后的选举活动中，其出席率也比后者高出 15%。

许多场合可以运用标签技巧法。比如，你为某人下达了一项工作任务，但他担心不能胜任。这时，你告诉他，你对他很放心，因为他是个坚韧不拔的员工，前几次类似的任务他都完成得很出色，这会帮助他重拾信心。

老师和父母也可用相同的方法引导当事人，结果一定会不负众望的。这点对孩子也屡试不爽。当老师表示喜欢练好字的学生时，学生们就会花更多时间来练字，尽管他们知道不会有老师在周围看。

这种方法还能加深与客户的感情。你也许很熟悉航空公司这样的做法：航班结束时，机组人员会告诉旅客，“感谢您在众多航空公司中选择了我们”。这样的话是在利用变形的“标签技巧法”，暗示旅客这样的选择是有原因的。原因就是对该公司的信任，这样的心理暗示更加深了信任度。同样，你可以告诉客户，他们的选择是对您和公司的信任，对此您十分感激并会不负所托。

最后请注意，这种方法用得不好会产生负面影响，像其他技巧一样，它必须被诚实地使用。也就是说，所贴标签必须符合事实，不能滥用。

◎ 说服客户，机智变通

成功的公关充分依赖于言语的表达能力。没有让客户接受你，和你做倾心的交流，便谈不上业务的拓展，而客户能够接受交流方式又是千差万别的，这就要我们去细心体察，并找到公关的突破口。如果你稍微留心一下，就可以把客户分成三种：爱说话的人、爱听不爱说的人、不爱说也不爱听的人。

1. 爱说话的客户

这种人最容易应对，你只要用一两句话引导他，他便会一直说下去。对这种人，你要有足够的忍耐功夫，不管他说得怎样，你都要耐心地听着，那么他就会非常高兴，哪怕你一句话不说，他也会以你为知音。

2. 爱听不爱说的客户

这种人就比较难应付了。他生性虽不爱说话，却十分喜欢听别人说话。本来人是少说话为好，因为听话容易，而说话能讨好别人却不容易。但如今你碰到了这类客户，你要不说，这局面就难以维持下去，那么你就得小心了。

你可以由头到尾包办说话，但你要牢记，你是说给对方听，不是说给自己听。因为问题不在于只图自己痛快，必须顾全到对方的兴趣，你要为听者着想。你要先探出对方有没有兴趣（用几个回合的对答就可以探出来了），然后选择有兴趣的话题谈下去。一般人愿意听你的谈话，大多因为你提供了有价值的信息，如你刚从外地带回来的消息，你的某些值得学习的经验，你知道的一些特殊的新闻，你对某一问题具有独特的见解……所以他才愿意耐心听你说。当你讲完有趣的话题以后，你的良好形象已印在了不爱说的人心里了。

3. 不爱说也不爱听的客户

这种人通常坐在客厅的一个角落里抽着香烟，当听见别人笑时，他照例也跟着笑，但这笑显然是敷衍的，因为笑容随即收敛，他的眼光已经移到窗外或是墙上的某张字画上去了。

这是最难应付的一种人。虽然这种人绝对不会单独来看你，但要是在别人的家里遇到，或在宴会上刚巧他坐在你身边，那样你就不能不想个办法了。

在交际场合中，不爱听也不爱说是没有的，要是真有这种人，他一定终年躲在图书室或实验室里，不会出来交际应酬。为什么这种人如此落落寡合呢？

大概有两种原因：

⑴ 他可能是在一伙人当中年纪较大或较小，或学问兴趣不合。也可能是在座的其他人比较世俗，谈天说地，问题无非是饮食男女，言语粗俗，言不及义，使比较有修养的人“望而却步”，所以他才独自躲坐一角。只要你知道症结所在，应付是不难的。你可以从几句问话中探明他的兴趣是什么，然后和他交谈下去。他见你谈吐不俗，一定会以你为知己，如此一来，僵局就打破了。

⑵ 他的思想并非特别高深，不过生来有点怪癖，与人难合，你用几句话探出其原因后，就可以采取另外一种方法去应付他。

“贝克汉姆近来技术不行了！”比如你知道他对足球颇有兴趣，这一句是很好的激将法，因为十个足球迷有九个拥戴贝克汉姆，如此一来，他必不肯善罢甘休，你当然要在后来表示屈服，不过在战略上你已经胜利了。

这种激将法，同样可用在对付学问高超但生性古怪的学者身上。“如果要提高中学生的语文水准一定要加强文言文的修养。”对于一个提倡白话文学的学者，这一句话是不能忍受的。于是你的目的又达到了。

◎ 宴会酒会，大方致辞

公关人员常常会有宴请与应酬。酒作为一种交际媒介，迎宾送客，聚朋会友，彼此沟通，传递友情，发挥了独到的作用。所以，善于在酒桌上公关，有助于自己的成功。

宴请从计划到开始，从开始到结束，都应当在组织者控制之中。宴请时要知道客人的口味爱好，邀请的陪客也应当有相同的谈话趣味，以便营造一种融洽的气氛。当客人来了之后，主办方应当负责介绍来宾的姓名、身份、工作，不要随意夸张，不要随意渲染，必须简要，两三句便可以。当来宾坐下之后，不要独自和某一个人展开忘我的长谈，必须注意处理好众人的关系，不要这个冷那个热。对于那些遭到冷落的宾客，应主动招呼为其解围。

在宴会上，双方最好能在开始或结束后致辞，以活跃气氛。主人要通过讲话说明意图，客人要即席答谢以示礼貌。请看一个招待会上的讲话。首先是主人致辞：

贵宾们、朋友们：

今天各位能在百忙中大驾光临，我公司同仁非常高兴，热烈欢迎！

托各位的福，我公司梦寐以求的1千万元促销计划实现了！这应当归功于各位的支持，应当感谢各方的关照。我在这里向大家鞠躬了！

在这次推销活动中，公司王××因劳累过度而病倒了，可是他仍坚持接受推销定额，不顾一切地四处奔跑。不少客户被他的工作热情所感动，爽快地同他签订了购货合同。这大概是商人的义气吧！我要再次深深感谢这些客户，也要感谢为公司出了大力的同事们！

物资交流是双向的，购销协作是相互的。这次各位支持了我们，我们定将铭记在心，今后大家如有难处，我们公司自会出力。请相信我们！

为了庆祝实现1千万元的促销目标，我公司今天在此欢宴各位。虽然只是粗茶淡饭，却表明我们的诚挚之情。请大家不必客气，一定要吃好喝好。

今后我们将继续合作，共谋发展。为搞活国有企业创新路，为实现经济腾飞作贡献！谢谢！

这篇讲话，内容切实，感情真挚，表现了企业家的气度。接着是客人答辞。

尊敬的主人及各位朋友：

本人参加今天的盛宴，感到十分荣幸！请允许我代表今天应邀的各位朋友，为××公司实现促销目标表示热烈的祝贺！向热情好客的主人表示深切的感谢！

刚才听了xx的介绍，深感销售工作之难，促销策略之巧，领导艺术之高明，员工之奋发。这种上下一心的敬业精神，实在是值得我们学习！

我们在这次促销活动中，尽了一点微薄之力，这是双方长期合作的结果，也是被贵公司热情周到的服务所感动的结果。适应市场需要，搞活商品流通，是我们的共同愿望。贵公司是国有企业，是我们的支柱和依靠。增进友谊，加强协作，对我们双方都有好处。我们愿为此尽心尽力。

最后，感谢东道土的盛情款待，预祝贵公司人展宏图！

这篇答辞，结构严谨、词语精练，展现出了儒商的特色。

送客时要表示歉意和祝福，使客人感到圆满。例如：“王总经理，恭喜您这次洽谈硕果累累，祝贵公司来年大展宏图！”“吴总，这次来到我们这偏远小城，条件不好，招待不周，委屈您了，请多包涵！”“贵宾们，不送了，祝大家都走好运，祝大家一路平安，祝你们合家欢聚，祝你们事业成功！欢迎各位再来！”

有了这样的语言，就能使各方宾客高兴而来，满意而归，为组织者留下热情好客的美名，有利于扩大交流与合作。

◎ 游说之词，有的放矢

公关面对的是公众，但公众却并非是“千人一面”。你和这个人谈话，可能会觉得“知心的话，万言不赘”；但和那个人谈同样的话时，可能“话不投机半句多”，这是由大众的性格、心理、年龄、身份、习惯、知识面等有所不同造成的。假如你对年逾古稀的老农推销化妆品和时装，那肯定没有效果；对学生谈论经商之道，对孩童谈论新闻时事，或因其不感兴趣，或因其阅历不够，这样的谈话怎么可能继续下去？

精当的游说之词，应当因人因时而有的放矢。与聪明的人谈话，要依靠广博的知识，否则不足以取信于人；与博学的人谈话，要善于雄辩，否则不足以主导方向；与善辩的人谈话要简明扼要，否则不足以揭示主旨；面对地位显赫者，绝不可卑躬屈膝，应取得气势上的主动地位；与普通顾客谈生意，你反而要表现得谦敬有礼，被重视的感觉会提高他们的购买力。有一则小故事就很能说明这个问题：

来自各国的实业家们正在一艘游艇上，一边观光，一边开会。突然船出事了！船身开始慢慢下沉。船长命令大副立刻通知实业家们穿上救生衣跳海。几分钟后，大副回来报告说没有一个人愿意往下跳。于是船长亲自出马。一会儿工夫，只见实业家们一个接一个地跳下海。

大副请教船长："您是如何说服他们的呢？"船长说："我告诉英国人，跳海也是一项运动；对法国人，我就说跳海是一种别出心裁的游戏；我警告德国人说，跳海可不是闹着玩的！在俄国人面前，我认真地表示，跳海是一种壮举。"

"您又是怎样说服那个美国人的呢？"

"太容易了！"船长得意地笑道，"我只说已经为他办了人寿保险。"

这虽然只是个笑话，但也说明一个道理，那就是要"看人说话"，并且应精心地选择说话的内容和方式。

有位妇女想买一瓶美容霜，但嫌贵，推销员看出了她的犹豫，就说："这一瓶 42 元，的确不便宜。不过，它能用大半年呢。照这样算的话，您每月只需花 7 元钱，每天只花两毛多钱，还比不上一只冰激凌呢！这可是太便宜了。"这位妇女点了点头，一边掏钱一边夸他："你很会说话。"

这位推销员的成功之处在于：他观察后得出结论，这个顾客是个节俭的人。所以，他就采用了时间分解的办法来计算，使得顾客的花费显得"少"多了，从而乐意买下它。这是推销员们针对这类家庭妇女推销时常用的手法。

另外，即使是针对同一顾客，也要注意在不同情况下，表达的方式要相应地变化。比如，前几年，以“经济实惠”著称的象牙香皂风靡了整个市场，可后来却好景不长。厂家征询顾客意见时才发现，大多数消费者对香皂的期待，已非“经济实惠”，而是希望香皂能让自己“干干净净”或者“富有魅力”，厂家立刻照此改了广告词。结果可想而知，象牙香皂的销量又节节上升了。这也是“看人说话”的妙用！

◎ 应对媒体，如实作答

作为一个企业的领导者，在面对媒体咄咄逼人的询问时，特别是对于一些较为敏感的问题，比如那些在社会上造成负面影响的谣言，一些关于领导、企业内部的小道消息，企业之间的矛盾以及重要的人事变更等。领导在回答这些敏感问题时，应该掌握哪些技巧呢？

1. 一五一十地回答问题

领导人在面对那些善于刨根问底的记者的时候，遇到的最为典型的敏感话题是关于企业目前遇到困难、挫折的传言，记者们会不厌其烦地提出相关问题，力争得到第一手消息。比如，有记者问：“据说贵企业目前陷入困境，请问是这样吗，又是什么原因造成的呢？”这时，如果领导者直接回答说：“没有。”记者的攻势就会更加猛烈，因为对方可能是有备而来，他们为了证明你在说谎而列举出一系列事实，让你焦头烂额。假如你的企业也确实陷入困境之中，你这样回答，显然会对你的境地和企业的公众形象更加不利。其实，对于这样已经客观存在的事实性问题，最好的解决办法便是对记者所提的问题如实回答。

2. 巧思妙答，陈述事实

但是，领导者要明确的是，如实回答也不是让你对记者的提问只简单地说一个“是”字，如实回答也是有技巧的。在这个时候，不能只讲企业陷入了困境，媒体总是会夸大宣传，这样就很容易在社会上形成一种不好的影响：企业已经完了，就连领导也说出这样的话，看来是无力回天了，只能坐以待毙。所以，领导者在如实回答记者提问的同时，不但要正面回答企业目前是遇到了些困难，而且也要对困境产生的原因解释清楚。比如有些困难是整个行业共同面临的问题，是整个市场经济下的大环境造成的，那么领导就应该实事求是地说：“大家都知道，我们企业长期以对外贸易业务为主，但由于欧债危机的影响，导致欧洲很多国家进口能力削弱，直接造成市场萎缩，这对我们企业的业务发展影响很大。”如果企业陷入困境是由于领导层的决策失误造成的，那就要主动承认错误，可以这样说：“因为我们前期对市场调查的力度不够，导致错误地估计了消费者的心理，为企业带来的巨大损失，我感到非常惋惜，最终结果还在讨论中，谢谢大家的关注。”

3. 拉近与媒体人的距离

以上两点这些也只是在应对媒体方面做了一半的功夫而已。更重要的是，为避免造成群众的片面认识，对企业丧失信心，领导者要向记者明确自己和企业对事态的发展已经加以掌控，并且正在采取应对措施。如“鉴于这次欧债危机对我们企业造成的影响，经过董事会的多次开会讨论研究，已经采取了多项措施，一是公司已经在尝试着寻找新的出路，向东南亚和拉美等地区开拓出口业务；二是公司也将积极开拓国内市场；三是公司目前也在进行新的改革，不断提升技术手段，提高工作效率，等等。”如果是由于自己的决策失误造成的困境，领导者也要说清楚自己的改正措施：“对于这次我个人的失误，给公司造成了巨大的损失，我已经向公司董事会对事态的发展做了详细的汇报，并且做了深刻的检讨。我已经主动采取如下措施，一是自动取消一年的奖金，二是我将采取积极的措施挽回公司的损失……”

在与记者交流完应对策略之后，如果这些对策已经开始施行并取得了一定的成效，那么领导者一定要借助媒体之口说出来，以坚定人心：“通过一个月的努力，公司对此次事件的处理方案已经初步收到成效。这个月的业绩报表显示，出口下滑的趋势已经初步被遏止，与上个月相比，出口率增加了三个百分点。预计接下来的几个月里，公司业绩将会稳步上升。”

如果所采取的措施已经收到好的成效，并且可以在可预见的时间内取得更大的突破，领导者也应该讲出来：“我们预计，就欧债危机的逐渐好转趋势来看，再加上我们所采取的这些应对措施，相信在三个月后，业绩下滑的情况就会得到完全的遏制。”但是为了预防到时做不到，让自己陷入更大的被动情境之中，说预期效果时一定要给自己和企业留有余地。如果公司所做的这些努力也不一定能够改变这种严峻的形势和趋势，那么领导者在与记者谈完应对措施时就可以收口了。

因为领导者在与媒体、新闻界沟通时，所涉及的问题多种多样，有时还很敏感。领导者要时刻提醒自己，把握好语言的分寸，尤其是涉及政治、经济领域的问题，一句失言就可能招致弥天大祸。

所谓语言的分寸是指讲话者对说话情感、政策尺度的准确把握。讲话是否有分寸，是领导者政治素养、思想水平、语言能力的重要体现。分寸感要求领导者在与媒体进行交流时，所持的态度和情绪必须恰到好处，既不能太平和，也不能太过火。

另外，讲话的分寸也体现在说话的字数上。正所谓“言多必失，过犹不及”说的就是这个道理。

在记者眼中，最先考虑的就是自己是一个媒体人，其次才是与被采访者的私人关系。所以，领导者在接受媒体采访时要掌握好说话的力度和分寸，其中最重要的一条基本原则就是不要对着记者说“不许见报”之类的话，哪怕是记者没有打开录音笔，收起了照相机，领导者也不要说这些话。尤其是当采访结束，记者已经合上笔记本要离开时，领导者就更要注意了，因为这个时候采访已经结束，领导者有可能会在不经意间说出一些有失严谨的话。

◎ 公关忌语，不可乱说

在长期的社会交往活动中，人们逐渐形成了一些约定俗成的社交礼仪惯例。了解社交礼仪惯例，能使自己在社交中掌握礼仪的要求，在各种具体情况下对礼仪惯例灵活运用。

第一，要尊重对方的隐私。国内外的社交活动中均尊重个人隐私，凡涉及个人隐私的一切问题，在交往中均应回避，否则就会引起对方的不悦，自己也感到尴尬。

需要强调的是，在人际交往中，一旦发现自己选择的话题不受欢迎，应立即转移话题，不要毫不知趣地继续下去。如因自己疏忽而选择了令对方不快的话题，则应当道歉，这也是对对方的尊重。

社交礼仪中要做到如下“五不问”：

(1) 不问年龄。现代女性的年龄是保密的，她们希望自己永远年轻，特别是外国女性，24 岁以后就不愿再如实告诉别人自己的年龄。

(2) 不问婚否。中国人爱谈论彼此的婚姻状况，这对有些国家的人来说可能是个不礼貌的话题。

(3) 不问经历。中国人之间交往，一般以询问经历来寻找共同的话题。对外国人却不能如此，因为“经历”问题是对方的“老底”，有许多悲欢离合，一般应避开此话题。

(4) 不问收入。收入问题是一个极为敏感的话题，不到很相熟的程度，最好是免谈。为了消除经济收入不平等所造成的心理不平衡，创造一个良好轻松的语言环境，人们也不愿意谈及这个问题。对那些能够反映出个人收入状况的化妆品和服饰的价格、汽车的型号、住宅的大小等问题也不宜提及。

(5) 不问健康。外国人认为个人的健康状况，也属于隐私范围。因此，在与外国人特别是西方人的交往中，最好别打听对方的健康状况，更不要因见对方脸色不好而惊讶地说：“你是不是得了什么病?”

第二，不能随意称呼他人。称谓得体，可使对方感到亲切，公关便有了基础。称谓不得体，往往会引起对方的不快甚至愠怒，双方陷入尴尬境地，致使交往受阻甚至中断。那么，怎样称呼才算得体呢？这要根据对方的年龄、身份、职业等具体情况和交往的场合以及双方的关系来决定，不可能有统一的、固定的模式，要靠自己的经验积累。有这样一个故事：

有个年轻人骑马赶路，忽见一位老汉路过，他便在马上高声喊道：“喂，老头儿，离客店还有多远?”老汉回答：“五里!”年轻人策马飞奔，急忙赶路去了。结果一气跑了十多里，仍不见人烟。他暗想，这老头儿真可恶，说谎骗人，非得回去教训他一下不可。他一边想着，一边自言自语道：“五里，五里，什么五里!”猛然，他醒悟过来了，“五里”不是“无礼”的谐音吗？于是拨转马头往回赶，追上了那位老人，急忙翻身下马，亲热地叫声“老大爷”，话没说完，老人便说：“客店已走过去了，如不嫌弃，可到我家一住。”

这则流传很广的故事说明了一个朴素的道理：见了陌生的长者，一定呼尊称，比如：“老爷爷”“老奶奶”“大叔”“大娘”“老先生”“老师傅”“您老”等，特别是当你有求于人的时候，不能随便喊：“喂”“嘿”“骑车的”“放牛的”“干活的”等，否则，会令人讨厌，甚至发生不愉快的口角。另外，还需注意，看年龄称呼人，要力求准确，否则会闹笑话。比如，看到一位二十多岁的妇女就称“大嫂”，可实际上人家还没结婚，就会使人不高兴。同时，还要注意亲疏远近和主次关系。一般来说，以先长后幼、先上后下、先女后男、先疏后亲为宜。在外交场合，宴请外宾时，这种称呼先后有序更为重要。

称谓还必须区分不同的职业，对工人、司机、理发师、厨师等，称“师傅”是合情合理的，而对农民、军人、医生、售货员、教师等，统称“师傅”就有些不伦不类，让人听着不舒服。对不同职业的人，应该有不同的称谓。比如，对农民，应称“大爷”“大娘”“老乡”；对医生应称“大夫”；对教师应称“老师”；对国家干部和公职人员、解放军和民警，最好称“同志”。

第五章
应聘：自信真诚，不卑不亢

不能说出自己的特长、能力，通不过面试这一关，也就得不到需要的职位。不善于与领导对话，将不被任用，限制了发展空间。怎么能证明自己的才干？又怎么证明自己是个能人？善于倾听和回答问题，善于提问和引导话题，能够帮你展现水平和能力。

◎ 知己知彼，百战不殆

在找工作时，很多人都盲目地不加准备地去参加面试。其实，这是非常不可取的做法。在面试前，最好对要去进行面试的企业有一番了解之后，再前往应试。并且，作为应聘的一方一定要弄清楚面试的职位到底想要什么样的人才，而自己又是否正是这样的人才等问题。

所有的面试官只有一个目的，那就是在最短的时间里了解到你最多的信息。其实，各种各样的雇主可能问到的问题中，都能够提练成5个——

你为什么到我们公司来？

你能为我们做什么？

你是什么样的人？

你与竞争同一职位的其他人有何区别？

你还有什么问题要问我吗？

对应到个人身上，你应该自问——

这项工作具体是做什么？

我有哪些技能符合这项工作的要求？

我如何与这些人共事？

我能说服他们从多个候选人中选择我吗？

我将来能在这家公司做到什么程度？

1. 你为什么到我们公司来？

两名外语专业的大四学生，同校同班，一同应聘总裁助理职位。甲说：“我毕业于某大学外语专业，22岁，平均学分90分，班级排名第一，是校学生会主席，组织过很多社团活动，还是学校义卖形象大使。我爸爸是局长，有广泛的人脉。我的爱好是游泳、看书。”乙说：“我关注贵公司很久了，很清楚你们公司的业务是…… 做总裁助理英语必须很好，所以我除了平时在校刻苦学习英语外，还利用寒暑假到旅行社实习；我也知道总裁助理的文笔要好，所以一直练习写作，给校广播站和杂志社投稿，现在已发表多篇文章，而且给出版社翻译过外文书。”或许甲看起来很优秀，但显然乙对公司和职位更有热情，更用心。

2. 你能为我们做什么？

有时候面试官会问你：“你在大学都学了哪些专业课？”“除了这些，还会什么？”很多大学生回答“我会C++”。其实，对面试官来说，他并不是问你会什么，而是问你能为公司做些什么。如果把回答修改为“我可以利用C++帮公司开发或者完善客户系统，让检索更简单”、“优化公司的管理系统，让全国的数据实现快速共享和更新”，那就截然不同。

3. 你是什么样的人？

这等于是在问：你了解自己吗？你的价值观是否和我们一致？“你必须清楚地知道我把你招进来，能把你用在什么地方。”这个问题还会以“你最害怕的一件事”“最不喜欢的工作环境”“你最喜欢什么样的老板”“你最崇敬的一个人是谁，对你的影响是什么”“你的优点和缺点是什么”等形式出现。

4. 你与竞争同一职位的其他人有何区别？

通常这个问题会戴着“你的优势是什么”“为什么我要雇用你”的面具。时常有学生回答，我有良好的沟通能力、团队合作精神、人际交往能力、组织协调能力…… 这毫无意义，因为在校生这些差别只有毫厘，既然岗位要求了这些能力，所有进入面试的候选人都具备了大同小异的沟通能力、团队合作精神，这不是你的优势！其实，在面试的时候，你要讲那些别人没有、只有你有的。

5. 你还有什么问题要问我吗？

一般情况下，很多学生会问工资待遇、培训等问题，事实上这样做并不是很好。招聘者的问题有时间顺序，从遥远的过去递进到最近、到现在、再到未来。这个问题就是个典型的关注未来的问题，你要关注的是工作本身， 而不是公司能为你提供什么。所以，“这份工作最大的挑战是什么”“如果我被公司雇佣做这份工作，我需要注意些什么”这类问题都是好问题。

◎ 面试时，不要“自杀式”提问

很多人之所以找不到理想的工作，并不是由于自己不够优秀，而是因为他们从头到尾锲而不舍的“自杀式行为”所致。这样的人大概占了 40%~50%！

1. 奋不顾身

人事主管提问：请简单介绍一下你自己。

自杀性回答：我是一个很普通的人……

自杀理由：面试官给你一个机会，就是让你证明自己是优秀的！每一个人都有闪光点，关键是你如何寻找。但是这样的回答让人觉得你连想都不想。

自杀性回答：我今天准备得不太好……

自杀的理由：你的意思是，我还可以更好的。面试官听到的意思是，没准备好还来干嘛，太不尊重我啦！

2. 天花乱坠

人事主管提问：说说你的优点。

自杀性回答：我团结同学、尊重老师、热爱生活、兴趣多样，积极主动……

自杀理由：最郁闷的就是看到那些身上云集了中华文明 5000 年所有传统文化的人。优点不是越多越好，而是越真实和独特越好。很难想象一个人如何可以“团结同学”同时“独立研究，刻苦钻研”还要“积极投身社团”。什么优点都有的人就等于没有优点。

3. 我要学习

人事主管提问：你希望通过这份工作获得什么呢？

自杀性回答：我希望通过这份工作锻炼自己，提升自己的能力。

自杀理由：公司又不是学校，是希望你过来干活的，学习的目的也是为了更好地工作。面试官会想：你居然准备拿我们的工作机会练手和锻炼自己？我们还是找一些更靠谱的人吧。

4. 前途、钱途

人事主管提问：你还有什么问题吗？

自杀性回答：我想问一下工资大概是多少？还能高些吗？

自杀理由：在一般情况下，你可以在公司的网站、一般的行业网站找到大概的工资待遇，或者私下里进行沟通。在面试的时候问这个问题不太合适，因为很多雇主会认为，就业是一种双向选择，你还没有展示你的能力呢，凭什么就让我开价？建议可以在基本意向确定以后再问。当然，就这个问题，有不同意见。有人还建议说当场问显得自己很有信心，在职人士面试时一定要谈薪酬。

5. 我会努力！

人事主管提问：你会如何面对你的新工作？

自杀性回答：我会认真努力，尽全力做好。

自杀理由：在商业社会中，态度并不等于能力。不管你是全力以赴还是认真努力，没有达到目标，也是无用。即使你是心不在焉，只要最后达到了公司要的结果，那就是好员工。你可以尝试提供你准备的具体的行动步骤和目标，否则这个问题基本等于没有回答。

6. 我应该

人事主管提问：如果给你一份……的任务，你会怎么做？

自杀性回答：我应该能够做好……

自杀理由：我应该能够做好，反过来说就是做不好也不怪我吧！企业是用结果说话的，应该做好……那还有应该做不好地方怎么办？这是一个责任心的测试。但是“应该”者失败了。你可以尝试谈谈你会怎么做。如果做到你会怎么样，如果做不到，你会如何调整，保证在限期前获得底线结果。

◎ 随机应变，面试才能常胜

面试并不是一件很艰难的事情，对于面试中的考题，只要你能够联系实际工作，稍加考虑，就可以给出一个自圆其说的答案。因为考官绝对不会想要故意刁难你，只要你说得合情合理，他们反而会欣赏你的创造力和智慧。

有一家公司要招一名市场部副经理，李枫毅然报了名，并且幸运地从几百人中脱颖而出，成为最终进入面试的 10 人中的一个。

面试者们几乎都怀揣着硕士以上的学历，个个志在必得，而只有李枫是本科学历。他们一起被叫进经理办公室。考官们都是公司高层领导，连董事长都在。主考官首先问了一些基本情况，然后又问了一些专业问题。

就在面试即将结束时，一直未张口的董事长突然说："我这儿有几组数字，请说出他们之间的区别。第一组是 1、3、7、8；第二组是 2、4、6；第三组是 5、9。"李枫有点蒙，不知道应该怎么回答，其实大家都有点蒙，一个个都不知所措。两分钟后，李枫不知哪来的勇气，试探着回答道："三组数字，它们的声调有区别。第一组读阴平声，第二组读去声，第三组读上声。"考官们赞许地点点头。最后她被录用了。

也许有人会感到纳闷，这位董事长怎么会问这样的问题呢？更何况这个问题根本就没有固定答案。

很明显，他们要的不是仅仅具备数字思维的员工。因为一个不能从多角度考虑问题，或者说只具备计划性而缺乏处理突发事件的能力的人，是不可能成为一名成功的职业经理人的。李枫的回答虽然可能和领导们预想的有些不一样，但至少说明，她的应变能力还是很强的。

应变能力是指面试考官要考查应试者能否随着情况的变化掌握时机，灵活应付的多变能力。

当你进入面试场之后，面试官并不急着发问，而只是带着微笑看着你，这使得你不知所措，心里紧张。这时候，你可"主动出击"，以改变这种被动局面。你可以先作自我介绍，并逐渐把重点转移到自己所精通的专业知识上，甚至可以向考官们提出一些问题，以显得自己是位谈吐清楚、头脑灵活、反应敏捷、能够随机应变的人。

当然，上面的情况是不常见的，但要有所准备，常见的是下面一些情况。

比如，考官知道你应聘的是计算机操作员职位，会问你在校时喜欢哪几门功课？如果你的"线性代数""高等数学""C 语言程序设计"等几门课的成绩都是优秀的话，你可说："对这 3 门课我都喜欢，尤其是'C 语言程序设计’。”考官如追问为什么，你可回答：“计算机是把数学的思维方式运用到程序设计中去，比简单地应用数学公式更能发挥我的聪明才智。”

又比如，考官问：“你注意到没有，首长接见外宾时，除了录音以外还有个人在速记。你认为，有了录音机，速记还有用吗？”这是个基于生活常识的应变能力考题，你可简要回答：“我认为是有用的。因为录音机与速记可以相互补充。录音机只能解决声音的记录，需要书面材料时，就要靠速记了。当需要经过特定整理的信息时，采用录音机，就只能是事后整理，而速记可现场加工整理。”

当考官面带微笑地问你：“从报名表看，你是甘肃人，一定非常热爱家乡，是否平时经常关心甘肃的变化呢？”你应马上答道：“是的，非常关心。”考官接着问：“那么请问2000年全国五一劳动奖章获得者中哪些人是来自甘肃的？”这道题的难度相当大，一般人是答不出来的。如果你直接答“不知道”，可能会影响你的面试成绩。当然考官也不指望你将甘肃的多名五一奖章获得者全部答出来，而是在测试你的随机应变能力。你可这样回答：“我看过报纸，2000年全国五一劳动奖章获得者甘肃有多名，遗憾的是，我都不认识，也没用心去记。”考官会追问：“为什么甘肃会有五一劳动奖章获得者呢？”你可以答：“甘肃是我国西部的重要省份，每年都涌现许多优秀人才，他们中的杰出者就有可能被评为全国五一劳动奖章获得者。”这样的回答，考官可能会满意的。

自圆其说是指当考官问到的问题没有固定答案时，那你就要风趣、生动地将自己的理由说得无懈可击。

比如，当问到你对海外现代浪漫派某个歌唱演员的演出风格怎样评价时，你可根据自己对该演员的演出风格喜欢与否，或褒或贬，只要把你的理由讲充分即可。

再比如，让你从一个创新能手、一个勤勤恳恳功绩卓著的“老黄牛”、一个见义勇为者、一个勤政廉政的好公务员等四个市级劳动模范中，选出两个出席国庆观礼时，只要你把挑选某人的理由讲充分，就不要顾及其他候选人了。你可以挑选创新能手与见义勇为者，你也可以挑“老黄牛”与好公务员。若被问及为何不挑选另外两人时，你可作答：“按道理四人都满足出席国庆观礼的条件，但名额有限，只能去两个，不存在重视谁与轻视谁的问题。”

若考官问道：“你的条件不错，如果没被我机关录用，你会怎样想?”你可回答：“尽管我的条件不错，但离职位的要求还有不小的差距，不能录用，我很遗憾。”你还可回答：“尽管我的条件不错，但还有不少比我更优秀的人参与竞争，竞争是残酷的，我有这个思想准备。”

◎ 合理自荐，敲开通向职场的门

面试，对于一个人的前途有着非常重要的意义。在参加面试的时候，一定要实事求是地介绍自己，既不要过于谦虚，以免失去机会，也不要夸大其词，免得名不副实。

1. 求职前必须对自己有一个客观而全面的认识，即做到有自知之明

自我评价受到主观感情的影响，所以评价自己并不是一件很容易的事情。人在自我认知时，常有一种无意识的自我防御机制，处处为自己辩解，从而干扰自我认识。或过高地估计自己，以天下大事为己任，叱咤风云、口若悬河，其结果却是志大才疏、眼高手低、一事无成；或者过分贬抑自己，自卑感特别强，最终亦难成大事。这两种状态都可能使求职者在求职时遭到较多的挫折。

对自己必须有一个客观且全面的认识和把握，科学的方法就是通过对自己个人资料的搜集、归纳和分析来实现。求职实践证明，个人资料的搜集、整理是求职的前提和必要准备，科学化、系统化的个人资料也可为用人单位提供值得信赖的档案资料。

2. 表达要简洁明了，谦逊慎重

表达尽量简洁明了、清晰明快，能少说的话，就不要多说。在表达自己的观点时，尽可能先说论点和结论，然后再用实例加以论证，这样可以使表达简明扼要。讲话时尽量不要使用模棱两可的语言，譬如回答某一问题时避免只说“还行”或“可能很强吧”等，最好用简洁但却蕴含了你的能力、特长和业绩的表述。但是，需要注意的是，不要夸大自己的能力，尽量用具体的事例说明问题，避免用“极好”“极强”等字眼。因为强中更有强中手，招聘主管对你的期望值越高，失望值可能也就越大。

此外，还有一些人在面试时侃侃而谈公司应该如何如何，好像是来应聘董事长或智囊团主席的。这类人往往很是聪明能干，并在事前对公司做过一些调研工作，有备而来。但是，他们忽略了一点：作为一个已具规模的公司，需要的不是半途杀进来的诸葛亮，而是踏踏实实的好员工。每当有人滔滔不绝地发表高见时，那些坐着的真正高级职员嘴角边往往就会泛起一丝微微的嘲笑，因为他们招聘的是下属，而非上司。这是应试者一定要切记的一点。

什么样的人才是他们所需要的呢？让我们一起来看一下，以帮助我们届时有所应对。

首先，要有正确的思维方式。

比尔·盖茨经常会问面试者这样一个问题：“怎样移动富士山？”当被问到提出这样的问题究竟意欲何为时，比尔·盖茨回答说：我们要考察应聘者是不是按照逻辑来解决问题。类似于这样的问题，正确的答案并不重要，重要的是你有没有按照正确的思维方式来思考问题。

下面是Google公司面试中经常出现的一道问题：如在你面前放的一个碗里混放着红豆和绿豆，再给你两个空碗，要求你在10分钟内把红豆捡到一个碗，把绿豆放进另一个碗。这个题目好做吗？他的奥妙在于，考官故意多给了你一个碗。但是不要上当受骗，应该保持原有的清醒和逻辑思维，直接挑出红豆放到一个空碗里，挑完了，原来的碗里就只有绿豆了。怎么样？是不是从中可以看出此类题目的动机所在，这就是应变和思维能力。

其次，要有优秀的人格素质。

著名职业经理人唐骏说过，计算机业日新月异，你在大学里学得东西再多，也很难是完全合适的“人才”。而微软要的是“人”——聪明、好学、踏实、自信，具备良好的道德和较强的团队精神的“人”。谜语题也好，推理题也好，所要考察的，都是冲着这样一个“人”字。一个优秀的“人“，才是名企孜孜以求的，也正是他们这一系列测试“怪题”的指向所在。其实，这些名企的目的并不在乎你的答案，而在乎你的回答所体现出来的人格素质。所以，不管你是否能说出答案来，始终保持冷静、自信和深度思考是最重要的。

要想让考官们欣赏你，你必须明确地告诉考官们你具有应考职位必需的能力与素质，而只有你对此有信心并表现出这份信心后，你才证明了自己。

应试者在谈到自己的优点时，一定要保持低调，也就是轻描淡写、语气平静，只谈事实，别用自己的主观评论。同时也要注意适可而止，重要的、关键的要谈，与面试无关的特长最好别谈。另外，谈过自己的优点后，也要谈自己的缺点，但一定要强调自己克服这些缺点的愿望和努力。

需要注意的是，在面试时千万不要夸大自己。一方面从应试者的综合素养表现，考官能够大体估计应试者的能力；另一方面，如果考官进一步追问有关问题，将令“有水分”的应试者下不了台。

考官可以通过应试者的自我介绍，对其进行进一步的了解，比如你对自己的描述与概括能力、你对自己的综合评价以及你的精神风貌等。个人自信、为人处世的能力等在面试中是非常重要的，应试者一定要注意到这一点。

◎ 谈薪金，可从侧面说

应届大学生在面试中贸然谈薪酬是个大忌。况且新人的起薪都一样，你谈了，人家也不会给你加薪，反而会招致反感。即使对方问你对薪水的期望，你也应谨慎应对，或者干脆用“我相信公司会承认我的工作价值”之类的话搪塞过去。跳槽的人谈薪金，也得有策略，期望的薪金是需要的，但可以将薪金的重点转移到职位上，让对方觉得职位需要你这样的人才，那你就可以轻松地争取到更好的待遇。

小鲁到一家电器公司应聘，这家公司生产笔记本电脑，并把产品租赁给旅馆、机场等，公司总裁非常满意自己的产品，他花费了将近一个小时的时间向小鲁解释这种电脑的多种用途。随后，总裁想让小鲁任公司的营销部主管，年薪 10 万元。小鲁说：“我很喜欢这份工作，但是能不能每年报销 1 万元的公务费用呢?”总裁没有答应。

小鲁的要求尽管很合理，但由于他没有注意提问题的时机和方式，使对方对其产生了反感。求职谈判不同于其他谈判，当谈到薪金和福利等问题时，双方都会持不同的观点。在你的求职谈判中，如果对方由于预算的限制而无法付出你想得到的待遇时，你可以选择到另一家公司应聘；如果你目前有工作，并且待遇还可以，你当然可以放弃这个跳槽的机会，因为它比不上你现在的工作；或者你试着和对方谈一谈，在谈判时先不提待遇的问题，而是先向对方证明你是最合适的人选，甚至比他们设想的还要好。当双方谈到职位的时候，自然就会谈论到薪金的问题了。

不管什么情况，如果你谈论的重点是工作而非待遇时，你的说服力将大大增加。如果你在面试时以提高工作效率这个话题为中心的话，对方反而会表现出不同的态度。

小鲁完全可以这样说：“我很乐意接受这份工作，公司给我的待遇也很合适，我想我们的合作会非常愉快的。可是……”

对方：“你有什么顾虑吗？”

小鲁说：“我目前的工作非常顺利，主要是因为我利用晚上和周末的时间来应酬客户。我要是继续这样做的话，我担心公务开销不够用，所以想到了跳槽……”

对方：“你不必担心这个问题，我们会满足你的要求的。”

这样的结果岂不是皆大欢喜？你要记住，当谈判陷入僵局时，你就把重点放在工作上。你要表明你愿意为对方效力，同时提出你的工作设想，这样对方就会从职位的角度来考虑给你增加待遇。你要牢记这一点：谈工作和职位更容易被对方接受。

◎ 女性，如何应答敏感问题

男女有别，一般的用人单位在面试女性的时候，常会提出有针对性的问题，有时这些问题是非常敏感的，比如“你是否近期准备生育”等。如何回答这些问题，关系到求职是否成功。下面，我们就用人单位一般会向求职女性提出的敏感问题，来做简单分析，并给出可行性的参考答案：

1. 家庭和事业，你觉得哪个更重要？

不管是否违心，绝大多数女性为了获得职位，都会选择事业作为答案。其实这并不是最佳答案，毕竟家庭对女人的重要程度是不言而喻的，所以，如何回答得令招聘人信服，是需要一定技巧的。与其直接说：“我会把事业看得比家庭重。”倒不如真诚地说：“我会在适当的时候结婚，但我认为女人最重要的是能够保持自己的活力，工作对现代女性来说尤为重要。”

2. 你该如何处理好上下级关系？

一般在招聘女秘书时，往往会问这样的问题。这个问题是比较敏感和棘手的，简单说吧，显然一两句也说不清；具体说吧，面试的时候也不可能有足够的时间让你来陈述。

林小姐应聘时这样回答：“能问到这个问题，这说明贵单位的领导者都是光明磊落之人。不瞒诸位说，我曾在一家公司干过一段时间，就是因为老板起了非分之念，我才愤然辞职的，而在招聘时他们恰恰没问到这个问题。两相比较，假若我能应聘上，我没有理由不全力以赴做好这份工作。”

林小姐的回答妙就妙在没有直接去回答如何和领导处理好关系，而是通过一个事例，或许是不存在的一段经历来表明自己坚决的态度，又没让问话者感到难堪，

3. 如果你的客户要你陪他跳舞，你会怎么办？

这是主考官测试应聘者在压力下的反应能力。有的女性求职者听到这个问题，会觉得尴尬，甚至觉得主考官无聊。你可以这样回答：“正常情况下，跳跳舞没有什么不可以。我相信在咱们这样的正规企业，不会碰上那种不三不四的人，而且，我也很乐意接受正直、善良的客户的邀请。”

4. 你认为家庭和事业之间的矛盾难以克服吗？

谁都知道，没有一个幸福的家庭做后盾，女人是无法安心工作的。而工作和家庭之间的确存在着矛盾，甚至有的时候是难以化解的。直接回答“是”与“不是”显然都不太合适，那么如何回答这个问题呢？

你不妨这样说：“我认为无论在工作上，还是在家庭中，女性的最大目标是要使自己活得有价值。虽然我想通过工作来证明我的能力，来体现活着的

意义，但谁能说那些相夫教子，培养出大学生、博士生的农家妇女活着就没有价值？何况‘一个成功男人的背后往往站立着一位伟大的女性’的说法早已被世人认同。”

这席话的言外之意是说，要我外出工作，我会竭尽全力；待在家中，我会经营好自己的“小天地”。回答似乎有些答非所问，却能体现出女性刚柔相济的特色，更容易赢得主考官的认同。

5. 婚后你是否计划在短期内生育？

如果马上表示否定，一定会引起主考官的质疑。结婚、生子，对女人来说是天经地义的事情，关键是要让主考官相信，你在此之前会给单位带来更多的益处。

你不妨这样回答：“我很重视自己的事业，因此我的决定将以不影响我的工作和公司的利益为前提，会理智地处理好这个问题。”

第六章
辩论：天衣无缝，无懈可击

在法庭上不会辩护，那么注定会失败，在面试时说不出要点，也注定不会被录用。不懂得用道理与人沟通，人际关系会惨淡。论辩是思想的交锋，是逻辑的碰撞；辩辞必须天衣无缝，无懈可击。我们如何才能在辩论中立于不败之地？可以运用“欲擒故纵”的策略，静待反击的最佳时机，甚至可以“以实就虚”，从而击中对方要害，还可以以其人之道还治其人之身，“以子之矛，攻子之盾”。

◎ 破解悖论，巧妙地说

悖论，是自相矛盾的命题。即如果承认这个命题成立，就可推出它的否定命题成立；反之，如果承认这个命题的否定命题成立，又可推出这个命题成立。如果承认它是真的，经过一系列正确的推理，却又得出它是假的；如果承认它是假的，经过一系列正确的推理，却又得出它是真的。悖论常常会出现在论辩中，某些辩手的辩辞往往有意无意会含有悖论，此时，论辩者如能慧眼明察，加以利用，并以此为突破口，巧妙地予以破解，必使对方辩手难以自圆其说而被击败。

《吕氏春秋》记载了这样一个故事：有一年发了大水，淹死了郑国富户家的一员。尸体被别人打捞起来，富户的家人要求赎回。然而捞到尸体的人要价太高，富户的家人不愿接受，于是找邓析出主意。

邓析说："不用着急，除你之外，他还会卖给谁?"捞到尸体的人等得急了，也去找邓析要主意。邓析却回答："不要着急，他不从你这里买，还能从谁哪里买?"

同一个事实，邓析却推出了两个相反的结论，每一个听起来都合乎逻辑，但合在一起就荒谬了。

在论辩中，要学会破解悖论，须掌握下列3种方法：

1. 用自我涉及法使对方无言以对

一般的悖论，如果不涉及对方自身，往往不易发现其悖谬，而一旦把对方牵涉进去，则悖论立现。用对方自我涉及的方法来使对方作茧自缚，是破解对方悖论的绝妙方法。

河南大财主金泰来是个有名的刻薄鬼。袁世凯称帝时，他也想趁乱世之机，克扣长工的工钱。某日，他摆了几桌酒席，把长工奴仆都叫来，说："今天请大家只为袁大总统当了皇帝，咱们喜庆喜庆。"

"为了庆贺皇帝登基，我想赏在座各位每人200两白银，只是有条件，每人说一件我从来没听过的事就行。说对了有赏，说错了受罚，罚他一年的工钱。"

大伙儿一听，心想，这哪是请客?分明软刀子杀人，想扣工钱啊！一个个只好皱着眉头想对策。

一个小丫头说："老爷，从前我家养了一只鸭，一天下7个蛋，3个'双黄'，4个……"

没等小丫头说完，金泰来一摆手说："听说啦，我家的鸭子，一天下过10个蛋哟！哈哈哈……把工钱抹去!"

一个长工说："老爷，我见过一只狗，两只眼睛朝前，两只眼睛朝后，两只眼睛朝左，两只眼睛……"

"唉，别说啦！这算啥，一边长6只眼睛的狗，我都见过！哈哈哈，把他的工钱抹掉!”

金泰来一口一个“听说过”，把长工们的血汗钱都给吞了。这时，一个当奶妈的仆人站起来说：“老爷，奴家姓赵，我家祖父说，他与你家曾祖父有八拜之交。论起来，你还得叫我姑奶奶呢。这事你一定听说过吧!”

“胡说!”金泰来眼睛一瞪，吼道：“我怎么从来没听说过?”

奶妈哈哈笑了起来，说：“老爷，既然你没有听说过，那就快拿200两银子赏我吧。”

金泰来半晌才转过弯来，在众人面前，不好赖账——再说，他总不能凭空认一个姑奶奶吧。如此，金泰来只好无言以对了，只好拿出200两亮光光的白银给了奶妈。

2. 用悖论假定法使对方无话可说

凡是悖论，都隐含着自相矛盾的逻辑错误，破解对方的悖论，可以运用逻辑中的二难推理形式揭穿对方悖论的自相矛盾，对对方悖论构成夹击钳制之势，使对方陷入进退两难，难以自圆其说之境地。

在论辩中还可以利用悖论假定法，让对方陷入自相矛盾的境地，将对方逼进“死胡同”，无话可说。悖论假定法是以假定的内容为前提，再利用一种特殊的逻辑矛盾，使对方无论作出怎样的回答，其结果总会自相矛盾，从而达到讲话者的目的。

包拯年少时聪明过人，甚受人家喜爱。有一次，他的好友公孙策跟一个同伴到郊外游玩，不料迷路了。转来转去，竟然闯入了军营之中，按当时的条律：擅闯军营者当斩。公孙策百口莫辩。危急时刻，包拯闻讯赶到，证明公孙策等人的身份并陈述事情原委，请求放人。可都尉执意处罚，并且刁难包拯：如果能回答出他的一个问题就可放人，否则就要连包拯一同治罪!

都尉双眼一翻，一个怪题就出来了：“你若能猜出我此刻心里所想，那么我就放了你们。”问题一出，周围的人都不由倒抽了一口凉气。人的心思变化多端，又有谁能猜得出？况且即使猜出来，他也可以说没猜对啊！这不纯粹是逼人送命吗？公孙策更是叫苦连天，心想这回老包也不行了，我们是死定了。大家都静静地注视着包拯。只见包拯沉思了一会回答说："我知道你心里想什么了，你心里就是想如何给我们治罪。"此话既出，四座皆惊。大家都怪包拯这样说，心想若说别的，也许还能再求求情，现在你出言尖刻，得罪了都尉，哪还有活路？

可包拯不慌不忙继续解释："都尉大人若说我猜对了，那么就应该放了我们；若说我猜错了，那就是你本就无心治我们的罪，那也应该放了我们。都尉大人，你说我说得对吗？"大家一听，都热烈地鼓起掌来。都尉陷入了进退两难的境地，只好免了他们三人的罪。

这里，包拯所用的说话技巧是论辩中的悖论假定法。包拯通过一句假定的"你心里就是想如何给我们治罪"，使都尉陷入了"两难回答"的境地：如果都尉说是对的，那就正好符合了前面自己所说的"你若能猜出我此刻心里所想，那么我就放了你们"；如果都尉说是错的，那么又正好与包拯所说的"你心里就是想如何给我们治罪"相反，从而得出"你心里本来就不想给我们治罪"这个结论，那当然也应该放人。因此，无论都尉的回答是肯定的还是否定的，其结果只有一种：都应该放了他们几人。

3. 用"揭悖反驳法"使对方言行相悖

与辩者行为相矛盾的论题，就是不符合辩者行为的论题。一个辩者的论题如果不符合自己的行为，就犯了言行相悖的立论错误。《吕氏春秋·淫辞》云："言心相离，而上无以参之，则下多所言非所行也，所行非所言也。言行相诡，不祥莫大焉。"所谓"言行相诡"，即这里所说的"言行相悖"。《墨辩·经下》中说："非诽者悖，说在弗非。"该书《经说下》篇又说"非，诽非己之诽也。不非诽，非可非也。不可非也，是不非诽也。"

这两段话是说：反对批评的人是言行相悖的，原因在于不能反对。如果说进行批评不对，那你这种说法本身也就不对。不反对批评，别人有错误才能批评，这样才能无可非议。所以，我们不能反对批评。墨家学派阐明，如果“反对批评”（即非诽），那么，由于“反对批评”本身也是一种批评，这种“反对批评”的批评也应该反对。只有不反对批评才能批评别人的错误，因而不能“反对批评”。实际上，这种“反对批评”的批评是言行相悖的。因此，这种“反对批评”的言论，也是与辩者行为相矛盾的论题。

有个人盖了座新房子，房子四周修了一堵雪白的围墙。他怕别人在墙上涂写，便在墙上写了“此墙不许涂写”几个字。有个旁观者问：“既然此墙不许涂写，那为什么你还写?”房主人说：“我自己的墙，我愿意写，你管不着。”旁观者说：“你的墙，我固然管不着，可是，既然你在墙上写了字，‘此墙不许涂写’这话还有什么用呢?”房主人听后愣在那里，一时不知如何回答。

旁观者指出，房主人要求“此墙不许涂写”，而他自己却在墙上涂写，这是言行相违的。旁观者揭露了房主人的言行相悖之处，房主人难以自圆其说，就被辩倒了。

这种揭悖反驳法很有论辩力，揭露出对方的言行相悖之处，就使之处于自相矛盾的困境，无论他承认自己的论题错误，还是承认自己的行为失误，总之是认错了，也就将他辩胜了。

◎ 对付诡辩，将错就错地说

在现实生活中，有些人为了维护自己的观点或看法，往往会构设诡辩来向对方发难，陷对方于被动尴尬的境地。诡辩在论辩中固然厉害，但诡辩自身存在着语言模糊、内容矛盾、逻辑错误等方面的局限性。因此，反驳诡辩可从以下这些方面打开突破口：

1. 以诡辩反诡辩

论辩中，我们的种种努力不过就是找出或者制造出对方的错误。对方以诡辩作为武器，那很好，省得我们麻烦——立即抓住诡辩的小辫子，以诡辩进行毫不留情的反“诡辩”。

对方抛出荒谬的观点，那就还给他一个同类的观点，对方便会欲辩无辞。

古时候有一个吝啬的财主，算计完下人就喜欢喝酒。这一天，他拿出一个空酒瓶，叫一个聪明的长工去买酒，却没有给长工银子。

长工莫名其妙，问道：“老爷，没有银子，怎么能够买到酒呢？”

财主生气了，大声诡辩说：“你不是很聪明吗？花银子买酒，哪一个不会？不花银子买到酒，那才算本事呢！”

长工听了，没有反驳，跑到外面小睡了一会儿，然后揉揉眼睛，就举着空酒瓶回来了，恭恭敬敬地对财主说：“酒来了，请老爷品尝！”

财主一看是个空酒瓶，不禁高声喝道：“没有酒，喝什么喝！”

长工却笑着说：“酒瓶里有酒，谁不会喝？要是您从空酒瓶里喝出酒来，那您才是有本事呢！”

一个长工就这样将错就错地把为难自己的大财主给制伏了。

对方的立论本来就有显而易见的谬误，再层层引申出其更多的荒谬，对方便会败得惨不忍睹。

2. 就错解错，以正驳反

对方诡辩的语言如果含糊不清，那我们就可以将错就错，通过判断、分析、解释，淋漓尽致地批驳他的荒谬观点和不实之词，恰到好处地阐明自己的立场和观点。

一天，重利的老张和重义的老刘论辩了起来。老张为了给老刘脸上抹黑，构设了一个以模糊语言为核心的诡辩以嘲讽老刘，问：“在金钱和道德之间，你选哪一个?”

老刘不假思索地答：“当然选道德。难道你选金钱?”

老张诡辩说：“我是选择金钱，因为我缺少金钱。你选择道德，那是因为你缺少道德。”

老刘知道老张诡辩的关键词语是“缺少”，而“缺少”这个词的含义在特定语境中是很模糊的，即包含了“缺得很多、缺得不多、缺一点点”等方面的意思，他立即反驳说：“你的话只讲对了一半，十分的道德，我已有九分，还缺少一分，所以我要选道德；万贯的家财，你已有九千贯，但你还缺少一千贯，所以你要选金钱。因此，准确地说，我选道德是因为我崇尚道德，你选金钱是因为你贪图金钱。”

老张终于哑口无言。

对方如果进行诡辩，那我们就可以将错就错，恣意发挥，反衬荒谬的立论，先指明矛盾所在，然后再点出问题的实质。

3. 恣意发挥说开去

恣意发挥，是论辩的自由之境，是不易达到的层次。和许多精彩的方法一样，它可以让我们战胜对手，同时享受论辩的过程。

乾隆年间的大学士纪晓岚满腹诗书，才华横溢，善于在论辩中恣意发挥。

一天，乾隆皇帝问纪晓岚“忠孝”二字作何解释，纪晓岚答道：“君要臣死，臣不得不死，为‘忠’；父要子亡，子不得不亡，为‘孝’。”乾隆皇帝叫纪晓岚马上去死。纪晓岚领旨，乾隆皇帝又问纪晓岚打算怎么死。纪晓岚说跳河。乾隆皇帝当然知道纪晓岚不会去死，于是就静观其变。不一会儿，纪晓岚回到乾隆跟前。乾隆笑着问他为什么没有死，纪晓岚答道：“我走到河边，正要往下跳时，屈原从水里向我走来，他说：‘晓岚，你此举大错矣！想当年楚王昏庸，我才不得不死，你在跳河之前应该先回去问问皇帝是不是昏君，如果不是昏君，你就不该投河而死；如果说皇上跟当年楚王一样的昏庸，你再死也不迟啊！'”乾隆听后放声大笑，连连称赞纪晓岚不愧是雄辩之才，当然也不叫纪晓岚去死了。

4. 就着错误打圆场

被误会，或者被污蔑，申辩争吵往往无济于事。将错就错，巧释对方的词义，往往可以很快平息风波。

某学校举办作文竞赛，获一等奖的小丽在颁奖大会上宣读作文。就在她满怀激情地朗读作文的时候，忽然有人高喊了一声：“抄的！”

在同学们的交头接耳中，小丽同学却大声宣布：“是抄的！”

全场哗然！作文朗读也停了下来。老师一惊，低声却又不乏严肃地对小丽同学说道：“作文比赛是一项严肃的活动，不允许任何弄虚作假的行为。假如你的文章是抄的，核实后将取消评奖资格。”

声音虽小，但全场又是一阵骚动。这时，小丽同学却坦然地说：“请允许我把话说完。我说的抄，是经过自己深思熟虑打好腹稿之后，再抄到草稿纸上加以润色，最后定稿抄到规定的稿纸上。我抄的正是我自己独特的思想，难道这种‘抄’不对吗？”

一阵静默之后，全场响起了热烈的掌声。

◎ 针对谬论，正确地说

想指出对方的错误，不妨先假定对方错误的论题是正确的，然后顺着这个论题引申，推导出更为荒谬的结论，让人一看就明白，毋庸置疑。例如，“如果有胡子就算学识渊博，那样山羊也可以上讲台了”，显然，山羊不能上讲台。可见以胡子来判断学识水平是荒谬的。

楚庄王特别喜欢养马，有匹马因过肥而死了，楚庄王要以大夫的葬礼规格为该马办丧事。大臣们纷纷劝阻，楚王不依，并声称：“谁敢再劝，杀他的头！”于是谁也不敢开口了。优孟得知此事后，闯入王宫，仰天大哭。楚庄王惊诧不已：“优孟，你为何哭得这样悲伤？”优孟说：“大王心爱的马死了，用大夫的葬礼太不够排场了，应该用国君的葬礼。用玉石做棺，以佳木为椁，让各国使节都来送葬，给它造一个富丽堂皇的祠堂。用金牛金羊祭祀，封它最高的封号。”优孟见楚庄王疑惑不解，便接着说：“这样，人们就都知道了，大王把马看得比任何人都高贵万倍。”楚庄王听出话里有话，问道：“难道我的过错有这么严重，我该怎么办好呢？”优孟笑道：“依我说，用铜锅做棺椁，使炉灶做棺套，用葱姜上供，给它穿上火做的袍子，埋进人肚里，这是最好的葬礼。”

聪明的优孟，正是巧用了“归谬法”。他开始虚张声势，为死马大哭，撩人眼目，绕着弯子进入正题，然后一步一步引申到了荒唐不过的境地，终于让楚庄王醒悟，应允了把死马烹食。试想，如果优孟一开始直接批评庄王的错误，恐怕早就人头落地，还谈得上烹马而食吗？

谬论犹如过街老鼠，人人喊打。不过，在归谬中，辩者不是“打老鼠”，而是“喂老鼠”，让老鼠贪婪地吃，直至胀暴其身。归谬常常机智地使对方自相矛盾，束手就擒，让对方陷入自己挖的“坑”中，埋葬自己。

谬论犹如肥皂泡，美丽的外衣掩盖着其空虚的本质。归谬不是用手拍破肥皂泡而是用嘴吹破肥皂泡，愈吹愈大，直到啪的一声破灭，暴露其内在本质的空虚，获得喜剧效果。在这啪的破灭声中，人们顿悟式的惊喜交集，看到了谬论美的外衣掩盖下本质的空虚、可笑，从而获得一种对于谬论轻蔑、嘲笑的审美愉悦。

一位旅客面对火车误点，生气地对列车员说：“既然不能正点，你们何必费事印时刻表呢？”这位旅客的观点是：不必印时刻表了。列车员就以此归谬：

"要是我们当真不印时刻表的话，你就无法说出火车究竟误点没有，误了多久了，对吗?"

这位列车员设假为真，顺"吹"下去，风趣幽默，轻松愉悦，使那位旅客由愤怒突然放松，情不自禁地爆出笑声。我们为列车员的机智赞叹、欢欣。

认识归谬的论辩魅力之所在，可进一步加大反驳力度，增强反驳的艺术性，在哈哈声中捍卫真理。

◎ 投其所好，静待反击

在辩论场上，你不妨换个思路，换一种方式，试着采用投其所好的战术与对方周旋，以便抓住对方的弱点，也许就能取得最后的胜利。

说起辩论，也许我们立刻会想到唇枪舌剑、针锋相对等形容辩论激烈的词语。可是有时候这种简单而激烈的抗衡会让双方都陷入尴尬的境地而难以得到解脱，辩论也不会有什么实质性的结果。倘若我们能在激烈的辩论场上沉着应战，另辟蹊径，以不变应万变，在慢慢周旋的过程中，发现对方的破绽，抓住对方的弱点，一鼓作气，就会突破僵局。

律师怀特竭力为有杀妻嫌疑的布莱尔辩护，而对方的律师麦纳斯提出了对布莱尔十分不利的证据：布莱尔曾向麦纳斯提出过，要麦纳斯帮助他与妻子离婚。麦纳斯认为，布莱尔在无法达到离婚目的时，很可能会采取极端措施。

怀特沉思片刻之后，便开始与对方周旋："关于离婚的案子，我倒是个外行，但是我知道我们周围每天都有很多人离婚，麦纳斯作为办理离婚案子的精英，是不是每天都很忙啊?"

麦纳斯很自信地回答道："要我处理的案子要多少有多少。一年至少要办理 200 件以上，当然很忙。”

麦纳斯开始犹豫起来，实际离婚的人数并没有那么多，说得太多，人们难以相信——麦纳斯有点底气不足：“可是……其中有些人……喂……因为这样那样的原因改变了主意。”

“啊！您是说有重新和好的可能，那大概有 10%的人不想把离婚付诸行动?”怀特觉得机会来了。

麦纳斯回答说：“百分比还要高一些。”

“高多少，有 20%?”

“接近 40%。”

“麦纳斯先生，这也就是说，去找您的人中有近一半最后决定不离婚?”怀特追问道。

“是的!”麦纳斯觉得自己上当了，但是已经晚了，也只好如实回答。

“喂，我想这不会是因为他们对您的能力缺乏信任吧?”怀特步步紧逼。

“当然不是!”着急的麦纳斯急忙自我辩解，“他们常常一时冲动，就跑来找我。可是一旦真的要离婚，便改变了主意……”这时候，麦纳斯完全中了怀特的圈套，上当了。

“谢谢，”怀特的投其所好战略取得了圆满成功，“你真帮了我的大忙。”

结果可想而知，这场官司，布莱尔被判无罪。

在这个案件中，怀特使用了投其所好战略：先坦率地承认自己对离婚案是外行，恭维对方很忙——对方因此得意忘形，胡吹自己处理离婚案件的数目——怀特又进一步恭维对方是离婚案专家——对方感到吹过了头，感觉到自己已经上当，并改变了主意——怀特这方出现了成功的曙光。怀特抓住对方的一个破绽，然后步步为营，步步诱导，使对方说出了自己否定自己的话。

总而言之，当我们处于某种境地而不知所措时，不妨试着采用投其所好的战术，也许这样便可以看到“柳暗花明又一村”的情景。

◎ 以实就虚，击中要害

在游说他人时，有时候得用点以实就虚的招数。当与对方进行交谈时，不要急于证明自己的观点是正确的，而是要每一次都从对方最弱的地方入手，狠狠地驳斥对方的弱点，从而证明自己的观点是正确的。

三国时，诸葛亮亲自到吴国去游说，目的就是说服吴国一起来对抗曹操。吴国当时的首领是孙权。孙权的部下除了周公瑾和鲁肃外，都反对联蜀抗曹，主张和曹操讲和。在这种背景下，诸葛亮凭借自己的三寸不烂之舌，最终说服了吴国出兵助蜀汉、拒曹魏——这就是三国史上著名的历史事件——诸葛亮舌战群儒。

诸葛亮刚一来到吴国，吴国的谋士张昭就迫不及待地站出来挑衅道："张昭本是江东没有才能的人。不过早就听说，先生高卧隆中，自比管仲、乐毅，是不是有这样的话呢?"

诸葛亮不骄不躁地回答道："当然有，这还是我生平相当小的比喻呢!"

张昭接着说："近来，听说刘备三顾先生于草庐之中，幸得先生，以为如鱼得水，现在急于获取荆州。但是，荆州被曹魏得去，先生有何高见?"

这个时候，诸葛亮想：如果能够先说服张昭，事情就会有转机，因为张昭是吴国一位有名的谋士。于是，他便不紧不慢地说："在我看来，取汉中的土地，易如反掌。我主刘备躬行仁义，不忍夺取同宗的土地，所以一直推辞不取。但是刘琮不懂事，听信奸臣，中了奸臣的计，暗自投降了曹操。这样，曹魏才更加猖狂了起来。此刻，我主刘备，在江夏屯兵，是别有所图，非一般等闲之辈所能理解。”

张昭觉得自己的机会终于来了，大笑道：“如果是这样，先生之言岂不是自相矛盾吗？先生自比管仲、乐毅。管仲扶持齐桓公，称霸诸侯，号令天下；乐毅扶持微弱的燕国，也能攻下强大的齐国七十余城。管仲、乐毅不愧为济世之才！先生在茅庐中，但知向风月示傲慢，令万人敬仰。现在，先生既然事从刘备，就应该替生灵除害，剿灭乱贼反臣才对。但事实上是怎样的呢？刘备在没有先生相助之前，尚能纵横天下，割据城池，但是现在得了先生之后，反倒曹兵一出，便弃甲抛戈，望风披靡，失地无数，到现在连安身的地方也没有了——这怎么能和管仲、乐毅相比呢？恕我直言，先生不要见怪。”

诸葛亮笑着回答说：“鹏程万里，燕雀焉知鸿鹄之志？例如人要是得了病，应该先让他进点流食，再服以和药，这样才能先让他的脏腑得到调和，形休渐安；然后才可以让他治以猛药，服以肉食，从而一举铲除病根，人命方可救治。否则的话，只想着用猛药来挽救生命，那只是妄想，弄不好会弄巧成拙。我主曾经兵败汝南，寄居在刘表门下，兵不满千，将也只有关、张、赵几个，这正和人害了重病一样。再加上新野那山僻小县，人口稀少，粮食缺乏，我主刘备在那里也不过是权以容身。况且即使是在那种兵甲不完、城廓不固的环境中，那一次博望的火攻，白河的水淹，不都使得曹军心胆俱裂吗？管仲、乐毅的用兵，也不过如此罢了。再说刘琮投降，我主刘备事先完全不知。这之前他不忍夺取同宗的地方，正是他大仁大义的表现。寡不敌众，胜负乃兵家常事。从前汉高祖屡次被项羽打败，但垓下一战，总至成功；国家大计，社稷安危，是有一定的计谋的，不是仅靠夸口逞舌可以收效的。”

诸葛亮的这一席话，着实抓住了张昭的弱点，使得对方的错误暴露得更加明显。张昭一下子难以还口。

这时候，另外一个谋士虞耀又站了出来解围说：“现在，曹公屯兵百万，大将千员，吞并江夏，即在目前，先生将如何迎战？”

诸葛亮坦然回答道："曹操虽然拥兵百万，但那些兵士都只不过是袁绍、刘表的乌合之众，根本不值得害怕。"

虞耀不失时机地冷嘲热讽："兵败地失，现在正想向人求援，这是不害怕的表现吗?"

"我主刘备以数千仁义之师，又怎能敌百万残暴之众，但现在据守夏口，正在等待机会。相反，如今江东兵精粮足，且地势有长江的险要，但有人不顾天下的耻笑，正想着让他的主子屈膝降贼——这样看来，我主刘备应该算得上是不害怕曹贼吧。"

诸葛亮这一句话，一语中的，抓住对方的弱点所在加以批驳。虞耀根本无从反击。

这时候，步骘又站出来想为虞耀解围："孔明先生莫非也想学张仪、苏秦的口舌，来游说东吴吗?"

诸葛亮立刻反问道："哈哈哈哈，先生只知道张仪、苏秦是辩士，但你是否知道他们也是豪杰呢？苏秦佩六个相印，张仪两次相秦都是竭力帮助别人的，这和那些畏强凌弱的人比较起来，是绝对不一样的啊！你们现在听了曹操的大话，便畏怯请降，还看不起张仪、苏秦，岂不可笑吗?"

这就是诸葛亮舌战群儒的故事。诸葛亮为什么能够驳得对方只有招架之功，而没有还手之力呢？其实，这完全是因为他采用以实就虚的方法，在无形中击中对方的要害，让对方败下阵来，这确实是一种高明的本事。

◎ 以子之矛，攻子之盾

在我们的现实生活中，常常会与人有意无意地进行辩论。辩论的过程实际上是证明和反驳的过程。反驳就是引用已知为真的判断为根据，来确定另一判断的虚假性的论辩过程。从某种意义上来说，它是证明的一种独特的辩论形式。

在辩论中，我们常常用到归谬法。归谬法是反驳对方论题的一种非常有力的方法。列宁的演讲之所以有如此“非凡的说服力”，这是同他熟练地运用归谬法分不开的。马克思、恩格斯、毛泽东等伟大的革命家在自己的论战性的著作中都是极其出色地运用了归谬法的。归谬法的最大特色是：以子之矛，攻子之盾。它的论证过程是：以退为进，导入荒谬；反戈一击，驳倒对方。也就是说，为了驳倒对方的论题，先假定承认对方的论题是正确的，然后，在这个假定正确的论题的基础上进行推理，并导出明显的荒谬结论，最后，由否定这个荒谬的结论到否定对方的论题，从而完成反驳。由于归谬法是一种演绎推理，所以，它具有不容置疑的逻辑力量。

阿凡提打算惩戒贪婪而愚蠢的国王，于是在沙滩上假装种金子。国王打猎经过这儿，好奇地问：“阿凡提，你在这儿干什么呢？”

阿凡提恭敬地回答：“陛下，我正忙着种金子呢！”

国王听了惊诧不已，瞪大眼睛：“快告诉我，聪明的阿凡提，这金子种了又怎样呢？”

“尊敬的陛下，是这样的，现在把金子种下去，到了星期五，就可以来收割，把金子收回去了。”

国王满脸堆笑："亲爱的阿凡提，你的种子只有这么多，能发多大财呢？要种就多种点。种子不够，尽管到我宫里来拿好了！要多少我就可以给你多少。不过，那得算咱们合伙种的，长出金子来，咱们二八分成，我得八成就行了。"

阿凡提装作勉强应允的样子。第二天，阿凡提到宫里拿了两斤金子，刚过一个礼拜，阿凡提就给国王送去"收割"的十多斤金子。

看到两斤金子换回了这么多金子，国王乐得合不拢嘴。立刻叫人把库藏的好几箱金子交给阿凡提种植。阿凡提把金子分给了穷人。

又过了一个礼拜，阿凡提垂头丧气去见国王。国王一见阿凡提，笑眯眯地问："阿凡提，你身体好吗？金子呢？都拉来了吗？在宫门外吗？"

阿凡提突然号啕大哭起来，说："陛下，这次我们倒霉了！一连好几天滴雨不下，太阳烤得大地冒烟，咱们的金子都干死啦！别说收成，连种子也赔进去了。"

国王听罢，勃然大怒："阿凡提，你骗鬼去吧！金子哪会干死？"阿凡提说："陛下，您不相信金子会干死，怎么又相信金子种了能生长呢？"

一席话说得国王无言以对，只好自认倒霉。

在这个故事中，我们可以看到阿凡提正是凭借着自己的智慧，让对方一步一步地落入自己早就布好的局中，然后彻底击败对方。

我们经常遇到一些蛮不讲理之人对我们进行人身攻击，对于这些人，一定要据理力争。

楚王存心要将晏子侮辱一翻，于是他令人在城门旁边挖了一个小洞，让管礼宾的小官带晏子从此洞进城。晏子不进，他对着周围等着看笑话的人群，装作十分惊讶的样子说："啊呀！今天我恐怕来到狐国了吧？怎么要从狗门进去呢？"楚人讨了一脸没趣，只好引他从大门进了城。

罗蒙诺索夫出身于一个贫穷的家庭，童年时过着非常艰苦的日子。成名以后，罗蒙诺索夫依旧保持着简朴的生活习惯，毫不讲究衣着，埋头研究学问。

有一个不学无术的家伙，看到他衣袖的肘部有个破洞，就指着窟窿挖苦般地嘲笑他："从那儿可以看到你的博学吗，先生?"

罗蒙诺索夫毫不迟疑地回答："不，一点儿也不。先生从这里可以看到愚蠢。"

晏子和罗蒙诺索夫所使用的斗争策略，叫做"以其人之道还治其人之身"。既然让我从狗洞进城，那进的自然就是狗国了；既然把我当作最无能的来使，那么你也就是最无能的君主了；既然你要借题发挥，讽刺挖苦，我当然要针锋相对，以牙还牙。

罗斯福曾经在海军中担任过要职。有一天，一位朋友向他问起海军在加勒比海一个小岛建立潜艇基地的计划。罗斯福向四周看了看，压低声音问："你能保密吗?"他的朋友毫不犹豫地答道："当然能。"罗斯福紧接着说："你能，我也能!"

这种巧妙的拒绝方法，不仅让对方无话可说，而且还让其心服口服。这就是"以子之矛，攻子之盾"的拒绝方式，把自己要说的话，借对方的口说出来，以达到拒绝的目的。

◎ 以退为进，步步为营

古罗马雄辩家西塞罗说过，为了开玩笑，可以把对手否定的结论拿来加以肯定，回敬对方。这句话和"将欲取之，必先与之"的意思是相通的。这也就是我们经常用的一招：接过对方的话头，顺势反攻过去。只要过渡隐蔽，转换自然，就会构成攻击性的幽默。

在生活中，总有一些不怀好意或别有用心的人提出侮辱性的问题，那么我们到底应该如何反击呢？

⑴ 跳出圈套。因为不怀好意者往往采用了复杂问语、二难问句和诱人自相矛盾的手法发难对方，如果仍然在这一圈套内回答问题，就会陷入处处挨打的被动局面。只有跳出圈套，才能摆脱困难。

⑵ 答话要幽默风趣，软中带硬。切忌摆事实讲道理。这是反逻辑的巧辩理论的运用。对付反逻辑在先的、不怀好意的发问只能采取趣答的方式予以还击，否则，又会重坠圈套。

有一个密苏里人挖苦阿肯色人："有个阿肯色小伙子 20 岁才头一次穿鞋子。为了看看自己的脚印有多好看，他倒退着走路。看着自己的脚印，他高兴极了，结果一直退到密苏里地界，人们才把他叫住。"

阿肯色人自然不甘示弱："对，那是真的。我跟他很熟。自那以后，他就再没有回阿肯色。密苏里人发现他能从 1 数到 20，便请他去学校当老师了！"

我国古代兵书《百战奇略》中有专门论述"进战"和"退战"的章节。舌战与兵战一样，应视敌情条件的变化，采取进攻或防守的策略。在辩论中，当不便于或不利于进行正面争论时，就可以作出某些让步来缓和僵持局面；实际上则是调整策略，改变进攻方向，抓住有利战机，给对方以迎头痛击。这里的"退"只是一种诱导性的战略步骤，其目的是为了更好的进攻。进与退是相互联系、相互制约且又相互转化的。古今中外许多雄辩家都擅长运用"以退为进，化害为利"的技巧，往往能取得意想不到的战果。

有一次，马克·吐温对新闻界发表谈话时说："美国国会中有些议员是婊子养的。"这下子可惹火了华盛顿的议员们。他们愤怒地责令马克·吐温赔礼道歉，否则就将他告上法庭。马克·吐温迫不得已在报纸上发表声明："日前鄙人曾说有些国会议员是婊子养的，事后有人向我兴师问罪，我经过反复考虑，把我说过的话修改一下：美国国会中有些议员不是婊子养的。"

马克·吐温不愧是伟大的讽刺作家，他的这个声明非常巧妙地运用了以退为进的技巧。马克·吐温将“是”改成“不是”，表面上看是作了让步，改变了说法。但实际上，只是改变了攻击的方向而已。试想“有些议员不是婊子养的”，不就是意味着另一些是婊子养的吗？这只是明退暗进罢了。

运用以退为进的技巧，关键在于对辩论的形势要洞若观火，真正做到心中有数，既能看到有利的一面，又能看到不利的一面，然后再预见一下辩论的发展趋势，从而果断地决定是进还是退，掌握好进与退的分寸，由退转进，才能够控制局面，进退自如，化害为利，从而取得最后的胜利。

第七章
提问：变换方式，推进谈话

很多不容易应对的事情，你不知道怎么开口，这时候，你不妨问几个问题来解决这一难题。会问话的人，总能调动起别人的热情。我们在交谈时总会有遇到冷场的时候，会问话的人，就不会把气氛弄得很尴尬。调剂气氛，其实并不需要我们知道得太多，你只要挑开话题，对方感兴趣的话，就会打开话匣子。

◎ 开头的问话，决定谈话效果

我们常说万事开头难，讲话也是同样的道理，开头的几句话往往就是点睛之笔，常常决定着你接下来谈话的成败。在你最初的几句话说出口时，对方若是不感兴趣，那么你就很难让他对你接下来的话感兴趣，注意力一旦被分散，之后你的谈话再精彩，也会变得黯然失色。

善于交谈的人，能够巧妙地从对方的口中引出有趣的话题，看似毫无意义的交谈，却为接下来的谈话营造出良好的气氛，在融洽的交谈中，可以消除你紧张的情绪，也可以让对方紧张的心理消除，这样就能很快地使对方进入良好的交谈状态。

在社交中，具有良好交际能力的人才能引人注目。与相对陌生的人交谈，我们有的时候可能不知道该如何搭讪，其实这很简单，只要你善于提问，引起对方的兴趣，交流就会很好地进行下去。我们常用的方式有以下几种：

1. 寻找共同爱好

常常出差的朋友可能知道，在漫长的旅途中，可能会觉得有些无聊，你想和别人交谈，这时候怎么打开话匣子呢？

小李去外地出差，就他一个人，觉得有些无聊，身边的乘客正在看报纸，小李瞟了一眼，这位乘客正在看的这一页报纸有他最喜欢的NBA的赛事，小李有礼貌地说："您好，您的报纸看完了以后，可以借我看一下吗？"乘客很乐意地把手中的报纸分给小李，小李继续说："您也喜欢NBA吗？"乘客一听立刻有了精神，说："是啊，我最喜欢的就是篮球了。""我也是啊，您喜欢哪个球队？"两个人立刻投入到激烈的讨论中去，无聊的时间就这么打发了，临下车还互相留了电话，说有机会约着一起打篮球。

2. 以攀认式拉近彼此的距离

一般来说，对任何一个素不相识的人，只要善于观察，你就可以找到或近或远的关系，在你抓住这一层关系的时候，无形中就可以拉近和对方的距离，让对方产生一种亲切感。

陈元是一个销售人员，可是一般的人对销售人员都会有些反感，这时有个大爷在散步，陈元走上前，对大爷笑着说："大爷，出来散步啊。"大爷说："是啊。"陈元一听大爷操着一口浓重的甘肃口音，于是笑着对大爷说："大爷，您是西北人吧？"大爷有些吃惊："你怎么知道？""大爷，我也是西北的，一听您的口音就感觉特别亲切。您是甘肃的吧？"大爷笑着说："是啊，我是兰州的，你呢？""那太巧了，我也是兰州的。"于是陈元用家乡话和大爷对起话来。大爷很高兴，最后决定了，下次买东西就找陈元，大爷还主动向陈元要了张名片。

3. 敬慕式的谈话能给人满足的感觉

谁都喜欢别人称赞自己，人都有虚荣心，你可以夸赞他的过人之处。对陌生人表示敬重、仰慕是一种热情有礼的表现，但是用这种方式的时候，你一定要注意掌握好分寸，要恰到好处，不能说话不着边际，而说话的内容也要因人而异。

对于领导，一定不能用太过的话，比如："如雷贯耳，久闻大名。"这些话让人听起来会感觉你不实在，有些溜须拍马。不仅不会给你加分，反倒会对你的印象大打折扣。所以，夸赞的话也要说得有艺术，才能拉进和对方的距离。表示敬慕的时候要恰到好处，让听者觉得自然舒服，对准对方的喜好，一语中的，你的交谈也就越能打动人心，受到别人的欢迎、信赖。

一个陌生人出现在你面前并不可怕，可怕的是你不知道该如何与他交谈。其实，你只要主动热情地与他交谈，并在交谈中找到双方的交会点，从而赢得对方的好感，这样就能拉近你们之间的距离。

◎ "抛球式"提问，让谈话持续不断

在我们与人交往的时候，除了要找到对方的兴趣之外，还有一些很重要的事项需要我们注意，就是要引导对方加入我们的交谈。

交谈就像是在打乒乓球，有来有回，不要给对方打扣球，让对方死于你的球下。要使用和谐的打球方法，才能将你们之间的谈话很融洽地进行下去。交谈，不仅在于一个"谈"字，还在于一个"交"字，一个人说话不叫交谈，只有你来我往的才叫作交谈。永远不要做单向的传递，就算是老师教学，也不仅

仅只限于老师一个人讲，还要注重和学生们进行交流。你说出一个话题，如果对方没有接起你的话，就会出现一阵难堪的沉默。直到有人再一次把话题捡起来，然后继续进行交谈，继续传递信息，一切才能恢复正常。这里面有一个非常易于掌握的技巧问题：问一些需要回答的话，这样谈话就能持续不断。

掌握问话的技巧，恰到好处地向对方提出问题，才能逐步查明对方的本意，从而达到交流的真正目的。开始的时候，应该让对方回答一些比较容易的问题，然后再渐渐地深入，层层递进，不能再让对方作出“是”或者“不是”这类简单的回答。渐渐深入地问起，你喜欢什么、为什么喜欢等，由开始回答的一个字、两个字逐渐变成5个字、10个字、一段话，甚至很多段话。这样你们原本简单的对话也就变得有意思起来。你问的问题还要很高明，要知道有些问题是不好回答的，对方可能不愿意回答，甚至还会回避这些问题，这样你们的谈话也就进行不下去了，所以在和人进行交谈的时候，你提出问题的时候，一定要事先想好你要问什么问题，问问题之前一定要考虑清楚这件事问出来好不好、合不合适。

在会议上我们经常听到主持者这样发问：“不知各位对此有何高见？”虽然从表面上看，这种问话很好听，但效果不好。因为，谁敢肯定自己的见解就高人一招呢？就算是高见，谁又好意思先开口呢？其实，不妨问：“各位有什么想法呢？”

提问不唐突，也是不可忽视的。假如在大庭广众之下问对方：“你有什么理由可说？”“你迟到一小时，上哪儿混去了？”如此唐突的问法，令人难以下台，对方一定会不高兴的。

李明是一个报社的记者，一次报社派他去采访一位作家，到了作家那里，李明看见作家的家里摆放了很多具有民族特色的艺术品，于是他就大概知道，作家喜欢具有中国的民族特色的物品，于是就问：“老师，我一进门就注意到了那个摆在电视机旁边的工艺品，那个好像是少数民族的吧，可是，具体是哪个民族的呢?”果然作家很激动地说：“这是云南傣族的工艺品，这个象征着吉祥如意。”“哦，我还看见有不同风格的工艺品，您一定去过很多地方吧。”作家说：“是啊，我最喜欢旅游，喜欢收集这些民族的工艺品，对这类的东西收藏了不少，我拿给你看看。”

作家对李明侃侃而谈，一边热情地把自己的收藏品拿出来让李明看，一边讲述着自己旅行时发生的一些奇闻异事。李明才知道，原来这些艺术品的背后，还藏着这么多故事，谈话的气氛变得非常融洽，正是因为有这种气氛，之后的采访工作变得很顺利。

有个年轻人想向一位老中医请教针灸的技巧，为了博得老中医的欢心，他在登门拜访之前专程向别人打探了老中医的兴趣喜好。最后他了解到，老中医平时喜欢书法，于是他就看了很多书法方面的书。

两个人刚见面，老中医开始的时候对他的态度很冷淡。当年轻人发现老中医案几上放着书写好的书法，便拿起来边欣赏边说：“老先生，您这副墨宝写得真是雄劲挺拔，难得的好书法啊!”年轻人对老中医的书法称赞了一番，使老中医产生愉悦感和自豪感。接着，年轻人又说：“老先生，您这写的是唐代颜真卿所创的颜体吧?”老中医一听，立刻来了兴趣，现代的年轻人，喜欢书法的很少了，更何况是看了一眼就知道是谁的字体。这样，就进一步激发了老中医的谈话兴趣。果然，老中医对年轻人说话的态度转变了，话也多了起来。接着，年轻人对所谈话题更深入了一步，让老中医精神大振，有一种相见恨晚的感觉。终于，老中医很乐意地收下了这个“懂书法”的弟子。

在交流中，想要问得巧、问得好，保持谈话持续不断，就要选择恰当的提问形式。

1. 选择型提问

这种提问方式多用于朋友之间，同时也表明提问者并不在乎对方的抉择。如，你的朋友来你家做客，你留他吃饭，但不知他的口味，于是问他：“今天咱们吃什么，牛排还是火腿?”

2. 婉转型提问

这种提问的意图是为了避免对方拒绝而出现尴尬的局面。例如，一位先生爱上了一个女孩子，但他并不知道女孩子是否爱他，此话又不能直说，于是他试探地问：“我可以陪你走走吗?”如女方不愿交往，她的拒绝也不会使对方难堪。

3. 协商型提问

如果你想要别人按照你的意图去做事，应该用商量的口吻向对方提出。如你要秘书起草一份文件，把意图讲清之后，应该问一问：“你看这样是否妥当?”提高了人们的参与意识之后，可以很好地调动他们工作的积极性。

◎ 一个好的话题会引出另一个话题

在与大家的交流中，一个好的话题常常能作为媒介，引出另一个话题。一个好的话题是最开始交谈的媒介、深入谈话的基础、敞开心扉纵情交谈的开端。但是在具体选择话题的时候，要顾及到对方，看清谈话的对象喜欢什么样的话题。一个话题，只有让对方感兴趣，谈话才能有继续维持下去的可能。

你喜欢军事，他喜欢摄影，你和他大谈军事，他却对军事一窍不通，就等于是对牛弹琴，你津津有味地说了半天，结果发现对方根本听不懂、听不进去，你的谈兴肯定会受到影响，同样对方的心情也不会好。你们的谈话没有交集点，这样的谈话也就没有必要继续下去了。你说你的，他说他的，最终你们之间的谈话只会变得很糟糕。你就照你的兴趣大谈特谈，对方只会觉得索然无味，和你找不到共同话题，两个人的对话，也就变成你一个人唱独角戏了，这样下去一定会冷场。

长辈给美仪介绍了一个对象，按照约定，两个人要见面谈。

按照介绍人的安排，美仪手里拿着一本杂志走进公园与另一个手拿杂志的男孩冯雷相见。两人像参加面试似的各自报了家门后，便默默无语地沿着公园的湖畔徜徉。

美仪感到两人既然是来相亲，总应该说说话，增进对彼此的了解吧，都不说话算什么呢？她眉头一皱，计上心来。

“你手里拿的是一本什么杂志，可以看看吗？”

“刚买的《中国化妆品》。这本杂志挺不错的，有品位。”冯雷一边简略地介绍，一边把杂志递给美仪。

美仪说：“哇，看不出，你对美容时尚还挺有研究的。”

冯雷说：“你可别这么夸我。我只是爱好而已。你想啊，过去美容化妆仅仅是女人的时尚，现在人们生活水平提高了，追求早已发生了变化，男人为什么不能活得光鲜灿烂一点呢。”

他们围绕着时尚，从化妆谈到时装，从扮“酷”谈到天昏地暗，等到两人分手时，早已酷似一对相恋已久的恋人了。

美仪的聪明之处就在于，她想到了一本书总会引出许多与书相关的话题。即使冯雷拿着书只是做做样子，对书或对某一个话题不感兴趣，那么围绕书所引发的许多社会生活方面的话题，他总有感兴趣的吧。因此他们的初次谈话是非常成功、默契的。

你在和他人交谈前，要组织好自己所要提的问题和步骤。为了引起下一个话题，你在提问时，可以这么做：

(1) 想到什么你就问什么。比如：“如果你能有更多的休闲时间，岂不是很好？”这个问题的设计就是为了引出对方肯定的回答，唤醒对方善待自己、自我保护的意识。

(2) 多问对方知道答案的问题。被问到自己回答不了的问题时，人们往往会感到恼怒。那么问对方熟知的问题呢？这样就容易多了。因为人们总是很乐意分享自己的知识，并且会对此展开讨论，由此对方便找到了自己的价值感。于是，你的下一步提问也便容易多了。

(3) 要尽可能地问诱导性问题。诱导性的问题很容易提出，你只要把一些陈述性的话改装成问句就可以了。比如，“这本书很吸引人，不是吗?”这个陈述句后面紧跟的这个小小的反问，就是你为提问设计的一个小技巧。

(4) 要让问题贴近实际和对方。当你的问题与当时的情况或者说服对象有关联的时候，你就会更容易得到肯定的回答。使用这种提问技巧的目的就是要将已知与未知联系起来。比如，你可以这样问：“我知道您通常会选绿色，但现在红色那款产品刚上市，您不妨试一试。我给您送一个过去，如何?”

(5) 在问题中要倾注感情。每个人都想获得健康、快乐，希望自己被认为是一个有贡献的人，所以你应尽量把你的问题设计得更具有人情味。比如，你为了推销一种新车型，你就可以这样问：“您知道，如果您开着这辆新车去兜风，人们会有多羡慕您吗?”

提问也需要技巧，一个说话高手，同时也必定是一个提问高手。

◎ 在新环境中问话的技巧

语言是一门值得推敲的艺术，尤其是在与人交往的时候，说话的好坏直接影响到事情的成败。与人说话，也有着各种不同的方式，这些方式并没有什么好坏、优劣之分，也无所谓什么得失。可是从听话人的角度来看，却有着合适与不合适的问题，合适的就装进脑子里，不合适的就拒绝。对方如果听从，就是你的成功，可是对方要是拒绝，就是你的失败。

在新的环境里，你说的话将很容易引起别人的注意，于是，在问话的时候也要掌握技巧。与别人交往的时候，总是离不开问。什么事该问、什么事情不该问、怎么问、问什么都是很重要的。对于不同的对象，你的问话方式、问话的内容都要因人而异。

该问的事情明知故问，不该问的事情绝对不问，这也是对人的一种尊重，别人也会觉得你是一个会说话的人，也就很乐意与你交往。比如说，你看到对方戴的手表很不错，你可以问他："你的手表看起来不错，一定很贵吧。"人都有虚荣心，你这么一问，他自然会觉得很高兴。"听说最近你出了本新书，一定很畅销吧。"这些可能都是你知道的，可是你明知故问，对方一定不会觉得厌烦，反倒会很高兴。对方还会觉得你很关心他，会对你产生好感。他还有可能接着你的话题继续讲下去，心情一定会有很大的改变。

明知故问，就是明明知道的也需要你去问对方，只要能使对方高兴，你可以先问他一些无关紧要的事情，然后当他的心情变好时你再问你真正想要问的问题。问对方得意的事情，问对方想让大家都知道的事情，他可以借着你的嘴巴将他最想告诉大家可是又不方便自己告诉大家的事情来说给大家听。这样，你一定能赢得他的好感，从而打开他的话匣子，拉近彼此的距离。

那么，什么事情是不该问的呢？

1. 别人的隐私

在与别人交往的时候，很多问题都需要注意是不应该去问的，为了避免发生不快，一定要避免问起别人的隐私。比如：你多大了，是哪一年的？尤其是上了年纪的女性，对于年龄绝对是一个敏感的问题，问起对方的年龄，对方会觉得你不懂礼貌。"你一个月赚多少钱？""你住哪儿？""你结婚了吗？"打听这些个人隐私的人，会让人觉得很反感，本来自己的事情越少的人知道就越好，有的人打听，可能只是随口问问，但是被问的人会觉得你是有意的，甚至是不怀好意的，容易产生误会，还有可能导致“战争”的爆发。

在你打算问对方问题的时候，最好先想想什么事情该问，什么事情不该问，看看这个问题是否涉及对方的敏感之处，如果涉及对方的隐私，那么你最好尽量避免问起这些问题。这样对方会很乐意接受你，你也会对他产生好印象，为你们以后的交往打下良好的基础。

2. 不要问同行的营业情况

大家常说同行是冤家，如果你所要见面的人是你的同行，不管你们关系如何，都不要牵扯到彼此公司的利益情况，一般人都会有这种心理，就是对同行带着点抵触情绪，防备的心理。在这个竞争激烈的时代，利益是最大的敌人，为了利益，即使好朋友也会变成对手。大家谁都不会愿意将自己的营业情况或者秘密告诉一个竞争对手。即使你问到这些情况，也只能是自讨没趣。和人交往，对方不知道的事情、不愿意说的事情、忌讳的事情最好都不要问，你要时刻记住，问的话题最好都是能引起对方兴趣的问题，不要让对方接不下去。

3. 有些问题不要追根究底

在我们和别人交谈的时候，很多话不适合过多地问下去，你问了第一句话，对方回答得不情不愿，那你就不要再追问下去，否则对方就会对你产生不好的印象。如果对方高兴，他就一定会说下去，可是对方如果不高兴，可能你问第一句时他就产生抵触情绪。你要是问一句：“你住在哪里？”对方回答说：“在上海。”或者说：“在西北。”这样的回答，对方很明显就不愿意听你再继续问下去，你就应该识趣一点，主动转换话题。有朋友问路过的一位小姐：“您是住在附近的小区吗？”其实朋友只是没话找话地搭讪，对方说了一句：“是啊。”朋友还是面带微笑地随口问道：“是哪个小区呢？”不料小姐很警觉地说了一句：“干什么，你要到我家去敲门啊？”一句话将朋友弄得很没面子。

所以这样自讨没趣的事情，我们还是不要做得好。不该问的事情，见到对方有不良的情绪，或者不满意的表情，你就立刻转换话题，不要在这个话题上做过多的停留了。

4．对方不知道的事情最好不要问

和明知故问一样，明明知道对方不知道的事情，你也就不要问他，就像你问起一个老师，“今年本市参加高考的学生有多少”，这个问题对方可能真的不太清楚，你这么一问，反倒会让对方有失面子，自己也会自讨没趣。

会问话的人也会受到他人的欢迎，话说得有度，问话的好坏不在于你问了什么，而在于你怎么问。与人交往是一种智慧，这种智慧就是给人表现的机会，让他们说出自己的得意之事，而你在交往的过程中，又不会使对方陷入尴尬。问话更需要口才，在不同的场合问话问得好，就等于你掌握了主动权。

◎ 与人共事，不要刨根问底

每个人都有自己的秘密，在和别人聊天的时候，如果对方不小心把自己的秘密说了出来，你最好不要刨根问底。如果你喜欢打听别人的隐私，即使你只是随便问问，没有什么目的，你的询问也会让对方对你心存戒心、心生忌讳。

初次共事谈话的成败，会对双方日后的合作产生影响，所以初次对话起着至关重要的作用。两个素不相识的人在初次见面的时候一定要慎重，该问的话可以问，不该问的话千万不要问，你的不慎重可能会触犯到别人的隐私，可能你觉得没什么，但是你不要忘记了，这件事情可能是对方的忌讳。

有一天，刚参加工作的苏珊被派到外地出差。在机场，她遇到一位到中国旅游的美国女孩。由于对方先向苏珊打了招呼，苏珊觉得如果不和对方寒暄几句就会显得不友善，于是，就用自己最得意的英语，流利地和对方交谈起来。

在交谈中，苏珊没话找话地询问对方："你今年多大岁数呢?"却没有想到对方答非所问地搪塞说："你猜猜看。"苏珊觉得没意思，然后又问："到了这个岁数，你一定结婚了吧?"对方沉默不语，苏珊仍在问对方："你家里有几口人啊?"这一次，那位美国女孩的反应更令苏珊出乎意料：对方将头扭向一边，再也不搭理她了。

从这个例子中我们可以看出，苏珊其实不太善于与人交流，年龄是女孩最忌讳的问题，她问出来之后对方委婉地拒绝了，她还没有看出来，然后问了更不合适的问题。两人话不投机，也就没有了共同话题。这次交流失败的主要原因，是因为苏珊不会问问题，不知道哪些事情是可以问的，哪些事情是她想问却不能够问的。初次见面就打听别人的隐私，对于谁都不会愿意回答的，这是最起码的礼貌问题，况且在国外，大家也是不会互相打听隐私的，对方拒绝回答也在情理之中了。

刚上大学的莉莉很喜欢打听别人的家庭背景，也喜欢和有钱人家的孩子一起玩，只要认识新朋友，她总会去问：你家住哪儿？你的衣服是什么什么牌子的吧？你家有多大啊？你爸爸妈妈都是做什么的？起初和她在一起的同学还没有感觉什么，可是后来发现，她只喜欢和看起来有钱、出手阔绰的同学玩。当这些同学不愿意再和她交往以后，莉莉又在背后说："其实她家也不是很有钱，我跟你说，她是什么样子的人。"久而久之，自然没有人愿意和她交往了。可是莉莉自己却觉得没有做错了什么。

喜欢打听别人隐私的人，是所有人都讨厌的。可是有的人偏偏就有这个爱好，喜欢关注别人的隐私，尤其是一些名人的隐私，对一些小报上的八卦信息十分关注，一旦小报上登了什么消息，他们总是很激动。正是因为有这些人，才多出了很多流言蜚语。可是在我们的人际交往中，为了避免引起对方的不快，我们最好避免询问对方的隐私，更不要染上“八卦”这个不好的习惯，成为流言蜚语的制造者。

张倩的性格活泼，和人交谈起来也很亲切，凡是她在的地方，欢声笑语总是不断。她长得很漂亮，穿着打扮也很得体。可是她有一个毛病总是让人受不了，就是喜欢打听别人的私事，不管是谁，不管在什么地方，她见到别人总是很起劲地询问别人的家庭情况、收入多少、是不是单身等，还喜欢在别人不在的时候随便翻别人的东西。更让人受不了的是，她还喜欢把自己问来的事情在和其他人交谈的时候随意地讲出去，也从来没有想过这样做是不是会侵犯到别人的利益。

她的这个毛病很是令人头痛，并且还会使别人对她产生恐惧、排斥心理，以为她是别有用心。其实，她毫无恶意，一方面是因为好奇，另一方面是因为喜欢说话。好奇，就对别人的私事产生无穷的兴趣；喜欢说话，就不免会把自己的见闻讲出来。可是她不知道，在她这种“天真烂漫”的行为中，给别人带来了很多的不安与不快。

公司又新来了一个同事，年纪和张倩相仿，于是张倩很高兴地上前与她打招呼，对方很开心，没想到一来公司就有同事关心，看到张倩如此热情，她对张倩也产生了不错的印象。只是在交谈过程中，张倩问到对方：“你家是做什么的？你多大了？你住在哪里啊？”张倩的问话让对方不知所措，立刻就对她产生了防备心理，觉得她像是在调查户口。

如果一个人总是关注别人的隐私或不幸，那么这个人也往往是别人不喜欢的，所以除非是涉及工作上的问题，否则你最好不要去挖别人的隐私。即使是和你朝夕相处的同事，也要学会尊重别人的隐私。有时候你可能是出于好心，可是你的过度关心反而会给你带来不必要的麻烦。

社会很复杂，大家为了保护自我，自己的一些私事是不希望别人知道的。对于别人的私人问题，不要主动去询问，如果他愿意告诉你，你就仔细聆听，但是千万不要把这事当做新闻一样到处传播；如果他不愿意告诉你，你也不要追问。

有些人总喜欢打破砂锅问到底，不管你愿不愿意回答，总是没完没了地问，让人厌烦。问问题的时候，不要打破砂锅问到底，如果对方不愿意回答，或者不愿意多说，那就适可而止。比方，你问对方住在哪里，对方回答说“在北京”或者说“在香港”，那么你就不宜再问下去。如果对方高兴让你知道，他一定会主动详细地说出来，而且还会说“欢迎光临”之类的话。否则，别人便是不想让你知道，你也就不必再问了。此外，在问其他类似的问题如年龄、收入等的时候，也要注意掌握问话尺度，要适可而止。

有一些人十分热衷于倾听别人的家事，什么事情都想问得明明白白，这样的人是最让人厌烦的。即使你没有别的意思，人家也会觉得你别有所图。对于这样的人，只要别人和他交往过一次，都会对他敬而远之的。

第八章
销售：推销自己，赢得信赖

作为一名销售人员，最基本的要求就是一定要以端正的心态来对待自己所从事的职业，否则你将很难做好自己的工作。销售工作本身极富挑战性，是对销售人员心理素质的全面考验。销售人员必须要对自己所从事的职业有一个较为理性的认识，认识到自己工作的价值和意义，体会到为目标而努力奋斗的乐趣，从而全身心地投入到工作中去。

◎ 销售产品前，先推销自己

世界上最伟大的销售人员乔·吉拉德曾说：“推销的要点是，你不是在推销商品，而是在推销你自己。”他甚至还撰写了一部名为《怎样销售你自己》的著作，来专门阐述他的这一经典思想。

所谓对客户推销你自己，就是让他们喜欢你、相信你、尊重你，并且愿意接受你，换句话说，就是要让你的客户对你产生好感。很多时候，销售人员就像是一件又一件的商品，有的相貌端正、彬彬有礼、态度真诚、服务周到，是人见人爱的抢手商品，所有客户都喜欢；有的衣衫不整、粗俗鲁莽、傲慢冷淡、懒懒散散，就会令客户讨厌，甚至避而远之。

因此，让客户接受自己，是销售人员的首要任务。

有一个基金销售人员，在他最初从事这一行业的时候，每次出去拜访客户，推销各式各样的基金，总是失败而归，尽管他也很努力。

后来这个销售人员开始思考，究竟是什么原因导致自己失败，为什么客户总是不能接受自己……在确定自己推销的产品没有问题后，那就说明是自己身上的缺点让客户不喜欢，因此导致客户拒绝接受自己的产品。为此，这个销售人员开始进行自我反思，找出自己的缺点，并一一改正。为了避免当局者迷，他还邀请自己的朋友和同事定期聚会，一起来批评自己，指出自己的不足，督促自己改进。

第一次聚会的时候，朋友和同事就给他提出了很多意见，比如：性情急躁，沉不住气；专业知识不扎实，应该继续学习；待人处事总是从自己的利益出发，没有为对方考虑；做事粗心大意，脾气太坏；常常自以为是，不听别人的劝告；等等。这个销售人员听到这样的评论，不禁感到汗颜，原来自己有这么多的毛病啊，怪不得客户不喜欢自己。于是他痛下决心，逐步改正。而且他还把这样的聚会坚持办了下来，然而他听到的批评和意见却越来越少。与此同时，在基金销售方面，他签的单子也越来越多，并且受到了越来越多客户的欢迎。

可见，在销售活动中，销售人员自身素质和自己销售的产品同等重要，把自己包装好，让客户喜欢，客户才有可能购买你的产品。所以，从某种意义上说，销售人员在推销的过程中最应该推销的是自己。销售人员应该努力提高自身的修养，把自己最好的一面展现给客户，让客户对你产生好感，喜欢你、接受你、信任你。当你成功地把自己推销给了客户，接下来的工作就会顺利得多。在推销自己时，应该注意下面几点：

1. 塑造打动人心的第一印象

销售人员应该记住这样一句话："形象就是自己的名片。"心理学中有一种心理效应叫做首因效应，即人与人第一次交往中给人留下的印象在对方的头脑中形成并占据着主导地位的一种反应，也就是我们常说的第一印象。

某食品研究所生产了一种沙棘饮料，一名女销售人员去一家公司进行推销。她拿出两瓶沙棘样品怯生生地说："你好，这是我们研究所刚刚研制的一种新产品，想请贵公司销售。"经理好奇地打量了一眼面前这个女销售人员，刚要回绝的时候，他被同事叫过去听电话，便随口说了声："你稍等。"当这个"记性不好"的经理打完电话之后，早已忘了他还曾让一个女销售人员等他。就这样，那名女销售人员整整坐了几个小时的冷板凳。快到下班的时候，这位糊涂的经理才想起等他回话的女销售人员，看到她竟然还在等。面对这个"老实"又有点生涩的销售人员，这位经理觉得她比起经常乱吹一气的销售人员来更令人感到心里踏实，于是当场决定进她的货。

这个案例说明，一个合格的销售人员在与顾客交往的过程中，首先要用自己的人格魅力来吸引顾客。销售人员在与客户初次见面时需要注意以下几点：

(1) 服饰。销售人员着装的基本要求是干净整洁，既要符合时尚美感，又要恰当地体现个性和风采。干净整洁、搭配协调、适合自己的着装，会在举止之间流露出自然的美感和迷人的魅力。

日本推销界流行一句话：你若想要成为第一流的销售人员，就应该先从仪表修饰做起，先用整洁得体的服饰来装扮自己。一旦你决定进入销售行业，就必须对自己的仪表投资，这种投资也绝对是值得的。销售人员的着装一定要符合自身的性格、身份、年龄、性别、环境以及风俗习惯，不要赶时髦和佩戴过多的饰物。如果在穿戴方面过于引人注意，效果反而会适得其反。

(2) 谈吐举止。销售人员与客户说话时，态度要谦逊有礼，让客户觉得你很有教养。彬彬有礼的人才会受到人们的欢迎。有一些问题是你必须避免的，如说话速度太快、吐字不清、语言粗俗、有气无力、态度不冷不热；爱批评、说大话、撒谎；油腔滑调、沉默寡言；太随便、与客户勾肩搭背、死缠烂打；抓耳挠腮、耸肩、吐舌、舔嘴唇、脚不住地抖动；不停地看表、皮笑肉不笑；

东张西望、慌慌张张等。

(3) 礼节。礼节是一个人内在文化素养及精神面貌的外在表现。作为销售人员，一言一行都要对公司的社会形象负责。客户都是很聪明的，他们只会和值得信赖、礼节端正的销售人员合作。讲究礼节的基本原则就是真诚、热情、自信、谦虚。围绕这几个基本原则去交往，必然能给客户留下彬彬有礼的印象。

2. 设立目标，超越自我

一个人没有人生的目标是可怕的。卡耐基曾说："毫无目标比有坏的目标更坏。"因为没有目标未必是这人无所事事，而是这人很可能无所作为。

有无数销售新人因否定自己而最终毫无建树，不得不另谋他职。而顶尖级的销售人员都有着一股鞭策自己的神奇力量，当一些销售新人因胆怯而徘徊不前时，他们却能凭借着高度的乐观、自信、上进心，以及内心的自发力量，把恐惧和挫折统统控制住。他们坚信自己一定能够实现目标，他们总是这样激励自己。

美国最有名的销售人员斯通 20 岁搬到芝加哥，开了一家叫做联合登记保险公司的保险经纪社。尽管公司中只有他一个人，但他仍决心办好这个公司。

就在开业的第一天，他便在热闹的北克拉街，推销出 54 份保险单。不过，即使一开业就取得了开门红，但人们还是议论纷纷，认为斯通的这个公司肯定运行不了几天。然而斯通则坚信自己每天都能完成更高的目标，多售出几份保险。在肯定自己一定行的前提下，在祖利叶城，他平均每天成交 70 份保险单，最高纪录是一天售出 122 份。在不懈的努力下，公司也一天天兴旺起来，不仅在芝加哥站稳了脚跟，还在伊利诺伊州的其他地区开辟了保险业务。

斯通正是通过自我激励、自我肯定才取得成功的。经过不断的自我提升、自我成长以后，他达到了在别人看来几乎是不可能达到的目标。作为一个缺乏经验的销售新人，当你遭遇到困难、失败时，一定要告诉自己：我不怕困难和失败，也不会轻易被打倒，并以此激励自己去奋斗，最终一定能取得成功。

3. 诚信让你的推销之路走得更远

诚信包括诚实与守信两方面内涵。诚信不但是推销的道德要求，也是做人的准则，它历来是人类道德的重要组成部分，在我们的日常销售工作中也发挥着相当程度的影响力。实际上，向客户推销你的产品，就是向客户推销你的诚信。

在推销过程中，如果失去了信用，也许一笔大买卖就会泡汤。信用有小信用和大信用之分，大信用固然重要，却是由许多小信用积累而成的。有时候，守了一辈子信用，只因失去一个小信用而使唾手可得的生意泡汤。推销高手们是最讲信用的，有一说一，实事求是，言必信、行必果，对顾客以信用为先，以品行为本，使顾客信赖，使客户放心地同你做交易。

有一位成功的销售人员，每次登门推销总是随身带着闹钟。交谈一开始，他便说："我打扰您 10 分钟。"然后将闹钟调到 10 分钟的时间，时间一到闹钟便自动发出声响，这时他便起身告辞："对不起，10 分钟到了，我该告辞了。"如果双方商谈顺利，对方会建议继续下去，那么，他便说："那好，我再打扰您 10 分钟。"于是闹钟又调到了 10 分钟。

大部分客户第一次听到闹钟的声音，很是惊讶，他便和气地解释："对不起，是闹钟声，我说好只打扰您 10 分钟的，现在时间到了。"客户对此的反应因人而异，绝大部分人说："嗯，你这个人真守信。"也有人会说："咳，你这人真死脑筋，再谈会儿吧！"

要做到诚信，是件很不容易的事情。而违反诚信法则的人，是无法在这个行业中生存下去的。那么，销售人员如何训练并且表现自己的真诚呢？下面是一些说真话的秘诀，它们有助于你成功推销自己。

(1) 不夸大事实。有些人吹牛吹得没有分寸，歪曲了事实。更可悲的是，时间一久，这些人也相信自己所夸大的事实了。因此，不要绕着事实恶作剧。不要在它的边缘兜圈子，更不要歪曲或渲染它。

(2) 三思而后言。这点其实很容易做到的。也许你讲话过快，以至于中心意思不够突出；或者你表达能力较差，无法有序表达自己的观点。这都不要紧。只要耐心等待，直到自己的声带与大脑完全合拍，这样你再开口则基本不会出现任何问题了。

(3) 用宽容调和矛盾。矛盾常常是尖锐的，但仍然要说出来。不过要采用适当的方法巧妙地化解矛盾，不要伤害双方的感情。

(4) 别为他人做掩护。有时候，你可能会遇到别人要求你为他说谎，或为他们掩饰实情。要记住，你不可以这样做。一个老板最差劲的行为，就是强迫雇员为他说谎，而这也是一个雇员要做的最困难的决定：我应该为老板说谎吗？

先试着拒绝这样做，你将惊讶于自己的诚实和勇气。你的老板可能最惊讶，或许因此对你产生一份敬意，从此不再要求你为他掩饰。但是，如果他的反应不是这样呢？给你一个率直而诚恳的建议——辞职。

当然，你自己在出现错误的时候，也不能要求别人替你说谎掩饰，正所谓“己所不欲，勿施于人”。

◎ 推销开场白，赢取客户信任

一段精彩的开场白，不但可以引起客户的重视，而且还能使客户对你接下来的言谈举止产生兴趣。所以，在与客户交往之初，销售员与客户交谈需要运用有效的谈话技巧，只有一个吸引人心的开场白，才能引起客户的兴趣，使客户乐于与自己继续交谈下去。

下面就介绍几种说好第一句话的方法，让大家在销售一开始就获得优势。

1. 利益共赢法

几乎所有的人都对利益感兴趣，省钱和赚钱的方法能很容易地引起客户的兴趣，所以销售员可以一开始就将自己能带给客户的利益说出来，如："张经理，我是来告诉您能让贵公司节省一半电费的方法。""王厂长，我们的机器比你们目前的机器速度快、耗电少、更精确，能降低生产成本。""陈总，您想每年在毛巾生产上节约5万元吗？"

2. 赞美法

每个人都喜欢听赞美的话，客户也不例外，因此，赞美就成为拉近与客户距离的好方法。比如我们可以这样说："王总，您这房子的大厅设计得真别致。""林经理，我听华美服装厂的张总说，跟您做生意最痛快不过了。他夸赞您是一位热心爽快的人。""恭喜您啊，李总，我刚在报纸上看到您的消息，祝贺您当选十大杰出企业家。"

3. 问题接近法

首次见到客户，销售人员直接提出相关问题，通过提问的形式激发客户的注意和兴趣，从而顺利地过渡到推销的正式洽谈。这种接近客户的方法最大的特点就是简单明了，让客户无法说"不"，从而可以达到接近客户的目的。某销售人员看到客户走进汽车展厅，便从容、友好地提出两个问题。销售人员："如果您对某种汽车十分感兴趣，您会试一试吗？"客户："我想会的。"销售人员："如果试后觉得非常满意，您乐意买下吗？"客户点点头。

4. 激发好奇心法

现代心理学表明，好奇是人类行为的基本动机之一，所以销售员可以利用人人皆有的好奇心来引起客户的注意。某地毯销售员对客户说："每天只花1角6分钱就可以使您的卧室铺上地毯。"客户对此感到惊奇，销售员接着讲道："您的卧室12平方米，我厂地毯价格每平方米为24.8元，这样需297.6元。我厂地毯可铺用 5 年，每年 365 天，这样平均每天的花费只有 1 角 6 分钱。”销售员先制造神秘气氛，引起对方的好奇，然后，在解答疑问时，再很有技巧地把产品介绍给客户。

5. 转介绍法

这是一种迂回战术，告诉客户，是第三者（客户的亲友）要我们来找他的。每个人都有“不看僧面看佛面”的心理，所以，大多数人对亲友介绍来的销售员都很客气。如：“何先生，您的好友张先生要我来找您，他认为您可能对我们的印刷机械感兴趣，因为这些产品为他的公司带来很多好处与方便。”另外，我们在使用这种方法时要注意，一定要确有其人其事，绝不可自己杜撰，要不然，客户一旦核对起来，就要露出马脚了。为了取信客户，若能出示引荐人的名片或介绍信，效果更佳。

6. 提供案例法

人们的购买行为常常受到其他人的影响，销售员若能把握客户这种心理，好好地利用，一定会收到很好的效果。比如我们可以这样对客户说：“李厂长，XX 公司的张总采纳了我们的建议后，公司的营业状况大有起色。”以著名的公司或客户为例，可以壮大自己的声势。特别是如果我们举的例子正好是客户所景仰或性质相同的企业时，效果就更显著。

7. 提供信息法

销售员向客户提供一些对客户有帮助的信息，如市场行情、新技术、新产品知识等，会引起客户的注意。这就要求销售员能站到客户的立场上，为客户着想，尽量阅读报刊，掌握市场动态，充实自己的知识，把自己训练成为所从事行业的专家。客户或许对销售员应付了事，可是对专家则是非常尊重的。如我们对客户说：“我在某某刊物上看到一项新的技术发明，觉得对贵厂很有用。”销售员为客户提供了信息，关心了客户的利益，也获得了客户的尊敬与好感。

8. 求教法

销售员也可以利用向客户请教问题的方法来引起客户注意。有些人好为人师，总喜欢指导、教育别人，以显示自己的才能。销售员可以有意找一些不懂的问题，或装不懂地向客户请教。一般客户是不会拒绝虚心讨教的销售员的。我们可以这样说："王总，在计算机方面您可是专家。这是我公司研制的新型电脑，请您指导在设计方面还存在什么问题。"受到这番抬举，对方就会接过电脑资料信手翻翻，一旦被电脑先进的技术性能所吸引，销售成功的概率就很大。

9. 强调与众不同法

推销员要力图创造新的推销方法与推销风格，用新奇的方法来引起顾客的注意。日本一位人寿保险推销员，在名片上印着"76600"的数字，顾客感到奇怪，就问："这个数字什么意思？"推销员反问道："您一生中吃多少顿饭？"几乎没有一个顾客能答得出来，推销员接着说："吃了 76600 顿饭！假定退休年龄是 55 岁，按照日本人的平均寿命计算，您还剩下 19 年的饭，即 20805 顿……"这位推销员用一个新奇的名片吸引顾客的注意力。

10. 表演展示法

推销员利用各种戏剧性的动作来展示产品的特点，最能引起顾客的注意。一位消防用品推销员见到顾客后，并不急于开口说活，而是从提包里拿出一件防火衣，将其装入一个大纸袋，旋即用火点燃纸袋，等纸袋烧完后，里面的衣服仍完好无损。这一戏剧性的表演使顾客产生了极大的兴趣。假如卖高级领带的售货员光说"这是金钟牌高级领带"，就一定没什么效果，但如果把领带揉成一团，再轻易地拉平，说"这是金钟牌高级领带"，就能给人留下深刻的印象。

11. 利用赠品法

销售人员在见到客户之后，并不急于介绍产品，而是先赠送一个与产品有关的小礼品。这样既能消除客户的陌生感，又能让客户间接地了解产品。这种方法可以引起客户的注意和兴趣，效果也非常明显。

销售人员看到客户走进汽车展厅。销售人员：“您好，这是我公司为了庆贺新产品上市特制的精美画册，凡到我们店内的客户都可以免费得到一本……”客户：“这样看起来确实方便不少……”

总之，好的开始等于成功的一半，与客户交谈的第一句话决定着我们是否能够得到客户的喜欢与信任，所以一定要说好。值得注意的是，无论通过何种方法交谈，都要保证必须引起客户足够的兴趣。交谈要适度得体，不要引起客户的反感。交谈要简短，不要耽误客户太多的时间，更不能故弄玄虚。

◎ 90秒赢得顾客的心

所谓销售，其实就是说话，就是减少被客户拒绝的概率。这就要求我们选择正确的说话方式，令客户在最短的时间里接受你，近而接受你的产品。许多调查研究的结果都表明，销售、业务人员在第一次跟客户见面的前3分钟交谈中，客户就已经决定了是否接受你和你的产品。所以，我们必须在90秒内让客户对我们及我们的商品产生好感。

从实践经验来看，能够在最短时间内打开客户的心扉，应该采取以下方法：

1. 抓住谈话开始阶段的90秒

许多人都非常重视谈话开始阶段的90秒，他们认为只要这段发言能够抓住对方的眼球，那么，交流就成功了一半。如果能在此基础上，一鼓作气，乘胜追击，就可以彻底地征服对方。在这有限的时间内，交流的最佳状态就是充分的自信。有些人赢了别人还让人觉得很舒服，有些人能够与客户长期地合作下去，这些人往往都采用了自信的表达方式。

也正因为这样，他们才能与对方构建一种可持续发展的伙伴关系，从而拓展自己所面对的机遇，提高成功的概率。

有一个推销员在向客户推销某种商品时这样说道："时间比较仓促，我想推荐本公司的新产品，希望您一定要看一下。这种新产品占我们公司投资总额的 8%，历时两年时间研制开发而成的。产品成功地使用了 xx 材料，这在同行业中尚属首例，填补了行业空白。我对这种产品非常有信心，相信它一定可以帮助到贵公司。所以，我才在第一时间向您郑重地推荐这种产品。"通过这段介绍，我们能了解这名推销员的最终目标是卖出产品，同时还能感受到他对自己公司产品的深厚感情。但是，实际上他却离说服对方的目标越来越远了。这是因为这段介绍中没有一点儿对客户有利的信息。

这样一来，就会引起客户的怀疑，让客户觉得"开发成本高很可能是因为最初的模型费太贵了""从开发到现在花了两年时间，现在产品是不是已经过时了"，从而在彼此间产生厚厚的隔阂。再加上客户经过考虑后，会发现"产品中是否使用了填补同行业空白的材料与我们公司无关，我们只关心这种材料到底是什么""推销员来上门推销，肯定是产品卖得不好"等，从而开始准备拒绝购买他的产品。

在谈话开始阶段的 90 秒内，最重要的是要遵守双赢模式。如果实现不了双赢的目标，就吸引不了对方的注意力，更谈不上征服对方了。客户关注的焦点始终是自己的利益。所以，你应该用通俗易懂的语言直接地向对方阐述清楚你的产品到底有什么优点，究竟会给对方带来多少好处。如果这个推销员这样说："这是我们公司的新产品，由于在研发时使用了新材料，成功地将产品的厚度减轻了一半，这在同行业中尚属首次。如果贵公司使用这种产品的活，可以大幅地节省仓库管理费。"

在经过 15 秒富于冲击力的自我介绍和 90 秒充满说服力的激情发言后，对方可能已经对你产生了一种信任感。如果再加上这么一段产品介绍的话，那么客户一定会认真地考虑你的提议。

在表达同一件事情时，如果表达方式和措辞不同的话，带给别人的感觉就不同。那些不善言辞或容易被别人哄骗的人，在说话时往往都会采用消极、被动的表达方式。正是由于他们在表达方式上存在着各种不足，要么乏善可陈，要么犹豫不决，才导致对方对其失去信心。同样，那些表达方式过于“激进”的人，也无法真正打动对方，得到对方的认同。赶上运气好的时候，可能偶尔会达成一两次，但实际上在胜利中已经埋下了失败的隐患。如果对方这次败下阵来，觉得丢了面子，到了下次交流的时候，一定会更加猛烈地“反扑”，这就加大了交流的难度，很难出现连战连捷或全面取胜的局面。

2. 采取双赢法则

在现实生活中，每个人追求的利益都是不同的。因此，在交流的时候，先要了解客户所要追求的利益，然后弄清楚客户拒绝你的理由和支持你的条件，这一点非常重要。比如在谈价格的时候，客户要求你降价5%，而你回应说：“真的不能降那么多，最多只能让3%。”这种情况下，往往会一人各让一步，最后在降价4%的价格上达成一致。表面看起来挺公平的，但实际上对双方而言，都没有达到预期的目的，是一种双输。就算你勉强让4%的价格，离对方的要求也还有一定的差距，对方是不会满意的。如果双方都感到不满意的话，就实现不了双赢。

与其围绕价格陷入无休止的拉锯战，还不如坦诚地和对方谈谈，听对方解释一下要降价5%的理由，看看对方是不是真的有诚意。或许对方只是想从整体上把原材料供货成本降低5%，同样，你虽然只能让3%，但是，可以在其他方面帮对方削减成本。

大家一般都只关注自己“想听的事情”，谈话的主题和内容也是如此。实际上，对不同的人而言，在听到同一个词和同一句话时，反应可能是完全不同的。因此，你要试着用心去听客户的谈话。只要你真正地用心去体会，就一定能发现客户喜欢用什么样的语言、客户介意什么样的语言和客户愿意听什么样的语言。这样一来，你就可以借用客户习惯的语言来巧妙地表达出自己的想法。寻找彼此之间的双赢点，就是博得客户好感，在最短的时间内打动客户的诀窍。

推销结束时，要说令客户印象深刻的结束语。结束语要注重着眼于未来，尽量为下次与对方合作奠定基础。不管这个基础多么薄弱，都要尽量争取。交流的实际效果也许并不明显，但也不必轻易地灰心丧气，因为即便是最低程度的认同，也可能带来巨大的成功。

畅快地结束必将给你带来更多的机会。在对待那些长期保持工作往来的客户时，往往不必过分讲究，因为以后交往的机会会很多。相反，在对待那些今后没有机会合作的客户时，更应该格外注意，礼数上必须做得周全。客户在拒绝你的时候，往往会感到抱歉和愧疚，而这时，你恰恰应该适时地做一些工作，来缓解对方的压力，拂去笼罩在对方心头的阴霾。另外，在和对方达成一致后，最好能说些表示感谢的话，让对方觉得支持你是正确的选择。除了口头上的感谢之外，如果能让对方感到你的诚意就更好了。例如："首先，对您支持我的计划表示感谢。在和您交流的过程中，我发现了许多值得深入研究的课题。为此，我需要再一次向您表达最诚挚的谢意。"你在这次合作结束时的一声"谢谢"，就是下次成功的良好开端。

◎ 话要说到点子上

好的口才能够充分展示一个销售人员的个人魅力，同时也给顾客带来愉悦的享受。

第二次世界大战时，美国军方推出了一个保险，这个保险是什么内容呢？如果每个士兵每个月交 10 美元，那么万一在战场牺牲了，他会得到 1 万美元。这个保险推出以后，军方认为大家肯定会踊跃购买。他们把命令下到各连，要每个连的连长向大家宣布这种险种已经出现了，希望大家购买。

这时其中的一个连，按照上级的命令，把战士们召集到一起，向大家说明这了个情况，可是没有一个人购买这种产品。连长很纳闷，“这可怎么办？怎么会是这个样子呢？”

大家的想法其实很简单，在战场上连命都将要没有了，过了今天都不知道明天在哪里了，我还买这个保险有什么用呀？10 美元还不如买两瓶酒喝呢! 所以大家都不愿意购买。

这时连里的一个老兵站起来说：“连长，让我来和大家解释一下这个保险的事情。我来帮助你销售一下。”

连长很不以为然：“我都说服不了。你来能有什么办法呀？既然你愿意说，那你就来试一试吧。”

这个老兵就站起来对大家说：“弟兄们，我和大家来沟通一下。我所理解的这个保险的含义，是这个样子的，战争开始了，大家都将会被派到前线上去，假如你投保了的话，如果到了前线你被打死了，你会怎么样？你会得到政府赔给你家属的 1 万美元；但如果你没有投这个保险，你上了战场被打死了，政府不会给你一分钱，也就说你就等于白死了，是不是？各位你们想一想，政府首先会派战死了需要赔偿 1 万美元的士兵上战场，还是先派战死了也白死的不用赔给一分钱的士兵上战场呀？”

老兵这一番话说完之后是什么结果？全连弟兄纷纷投保，大家都不愿成为那个被第一个派上战场的人。

当然，这个故事有点黑色幽默的成分在里面，不过，让我们设身处地地想一想，如果你是一名士兵，处于战火纷飞的战场上，听了老兵的这番话，你会购买吗？估计你也得乖乖地把钱掏出来吧？

“买卖不成话不到，话语一到卖三俏”，由此可见销售语言的重要性。一个销售人员要想让产品介绍富有诱人的魅力，以激发顾客的兴趣，刺激其购买欲望，就要讲究语言的艺术。向客户展示你的语言魅力，要注意以下几点：

1. 用客户听得懂的语言来介绍

通俗易懂的语言最容易被大众所接受。所以，你在语言使用上要多用通俗化的语句，要让自己的客户听得懂。销售人员对产品和交易条件的介绍必须简单明了，表达方式必须直截了当。表达不清楚，语言不明白，就可能会产生沟通障碍，就会影响成交。此外，销售人员还应该使用每个顾客所特有的语言和交谈方式。

某公司刚搬到一个新的办公区，需要安装一个能够体现公司特色的邮件箱，于是便咨询了一家公司。接电话的小伙子听了客户的要求，便坚持认定客户要的是 CSI 邮箱。

这个 CSI 搞得客户一头雾水，客户问这个销售人员这个 CSI 是金属的还是塑料的？是圆形的还是方形的？

这个销售人员对于客户的疑问感到很不解：“如果你们想用金属的，那就用 FDX 吧，每一个 FDX 可以配上两个 NCO。”

CSI、FDX、NCO 这几个字母搞得客户一头雾水，客户只好无奈地对销售人员说：“再见，有机会再联系吧!”

客户要买的是办公用具，而不是字母。这位小伙子说的这些代码使客户一头雾水，而且客户也不大好意思承认自己一点也搞不懂这些代码，算了吧，给自己留点面子，去其他家买吧！

所以，一个销售人员首先要做得就是要用客户明白的语言来介绍自己的商品。

2. 用讲故事的方式来介绍

大家都喜欢听故事，所以如果用讲故事的方法来介绍自己的产品，就能够收到很好的效果。

一位顾客来到海尔冰箱的柜台前，问销售人员说："你们的质量有保障吗?"

这位销售人员没有说那么多，只是讲起了海尔的总裁张瑞敏上任时砸冰箱的故事，听得那位顾客立刻对海尔冰箱的质量肃然起敬了。

任何商品都自己有趣的话题：它的发明、生产过程、产品带给顾客的好处，等等。销售人员可以挑选生动、有趣的部分，把它们串成一个令人喝彩的动人故事，作为销售的有效方法。所以销售大师保罗·梅耶说："用这种方法，你就能迎合顾客、吸引顾客的注意，使顾客产生信心和兴趣，进而毫无困难地达到销售的目的。"

3. 要用形象地描绘来打动顾客

说话一定要打动顾客的心而不是顾客的脑袋，因为顾客的钱包离他的心最近，打动了他的心，就打动了他的钱包。而打动客户心的最有效的办法就是要用形象地描绘。

有一次，一位太太逛商场，那位卖衣服的小姐对这位太太说了一句话，使本来没有购买欲望的她毫不犹豫地掏出了钱包，这个销售人员对那位太太说的什么话竟有如此魔力？很简单，那句话是："穿上这件衣服可以成全你的美丽。"

"成全你的美丽"，一句话实在很让人动心。这位女店主真的很会说话，不是顾客在照顾她的生意，而是她在成全顾客的美丽。虽然这话也是赞誉之词，但听起来效果就完全不一样。

出色的销售人员，是一个懂得如何把语言的艺术融入到商品销售中的人。可以这样说，一个成功销售人员，要培养自己的语言魅力。有了语言魅力，就有了成功的可能。

◎ 电话推销，开启销售之门

对销售、业务人员来说，透过电话的联络，我们可以过滤掉不适合的客户，也可以事先了解对方的看法和立场，还可以事先做好准备，有助于面谈时策略的运用；同时，有计划且有礼貌的电话约访，可以创造面谈的机会，借着事先安排的面谈策略，为销售产品奠定良好的基础。

事实上，通过电话联系客户并促成约见是一个让很多业务员感到困惑的问题，因为总是被拒绝，觉得销售做不下去了，没有人肯给我们见面的机会。但聪明的业务员懂得“机会是靠自己争取的，而不是靠他人施舍的”。所以，如果我们想把销售第一步走好，走得精彩，就要像金牌销售员那样，除了做好打电话前的准备工作，更重要的是要有遭到拒绝时的应对技巧。只有这样，才能提高约见客户的概率！

1. 分析客户、准备资料

我们在打电话之前，通常都要对客户资料进行一定的分析，比如公司的规模、是否是知名企业、是否有网站、使用的是免费邮箱还是企业邮箱，等等。然后，根据初步了解的情况，准备相应的资料，也就是一会儿准备向对方推荐的产品。将所有打电话时要用的文具准备妥当，方便随时使用，例如一支签字笔、一本笔记本，用以记下客户的资料，甚至是一份教您打电话的说话次序资料等。对于初次尝试的朋友，在未熟悉开场白之前，是很难开口的。如果照着讲词去读，便比较方便一些。

2. 写电话脚本

在整个通话过程中，我们需要提出一系列的问题，这样一来能掌握谈话的主动权，二来能避免给客户造成强烈的推销感。

3. 明确目的

明确给客户打电话的目的。尽可能多地让客户去说，然后你明白他的需求以后再向他推销产品，一定要站在客户的角度。

4. 运用沟通技巧免遭拒绝

客户通常都会在电话上一而再、再而三地不断拒绝见面。但金牌销售员善于针对不同客户，用正确的辞句打开客户之门。他们能够在短时间内让电话线另一端的人能看到“景象”，让对方能“看见”或“感觉到”你发出的景象式信息。下面是针对不愿敲定见面约会的客户给你的建议，这个建议是根据投资顾问的电话市场调查报告统计而来的，不过应该也可以适用于其他业务方面。来看下面几种情形。

客户说：“我没时间！”营销高手应该说：“我理解！我也总是时间不够用！不过，只要 3 分钟，你就会相信，这是个对你绝对重要的议题……”

客户说：“我没兴趣。”营销高手说：“是，我完全理解，对一个谈不上相信或者手上没有什么资料的事物，你当然不可能立刻产生兴趣，有疑虑或者有问题是十分合理自然的。让我为你解说一下吧，星期几合适呢?”

客户说：“请你把资料寄给我怎么样?”营销高手：“XX 先生，我们的资料都是精心设计的纲要和草案，必须配合专员的说明而且要对每一位客户分别按个人情况再做修订，等于是量体裁衣。所以，最好是我星期一或星期五过来看你。你看是上午好还是下午好?”

客户说：“抱歉，我资金周转不开！”营销高手说：“XX 先生，我知道只有你才最了解自己的财务状况。不过，现在先好好做个全盘规划，对将来才会最有利！我可以在星期一或者星期五过来拜访吗?”或者也可以这样说：“要什么有什么的人毕竟不多，正因如此，我们现在开始选一种方案用最少的资金创造最大的利润，不是对未来的最好保障吗？在这方面，我愿意贡献一己之力，可不可以下星期三，或者周末来拜见你呢?”

客户说：“目前我们还无法确定业务发展会如何?”营销高手说：“XX 先生，我们先不要担心这项业务日后的发展，你先参考一下，看看我们的供货方案优点在哪里，是不是可行。我星期一还是星期二来造访比较好?”

客户说：“要做决定的话，我得先跟合伙人谈谈!”营销高手说：“我完全理解，XX 先生，我们什么时候可以跟你的合伙人一起谈?”

客户说：“我们会再跟你联络!”营销高手说：“XX 先生，也许你目前不会有什么太大的意愿，不过，我还是很乐意让你了解，要是能参与这项业务，对你会有多大的利益!”

客户说：“说来说去，还是要营销东西啰?”营销高手说：“我当然是很想销售东西给你啦！不过，XX 先生，要能带给你好处，让你觉得值得购买，才会卖给你。有关这一点，我们要不要一起讨论研究看看？下星期一我来看你，还是你觉得我星期五过来比较好?”

客户说：“我先想想。”营销高手说：“XX 先生，其实相关的重点我们不是已经讨论过了吗？容我直率地问一句你顾虑的是什么。”

客户说：“我再考虑考虑，下星期给你电话!”营销高手说：“欢迎你来电活，XX 先生，你看这样会不会更简单些？我星期三下午晚一点的时候给你打电话，还是你觉得星期四上午比较好?”

客户说：“我要先跟我的税务顾问商量一下!”营销高手说：“好，XX 先生，我理解，可不可以约您的税务顾问一起谈谈？约在这个周末，或者你喜欢在下星期开始的哪一天?”

总之，电话销售并不是拿起电话和客户聊天，既然这通电话的最终目的是约见客户、拿下订单，当然有必要采用一些电话销售技巧来帮助你更快地让客户做决定。记住，你一定要在通话中和客户约定下一次的约会时间才能挂电话，这样总比你几个小时白跑一个来回要有效率得多!

第九章 搭讪：自然而然，阳光直接

传统的人际交往是在社会群体中进行的，邻居、同学、同事、朋友圈、生意圈……搭讪，是城市文明发展到一定阶段的产物。搭讪是与人交流的一个最直接而迅速的手段。通过搭讪，你将有机会认识一个也许能成为一辈子的好朋友，甚至终身伴侣的人。搭讪是帮助你诚实面对自己的想法和感觉的一种高尚的行为。

◎ 新搭讪主义，自然直接

我们几乎都有过类似的经验：在大街上或是餐厅里，见到了一位印象极佳的人，非常想认识对方，却因为怕被拒绝、紧张等原因，顾虑重重，眼睁睁看着那个人在你的生命中永远消失。你所能做的，只是在事后不断后悔："下次也许还会再遇到他，如果有缘的活……"然而，我们都清楚：你不会再遇到那个人了！如果不把握当下，是不会再有第二次机会的。

现代社会，搭讪是社交中的一种正常途径。如果不会搭讪，就失去了开启人际关系之门的钥匙，而一个人没有了人际关系，他的事业发展也受到限制。美国前总统小布什的可爱与可贵之处是喜欢搭讪，他曾经总结说，他的人脉资源基本来自主动搭讪。

搭讪就像是敲门，“咚咚咚”之后，主人心里自然会问：“是谁呀？”这时候，直接表明来意是最起码的规矩，只有傻子才会说：“你出来瞧吧。”

简单、直接、真诚、礼貌是新搭讪主义的交往理念。所谓新搭讪主义，是相对于传统、保守的人际交往观念而言的，其宗旨是把搭讪当成人与人交流的一个最直接而迅速的手段。在这一方针指导下，新搭讪主义有着自己的理念。能否正确理解这些理念，决定了我们对待搭讪的基本态度。

新搭讪主义追求摒弃一切多余的套话、假话和废话。举例来说，“你好，在那边看到你，觉得你气质不错，所以过来认识一下”，这种问候加赞美加表明来意的组合从来不是新搭讪主义的套路。新搭讪主义的开场白是“你好，我想认识你”，最多再加点儿善良和无辜的微笑。

新搭讪主义根本不需要另外赞美；或者说，直接表明来意本身就是一种赞美。而“觉得你气质不错”，这句话太像各种推销员了，并且，你真的是因为对方的气质好才来搭讪的吗？

新搭讪主义主张用有趣的方式说真话。上面那个开场白可以变为如下两种方式：

“你好，刚才在那边看到你，突然特别想认识一下，所以我脸皮一厚就来了。”

“我也不知道为什么想认识你，脑袋一热就跑过来了。”

说自己的脸皮厚、脑袋热绝对要比说对方气质好更接近实情，也更容易令人尤其是女孩子接受。这其实也符合“做人要做回自己”的励志哲学。

跟陌生人搭讪，被拒绝是不可避免的，旧有的成见所倡导的方法和技巧从实质上说，无非是把被拒绝的可能性往后拖而已，而新搭讪主义则是上来就坦然面对被拒。但是一旦过了第一关，接下来往往会变得很轻松。

事实上，在不做任何自我介绍，没有任何情景话题的前提下，以“裸”的姿态直接表达意图，正好也可以考察对方对你的第一反应，无眼缘则打住，有眼缘则继续，省时省力，还顺便锻炼了心理素质。因此在实际操作中，新搭讪主义比较注重自身的仪表，比如把鞋擦干净了比学会几个魔术更有用。

新搭讪主义注重观察对方的状态。因为培养出的好感往往是有限的，而发掘出的好感却常常充满惊喜。在短暂的人生之中，总有一些懂得欣赏我们的人会擦肩而过，不去错过他们才是我们最大的幸福。

有人喜欢在开口之前通过观察对方的穿着、神态来推断搭讪的成功率，或者通过眼神交流来提高搭讪的成功率，但根据大量实践证明，这些其实都属于“以意为之”，成与不成，开口才见分晓，所以，新搭讪主义只注意观察开口之后对方的反应。在搭讪之前，我们唯一要关注的是对方的行进状态以确定出手时机，而出手则是肯定的。

新搭讪主义遵循保护自身安全以及尊重对方意愿的原则。如果开口之后对方表现出拒绝交流的意思，那么不管对方的回答是什么，咱就一个字“撤”，不解释，不劝导，甚至连再见也不说。有些人的做法是“宁可纠缠一千也不错过一个”，而新搭讪主义的做法则是“宁可错过一千也不纠缠一个”！认识到这点，你才能真正成为一名拿得起放得下的新搭讪主义者。

有些人为了避免搭讪时的唐突，喜欢先用情景话题开场，然后再过渡到想要认识的真实目的。我们并不反对自然开场，但“自然”二字必须是真的自然才好。

搭讪已经上升为一门有着完整理论体系和流派的学问，甚至成为一种需要文钱培训的技能，这也证明了人们对搭讪的需求。但不可否认的是，在日常的生活和工作中，我们看到许多人都存在社交困惑及障碍，有的人甚至自我封闭，而由此引发的一系列问题严重阻碍了事业及情感的发展。

搭讪是真的自然才好。就是说正好有那么一个话题摆在那里，你信手沾来当然不错。但如果你想搭讪一个步履匆匆的人，应该如实地直抒来意。“我想认识你”比“我常见到你”要有效得多。这也正是新搭讪主义所一贯倡导的“直接而迅速”。

有人认为，先建立吸引再表明来意，其实很不现实。三五句话，除非你是刻意显摆，否则很难展示什么高价值。至于幽默智慧的语言，即使是幽默大师钱钟书也不可能张嘴就来。所以，搭讪就是搭讪，凭着第一印象的好感为以后的了解留个机会，仅此而已。

总之，以简单、直接、真诚、礼貌为理念的新搭讪主义是一种新的交友方式，而这正是人际交往的真谛。如果还需要一个注解的话，那就是把方便让给他人，把尴尬留给自己。

◎ 不同场合的搭讪技巧

搭讪直接开场，简洁明了，适用于完全没有说话理由的场合。比如目标是在大街上匆匆行走的美女，经典话语是："你好，我想认识你。"话虽生硬但却非常实用。而当我们在夜店、书店、展会、旅行途中、朋友的婚礼中，对很多人来说，间接开场的方式则比较容易入手，因为这样符合我们跟陌生人初次谈话的习惯。我们日常生活中比较常见的间接开场有很多，比如你要去一个地方，不知道怎么走，于是你就需要向人求助；又比如你去一个地方旅游，需要让别人帮助你拍照片，这些都是我们经常使用的间接开场搭讪。之所以使用间接开场的方式，原因是对于共处一个空间的搭讪者与被搭者来说，搭讪一旦不成功，就会让双方都陷入尴尬，而间接开场则有利于双方迅速撤离。

那么，在一些常见的场合进行搭讪时，有哪些搭讪技巧呢？下面的指导性做法相信一定对你有帮助。

1. 商场搭讪

在商场里搭讪，你可以选择人流少、相对开阔的地方，直接跑过去对选定的搭讪对象说："你好，我想认识你。"根据对方的反应，行就行，不行就离开。

2. 街头搭讪

一定不要在四下无人的地方出手，尤其是晚上，要尽量找有路灯的地方再开口，这样显得你心胸坦荡、光明正大。因为对所有人来讲，在街头比在商场其安全感要低。在街头搭讪，用直接开场的方式比较好：“你好，我想认识你。”行就行，不行就离开。

3. 食堂、自习室、咖啡厅、快餐厅搭讪

在这些场合搭讪时，你可以走过去坐下，然后问道：“你好，我其实很想认识你，我能坐在这里吗？”行就行，不行就要起身离开。

4. 公交车、地铁车厢里、飞机上搭讪

在这些场合搭讪最好用间接开场的方式，比如：“你的杂志能借我看看吗?”“你的手机很漂亮。”如果使用直接开场的方式，它的麻烦在于，被拒绝时不能立即离开，因为是在车上或飞机上，你和对方面子都将很不好受。如果实在找不到话题，可你又非常想认识对方，那就跟踪对方一起下车或下飞机，然后在路上用直接开场的方式搭讪。

5. 校园搭讪

在校园里搭讪，选择直接、间接开场都可以。比如，搭讪一个背着画板的目标，间接开场可能就会先从美术聊起，而直接开场则还是先表明来意，确定目标态度友好之后，再聊画画。很多同学有一个误区，以为直接开场会影响自己给别人的第一印象，而间接开场能让自己有更多表现内在美的机会。其实间接开场的唯一好处就是不让对方尴尬，对你自己的形象几乎没有什么影响。

◎ 勇敢搭讪，收获爱情

现代通讯快捷发达，反而让很多青年男女的心灵在虚拟世界中日益封闭，人与人之间直面沟通的能力大大退化了，出现一大批宅男宅女、剩男剩女。在寻找爱情的道路上，许多人没有搭讪的勇气，一直在幸福的门外徘徊。

每天，穿梭在无数熟悉的面孔中，很多单身男女都有这样的经历：就在怀疑自己“爱无能”的时候，突然在某一天，在茫茫人海中有了“惊鸿一瞥”，缘分就是这么奇怪，可是却苦于没有认识他或她的渠道。网上曾经盛传暗恋“公车男”的女网友，她天天都能看见他，不知不觉喜欢上他，却一句话也没有说过！

大多数男人也没有勇气对美女搭讪。犹豫要不要向美女开口，这是东方文化下的男人才有的一个状况，其实只要你开口了，就已经跟其他男人不一样了，你的艳遇可能性就从零变成了正数。但这也是最不容易的一个阶段，因为绝大多数男人永远都做不到。仔细想想，如果你上前跟她搭讪，未必就难堪到无地自容。在这个过程中，你的对手只有一个，那就是自己。至于女人，则有更多的人没有勇气向帅哥搭讪，就像那个暗恋“公车男”的女网友一样。

其实，女人对欣赏自己的男人是不会排斥的。对于女人而言，有男人主动向自己搭讪，就是在给自己和他人传达一种信号——这个女人是有异性吸引力的。所以，除非你很丑、很粗鲁，会吓跑被搭讪的女性，绝大多数的搭讪都是被女性所接受的。至于怎么让女人愿意交流甚至提供联系方式，那就需要智慧了，比如幽默感等技巧。

搭讪其实是为大家开辟出一条独特的新路。说是新路，是指人们以前不习惯往这种方式上想。其实，这种方式本是人类最正常、最自然的沟通渠道，看似时尚超前，实为返璞归真！

比如，你身为有学识、有教养、有正当职业的未婚者，乘飞机、火车、地铁，或者在其他文明的公共场合，偶尔看到一个她或他：仪表整洁、气质优雅、情态纯正、令人心动、观之可亲。这时，你是任凭这个陌生人一去不返，还是满怀兴趣主动了解对方？你敢不敢坦然上前与她或他搭讪？你有没有能力诚恳地推荐自己，并且求得对方的联络方式，与对方建立稳定交往？

事实上，很多已婚人士都认为，搭讪是最独特、最好玩、最有故事的一种认识方式。从搭讪到恋爱，再到走进婚姻殿堂，搭讪几乎成了酝酿爱情的一场“预谋”！事实证明，有无数爱情是源于勇敢地搭讪的！

可以肯定地讲，从搭讪到爱情真的是可行的！但这里需要你的智慧。对此，有人认为，从一般的技术层面来看，搭讪女孩要看天时、地利、人和。当然这只是一个大的概念，其中的方法和技巧，就看你掌握和运用到什么程度了。

“万事俱备，只欠东风”说的就是天时。天道总在不停地变化之中，一年之中哪个季节的搭讪成功率最高？什么气候环境下成功的可能性大？一天之中什么时辰搭讪最容易？古人说少女遇春而思，士人感秋而悲，是有一定道理的，但放在搭讪这件事上并不成立。一年四季，刮风下雨，搭讪的成功率都是一样的，关键是你是否掌握了搭讪的技巧。

地利也是搭讪中一个关键的因素。

大多数情况下，相对封闭的场所好于空旷的场所，有人的场所要好于无人的场所。教室里、公车上、餐厅中都是相当好的搭讪场所；而人来人往的马路、操场就稍差一点。不知道是否因为女性自身要担负孕育下一代的责任，她们在相对封闭的场所中更容易产生安全感，这也是大多女性比男性更想要一个温馨的小家的原因。但这也不是绝对的，没有人会傻到在封闭的电梯里当着多个人的面和女性搭讪。电梯都有监视器，如果上班的电梯里只有你和你一直想认识的女孩，那简直是上天赐给你的机会！事实上，你无法对搭讪的地点做出选择，因为你无法预测女孩的动向。盲目观望等待更好的环境，有时候就会失去机会。因此，地利的学问是搭讪中最难掌握的，需要长期的实践和推理，需要结合天时和人和来运用，做到见招拆招、无招胜有招。

人和就是搭讪中人的主要因素，大体可以从本人、目标对象、目标周边人群三个角度分析。

所谓本人因素，首先你要有一个良好的精神面貌，当然帅哥在这方面有优势。但女人毕竟和男人不同，一个相貌端正的男人即能得到她们的青睐，太漂亮、太招摇的男人有时反而会让她们觉得反感。相貌是天生的，但着装可以改变。尽量不要穿什么名牌服装去搭讪。可能你自以为很酷，但女人天生缺乏安全感，你再酷再帅也抵挡不住她们内心深处的那点对陌生人的恐惧。西装革履的也不太好，如果你穿的不是阿玛尼，至少把领带拿下来。一件普通的T恤、一条牛仔裤就足够了。关键是要干净、整齐，让女人觉得你首先是一个正经的人，你才能够亲近她，才能让她相信你说的话。

所谓目标对象，就是目标女孩了。察言观色是一个人在社会上生存的技巧。先观察你的目标对象，看出她是什么类型的才好对症下药，当然这需要经验，但至少她现在的心情好坏总看得出来吧！如果她的视线落到你身上，你最好微笑一下，看看她会不会回你一个微笑；如果你们的目光交汇，最好不要避开或退却，这是变被动为主动的最好机会，看看她会不会害羞地低下头去。如果她低下了头，那么可以说你已经成功了一半。

所谓目标周边人群，指的是你关注的范围。女孩很少一个人行动，多数情况下她的身边都有同伴。这可要好好看看，和一个女孩搭讪的过程中，如果他男朋友出现，那你就太愚蠢了。女孩身边有女伴的情况下，女伴太多的情况不好，你一句我一句的比较烦，如果聊到她们让你请她们吃饭，那最好借故推脱，毕竟你看中的只是她们中的一个。两个女伴的情况不错，因为这时那两个女伴大都会自己到一边聊天。一个女伴的情况下（这种情况是最多的）最难办，因为她们两人的关系相对亲密。她顾着和你说话，会引起女伴的不满，你又不能两个都照顾到，比较尴尬。目标女孩也可能会因为这点故意摆出高姿态，这时就要考验你的语言交际能力了。如果经过仔细观察，发现没有同伴，天赐良缘，赶快行动！

为爱情搭讪时，我们应该明白我们更想要的是一个终身伴侣。很多人觉得搭讪很不自然，这完全是因人而异。其实，我们的生活中处处离不开搭讪，能否正视搭讪，一切都取决于自己的想法。只要自己觉得这是天底下最正常的事情，就不会觉得不自然了。搭讪的方法不少，但是要在适当的时候选择适当的办法，其实也是值得我们深入学习和研究的一门学问。总之，搭讪要让自己搭得舒服，同时也要让被搭者觉得舒服才行。

◎ 避开搭讪误区，化解尴尬

搭讪是个概率事件，成功与失败参半。也就是说，同样的时间、地点、场合、开场白，但是会有不一样的结果。很多人胆子虽然很大，见到感觉好的搭讪对象就勇敢地上去问好，但由于搭讪用语不当，成功率非常低。久而久之，再自信的人也会丧失信心，还以为自己智商有问题，无论如何也吸引不了对方呢！其实这样的人往往犯了一个通病，那就是不注意搭讪用语。也许他的语言很礼貌，却不合时宜，不符合对方的心理和口味，显得非常的冒失和唐突。

下面是对第一次搭讪中一些常见的错误用语做的分析，让你在搭讪时不再慌张失误！

1. 开场阶段的错误用语

比如搭讪者说："你好。"被搭者说："嗯。"搭讪者说："刚才在那边看到你，觉得你气质不错，所以过来认识一下，能把你的电话号码告诉我吗？"被搭者说："不要吧。"在开场阶段，搭讪者在没有任何交流的情况下，不应该直接要号码。再者，搭讪者不要上来就赞美，尤其不要说气质好。这年头，赞美气质好已经是非常过时的行为了，尤其是对女孩。

在开场阶段特别需要运用正确的搭讪用语。比如搭讪者应该这样说："你好！"稍稍停顿一下，让对方有个反应过程，然后再说，"我想认识你。"或者说，"其实，我就是想来认识你。"被搭者说："哦。"搭讪者说："我刚从那边的音像店出来，看见你正在一个人吃冰激凌，于是我脑袋一热就跑过来了。"把自己怎么发现对方，然后又怎么上前搭讪的过程简要叙述一遍，通常可以给对方带来最基本的安全感。

2. 中场阶段的错误用语

比如搭讪者说："你是来逛街的吗？"被搭者说："嗯。"搭讪者说："那咱们一起逛吧！"被搭者说："哦，不用了吧。"在中场阶段，搭讪者这样的搭讪是典型的废话，明明已经在一条街上逛呢，非要多嘴再声明一下，把一件正在自然而然进行的事情变成一个契约，让对方的心理防卫陡增。其实，这句废话的根源是搭讪者自己缺乏安全感。

3. 收尾阶段的错误语

比如搭讪者说："留个手机号吧。"被搭者说："好的，1234567 xxx。"搭讪者说："你叫什么名字？"被搭者说："啊……哦，你看，那边那辆车怎么了……"其实在很多时候，对方愿意给你电话，却不一定愿意马上告诉你他（她）的真实姓名。

4. 错误的结束语

比如被搭者说："拜拜。"搭讪者说："拜拜，有空一起出来玩！"为什么要加上这句“有空一起出来玩”呢？狗尾续貂，画蛇添足！其实人家只是给你一个相互了解的机会，还没把你当朋友，这句话会让人觉得你自以为是。就算是可以出来玩，最好也到时候再说，因为你面对的是一个刚刚认识的陌生人，不是比较熟络的朋友。对于朋友来说，能一起出来玩是有一定意义的。对任何人来说，能不能出来玩，当时的情绪状态才是最重要的。因此，搭讪者提前说反而显得婆婆妈妈。

总之，搭讪的要义是正确地运用搭讪用语。好的搭讪用语决定了对方能否与你互动。如果对方不跟你互动，你的搭讪只能告败。

下篇
口才的方圆与艺术

没有规矩不成方圆，社交口才有其固有的原则，正确掌握社交口才的原则对我们的口语交际有很大的帮助。交际中，互相尊重是第一原则，交往是平等的，尊重他人，才能尊重自己，因此要开放自己，真诚相待，多用礼貌语。一个野心勃勃、目的性极强的人在社交场是很让人讨厌的，真正的社交高手往往很懂得掩饰自己，就是说在语言交际中，把握好分寸，做到得体适度。最后要懂得互利合作，不仅要在物质上的互惠，还要在情感上或者其他方面增加砝码。

第一章
学会说批评话：含蓄委婉令人信服

人无完人。在这个世界上，没有人不犯错误。在错误面前，你可能忍不住要大发雷霆。但“狂风暴雨”过后，你可能会沮丧地发现，你的善意并没有被对方接受，甚至，结果可能让你追悔莫及。对任何人来说，受到批评都不是一件让人愉快的事，但是，如果你能够掌握批评的技巧和方法，相信你和他人的交流将更容易些。

◎ 批评别人，应顾及对方的颜面

给别人留个台阶，不伤别人的颜面，不仅是给别人面子，也是给自己留面子。这样既可以显示出你的身份，又可以赢得他人的友谊。

在我们的身边常常有一些人，无理争三分，得理不让人，小肚鸡肠，在日常生活、工作中，往往为一些非原则问题、鸡毛蒜皮之事就争得不亦乐乎。在现代生活中，汽车行驶为了安全有“宁停三分，不抢一秒”之说。在争论时，自己何不“宁停三分”，给别人留个台阶，留个面子呢？

客人迟迟不来，王老板却有些坐立不安，毕竟此次生意的成败关系到公司的前途。“先生，请您把脚放下来，好吗？”当训练有素的小陈一边添加开水一边委婉地轻声提醒时，王老板才发现自己竟不经意地把脚搁在对面的椅子上摇晃，并引起了其他客人频频注视。等待得不耐烦的王老板变得极为烦躁。未加思索，他带着怨气盯着小陈一字一句地说："我偏不放下，你怎么办?"

片刻的沉默之后，小陈笑了笑："先生，您真幽默，出这样的题目来考我。我觉得你蛮有素质的。"说完，她很快转身就走，并且始终没有回头。稍后，王老板弯腰借弹烟灰的刹那，把脚放了下来。

小陈先以恰到好处的巧妙恭维缓解了紧张气氛，又及时地离开给宾客一个台阶下，令原想要脾气的客人态度缓和下来，并感觉不好意思再那样做。不仅维护了宾馆的大堂形象、服务形象，又给客人留足了面子。可见宾馆服务中掌握语言艺术与随机应变能力是何等的重要。

俗话说人无完人。每个人都会有犯错误的时候。朋友之间的交往，也要注意到一定得给对方留点面子。你给朋友面子，朋友自然也会给你面子。倘若你有什么事需要朋友帮忙的话，只要朋友还你一个面子，你的事也就办得差不多了。

有一些人特别固执己见，常常为一些小事情和别人争论，而且火药味极浓。这时，得理的一方应有饶人的雅量，最好使用不带刺激性的"你好我好"或者"各打五十大板"的语言形式，以避免冲突的扩大。

有一天，金华东去岳父家吃饭，进餐时聊起了一条高速公路的修建问题。金华东强调：公路的修建进度一再推迟，是有关方面的错误。而岳父则不同意，认为公路本来就不该兴建。两人你一言我一语，争论渐趋激烈。后来那位岳父大人把问题扯到"年轻人自私心重，没有环保意识"上，很显然是在批评金华东。金华东怕再争论下去伤和气，便开始缓和下来，婉转地说："可能我们的看法永远也不会合辙，可是，那没有什么。也许我们都是对的，也许我们都是错的，这也是未可知的事。"金华东的一席话，不仅给自己搭了台阶，也给争论双方打了圆场，避免了双方争论不休，矛盾扩大，影响感情。

试想，金华东如果意气用事与岳父继续争论下去的话，结果会如何呢？很可能会惹火老岳父，被臭骂一顿。

其实，在朋友面前也好，在敌人面前也罢，你不顾及别人的面子行事，总有一天是要吃苦头的。所以有时候，宁可委屈点自己，也要留点颜面给别人，甚至是你的敌人。

在公共场合中，能为陷入尴尬境地的对方提供一个恰当的台阶，以免使其丢面子，这是为人处世的原则。这不仅能使对方对你产生好感，而且也有助于你树立良好的社交形象。相反，如果对方因没能下得了台阶而出了丑，他可能会记恨你一辈子。

很多时候面子是别人给的，其实面子也是靠自己挣来的。有面子固然是好事，让人觉得美滋滋的。当然，很多时候，我们在给自己挣面子的时候，也要学会给别人留点面子。每个人都难免因一时糊涂做一些不适当、错误的事。当你遇到这种情况时，一定要尽可能避免触及对方的伤痛，避免使对方出丑。必要的时候，可委婉地暗示对方的错处或隐私，但不可过分，只需点到为止，决不能伤了对方的面子。给别人面子，就是给自己面子，这样既可以显出你的涵养，也可以赢得友情。

◎ 为批评的话裹上糖衣

想用批评的方法去改造对方，有意无意去揭他的疮疤，对方听了当然很不痛快，就算知道错误他也不会承认，结果越闹越僵。只有给批评穿上一层糖衣，对方才会欣然接受。

在我们的生活中，如果你想要让批评收到良好的功效，那么你一定不要损害他人的自尊心，即使你的动机是好的，有充足的理由批评对方，仍要注意不要使别人的自尊心受到伤害。一般在有第三者的情况下，即使是最温和的批评也会触怒对方，不论你的批评正确与否，他都会觉得你的批评让他在别人面前丢了面子。所以，我们不妨给批评裹上一层糖衣，这样就不会让对方丢了面子，对方还会很容易接受。有这样一个故事：

从前，有一个智者，他胡子雪白，谁也说不清他有多大年纪。

男女老少都十分尊敬他，无论谁遇到大事小情都来找他，请他提些忠告，但智者总是笑眯眯地说："我能提些什么忠告呢?"

一天，有一个年轻人请求他为自己提一个忠告，智者仍然婉言谢绝，但那个年轻人就是苦缠不放。智者没有办法，于是就拿来两块窄窄的木条，两撮钉子—— 一撮螺钉、一撮直钉。

另外，他还拿来一把锤子、一把钳子、一个改锥。

开始的时候，他用锤子往木条上钉直钉，但是木条很硬，他费了很大劲，也钉不进去，即使把钉子砸弯了，也钉不进去。

一会儿工夫，好几根钉子都被他砸弯了。

最后，他用钳子夹住钉子，用锤子使劲砸，钉子虽弯弯扭扭地钉到木条里面，但他也前功尽弃了，因为那跟木条裂成了两半。

智者又拿起螺钉、改锥和锤子，他把钉子往木板上轻轻一砸，然后拿起改锥拧了起来，没费多大力气，螺钉钻进木条里了，天衣无缝。

智者指着木条笑笑："良药不必苦口，人们津津乐道的苦口良药，其实都是笨人的笨办法。那么硬碰硬有什么好处呢？说的人生气，听的人上火，最后伤了和气，好心变成了冷漠，友谊变成了仇恨，我活了这么大，只有一条经验，那就是绝对不直接向任何人提忠告。当需要指出别人的错误的时候，我会像螺丝钉一样婉转曲折地表达自己的意见和建议。"

其实，言语的尖刻并不一定能达到批评的效果。批评的效果往往并不在于言语的尖刻，而在于形式的巧妙，正如一片药加上一层糖衣，不但可以减轻吃药者的痛苦，而且使人很愿意接受。批评也一样，如果我们能在必要的时候加上一层糖衣，也同样可以达到“甜口良药也治病”的目的。

一家营建公司的安全检查员的职责是检查工地上的工人有没有戴安全帽。一开始，当他发现不戴安全帽的违规行为时，便利用职业上的权威要求工人改正，其结果是：受指正的工人常常显得不悦，而且等他离开，便又将帽子拿掉以示反抗。于是，他总结经验，改变方式，看到有工人不戴安全帽就问是不是帽子戴起来不舒服，或是帽子的尺寸不合适，还用愉快的声调提醒工人戴安全帽的重要性，然后要求他们在工作的时候最好戴上。这样效果比以前好多了，也没有工人显得不高兴了。

一个善于批评的批评者，他在批评他人时也能做到“忠言不逆耳”，每个人都乐意接受。就像药丸很苦，但是如果在外面裹上糖衣，就没有苦涩的口感了，这样就更容易使患者一口吞到肚子里去。于是，药物进入胃肠，药性发生了效用，疾病自然也就好了。

◎ 批评要对事，不要对人

“对事不对人”不仅容易使下属客观地正视自身的问题，让别人对你心服口服，而且也有助于在部门内部形成公平竞争的环境，使下属不会产生为了自己的利益去溜须拍马的想法。

领导为什么要批评下属呢？自然是因为下属的行为触犯了规则，事情办得不好。因此，批评内容应当与下属的行为紧密联系在一起，而不是与下属的人品联系在一起。但是，作为一个明智的上司一定要时刻记住，你训诫的是违规的行为，而不是违规的人。训诫之后，上司应当像什么都没发生一样，公平地对待下属。

也就是说，批评时要尽量“对事不对人”。这样做也是为了防止让下属认为你对他有成见。“对事不对人”，平时我们都这样说，但真正做起来的时候恐怕就没这么简单了。

批评他人的时候，千万不要大发脾气。主管在面对部属表现欠佳的时候，往往大发雷霆，甚至破口大骂。这种情况下的批评很容易流露出人身攻击的倾向，让下属产生自卫心态，无法放开心胸接受批评，让下属认为你对他有成见；同时，你也会给下属留下没涵养、缺乏领导风度的印象。

上司在批评下属时，仅对一件事情进行批评。有时，上司在批评时，为了给自己寻找充足的证据，会将下属以前的事情拿出来一起批评，这种方式很容易损害下属的自尊，他会感觉你早就认定了他就是这么一个人了。

在开展批评前，上司一定要摆正自己的心态，切忌张口闭口来句“你怎么搞的”“你这么差劲怎么能……”等有伤下属自尊的话来打响批评的第一炮。工作的失误是有许多原因的，有时候可能是他本人一时疏忽大意，也有可能是不可抗拒的外力所致。注意，开展批评时，应该只对事不对人，切忌对下属进行人身攻击，也不可将其以往工作中出现的错误集中起来，一起兴师问罪。

在批评时，应对事不对人，也就是说应该批评别人所做的错误行为，而不要批评当事人。因为是行为本身应受到批评，并不是人本身。你绝不应该在批评别人时说：“你是个蠢才”“你怎么那么笨”“你有没有头脑”等这些伤人自尊的话。在批评下属的同时，一定要告诉他正确的方法。这么做才会使批评产生积极的结果。

◎ 批评别人，要单独说

批评别人的时候，最好在私下里进行。这样不仅有利于对方改正错误，还有利于人际关系的进一步融和。

中国人向来都是非常爱面子的，如果上司在公开场合批评下属，就会使下属感觉很没面子，也许下属会对上司怀恨在心，使二人的关系变得紧张。其实下属在听取上司对其批评时，更多的是关注同事对自己看法和反应，会无视上司的批评。我们也常常能够见到很多上司会在会上点名批评下属，其实这种做法是不妥的，缺乏人性化。在众多下属面前批评一位下属，不但会打击士气，更会打击人心。他们会想下一个批评对象也许就是我，怀着忐忑不安的心开完会，或许他们也就在上司批评之后就有跳槽的想法了。反过来说，如果上司经常批评下属，下属会对上司有了看法，认为上司不会表扬人，每天就知道批评人，不会反省自己。这样的上司带出的下属由于受到影响，也会带有这种工作作风批评下属，并且认为这是理所当然的事。这样培养出来的团队也是没有战斗力的，或者是战斗力非常低的。

最好的方式，就是不能在众人面前让下属的尊严扫地，而要在没有第三者在场时，一对一地单独进行，要视对方对问题的认识程度，以及内心思想根源进行批评。如果认为对方因单刀直入的批评而产生反感时，应和他离开工作场所，耐心倾听对方陈述，然后再提出自己的规劝之意。

当然，对那种不知悔改的人，采取在大众面前公开批评方式也是可行的，但毕竟是一种不得已的最后手段。至于大家共同存在的问题，需要进行批评时，也不必明确地提出对象来，不点名地向全体提出，希望大家注意就可以了。

一个聪明的上司，当他的下属犯了错误时，他会选择适当的方式，如私下里对下属提出批评。如果他这样做了，下属自然会感激万分，因为他清楚，上司不仅给了他面子，而且还给了他机会，知恩必报，以心换心，下属会更加努力，做出好成绩来报答上司的。

有一位开图书公司的李老板，他教训起下属来火气很大，声音高亢，表情丰富，被训斥的下属往往一脸沮丧，低头不语，其他下属也会噤若寒蝉，鸦雀无声。李老板平时很忙，电话一个接一个，等他签字的人经常在他桌子前排成一行，其实他的公司并不很大，只有二十几个人，但七八个业务员的工作状态却与老板形成鲜明对比，业务员经常百无聊赖地坐在桌前对着电脑发呆。有人问业务员，为什么有的销售单子自己不做，非要推给老板，业务员说公司的事能不做主我们尽量不做主，我们老板可厉害了，万一做错事会被他骂死的。平常也经常耳闻他们公司新去的业务员，因为忍受不了李老板的脾气辞职不干。

现在的公司白领基本都是80后，在家大部分是独生子，从小受宠，自尊心强，到单位也受不了一点委屈，因此对下属的管理方法也应与十年前不一样，应与时俱进。对待下属，比较好的方法是私下批评，公开表扬。下属有缺点，如果当众批评指责他，因为面子问题，下属逆反心理强，不仅心里不接受，而且容易口头上反驳，顶撞上级，这就把上级置于一个非常尴尬的境地，是大人不计小人过不予计较还是放下身段与下属争吵？无论怎样，都达不到预期的效果。如果将批评放在私下进行，既照顾了下属面子，下属一般都能心平气和地考虑问题，也能充分地与上级交换意见并接受批评，效果比较好。

至于表扬呢？一般是在人越多的场合进行越好，这样被表扬的人就会觉得有面子，而其他的下属也会明白公司鼓励什么样的行为。被表扬的下属还被公开架到一个相当的高度，下回他不想这么做都不行了。

其实，有时候公开的表扬与肯定比发奖金都管用，人毕竟不只需要物质上的满足，还需要精神上的满足。

总之，批评别人的时候，最好在私下里进行。这样不仅有利于对方改正错误，还有利于人际关系的进一步融和。表扬别人的时候，自然是在公众场合了。这样会使被表扬的人很有面子，也会使别人清楚地知道这种行为是受到公司肯定的。

◎ 批评话不宜过多，促其自省

当面指出别人的错误，只会让对方自觉尊严扫地，这样不但解决不了问题，甚至会造成对方强烈的逆反心理。如果巧妙地暗示对方的错误，那样就会受到对方的爱戴和尊敬。

在这个世界上没有人愿意被人批评，特别是让最亲近的人批评，那是很伤自尊心的。批评的内容会让人觉得很不舒坦，而那种恨铁不成钢的神态、不客气的语调，更加重了打击的力度，这和外人的含蓄提醒，旁敲侧击的间接批评，其效果是截然不同的。

在批评他人时，最好不要直言其事，而是借助于寓言故事、历史典故、轶闻传说来讽喻说理；或借助于批评类似现象，引起对方联想、比照；或讲个小笑话，启发对方去思考，这种批评方式可称作旁敲侧击式。需要注意的一点是，尽量不要在公共场合批评人，无论对方是什么人，身份或辈分是否比你低，不要肆意扩大批评的范围，尽可能让很少的人知道。比如你知道你朋友的做法是错误的，直接批评可能会伤害到彼此的感情，不如就采取迂回的方式对他说：“虽然你有你的生活方式，可是我觉得如果你这样做，会更好。”或者

“这件事如果那样做是不对，我相信你是不会那样做的，对不对?”这样做不仅有助于对方认识到自己的错误，也会使对方认识到你提出意见是善意的而并非有意为难自己，你针对的是他的缺点，而并非他的自尊心，也就是所谓的对事不对人。把你的批评指向他的错误，而不是他这个人，这样就不会影响他完整的自我形象，就能顺利地把批评建立在良好的情绪上，建立在友好的气氛中，从而使对方在没有压力的情况下，接受你的批评。

一般情况下，间接指出别人的过失，要比直接说出来显得温和，并且不会引起别人的强烈反感。

最善于布道的“皮却”牧师去世后，爱保德牧师被邀登坛讲道。他想在这次讲道上有完美的表现，所以他事前写了一篇讲道的演讲稿，准备到时应用。他一再修改、润色，才把那篇稿子完成，然后，读给他太太听。但是这篇演讲稿并不是很理想，和普通演讲稿没什么两样。

如果他太太没有足够的修养和见解，一定会向他这样说：“爱保德，这篇演讲稿糟透了，那绝不能用——如果你这样讲的话，听的人一定会睡觉，它读起来就像百科全书一样；你讲道这么多年，应当很明白。老天爷，你为什么不像平常一样讲话，为什么不自然一些?”

爱保德太太当然可以这样对自己的丈夫说。可是，如果这样做会出现什么样的结果呢?

那位爱保德太太非常清楚这会是什么后果，所以她巧妙地暗示丈夫，如果把那篇演讲稿拿到北美评论去发表，的确是一篇极好的文章。换句话说，她一面赞美丈夫的杰作，一面又向丈夫暗示，他的这篇演讲稿，并不适合讲道时用。爱保德看出了他妻子的暗示，就把他那篇绞尽脑汁所完成的演讲稿撕碎。他什么也没准备，就去讲道了。结果，那次的讲道比以往还要成功。

其实，劝阻一件事情，我们可以采取暗示的方法。对人正面的批评，那会伤害他人的自尊心。如果你旁敲侧击，对方知道你用心良苦，他不但接受，而且还会感激你。

阿帕娜太太请了几位工人盖房子。刚开始几天，每次她回家的时候，总是发现院子被弄得乱七八糟的，并且到处都是木屑。由于他们的技术较好，阿帕娜太太不想让他们反感，便想了一个解决的办法。

她等工人们离去之后，便和孩子把木屑清理干净，堆到院子的角落里。第二天早上，她把领工叫到一旁，对他说："我很满意昨天你们把院子清理得那么干净，没有惹得邻居们说闲话。"从那以后，工人们每天完工之后，都把木屑堆到院子角落，领工也每天检查院子是否清理过。

杰克每天都会到费城里去看一看他的大商店。一次，他看见一名顾客站在柜台前等待，却没有一位服务员招呼她。后来，杰克才发现那些服务员正聚在一起，彼此嘻嘻哈哈的。他一句话也没有说，只是默默地走到柜台后面，亲自招呼那位女顾客，并把她购买的货品交给售货员包装，然后就走开了。从那以后，那些服务员再没有犯过类似的错误。

间接批评运用得当，不仅可以避免给被批评者造成精神压力，而且能化消极因素为积极因素，起到激励的作用。当然，运用间接批评不能千篇一律，要看对象，批评的程度也应视具体情况而定。对那些错误严重、屡教不改的人，则还要运用其他一些必要的手段和方法。

第二章
学会说赞美话，真心诚意打动别人

赞美是极具效率的人脉语言，我们身边的每个人，当然也包括我们自己，都希望得到他人的赞美，希望自己的价值得到肯定。我们都处于一个极小的天地里，并且认为自己是小天地中的重要一员，渴望得到他人由衷的赞美。那么，我们究竟希望得到什么样的赞美呢？我们又该如何去巧妙地赞美他人呢？

◎ 一语中的，夸人夸重点

我们赞美对方就是为了让其产生美好的感觉，因此，一定要去选他的特别之处，他身上非同一般的闪光点去赞美。如果我们的赞美没有针对性，没有赞美到点子上，那么很可能会引起对方的反感。

有一些“护花使者”最擅长的就是赞美女性了，他们的拿手好戏是每逢女性改变一下饰物，他们便会大加称赞。“今天的耳环不一样，说不定是法国造的?”听见这种话，没有一个女孩子会不高兴。然而，眼光不好的人随便赞美也有可能产生相反的效果，例如廉价的衣服却称赞为“高贵的服装”，对方也许反而觉得被挖苦。总之，洞悉并赞美对方希望获得赞美的部分，这不仅针对女性有效，针对男性也有效。

人的素质有高低之分，年龄有长幼之别，因人而异、突出个性、有特点的赞美与一般化的赞美相比，能收到更好的效果。当你与年老的长者交谈时，可以多称赞他引以为傲的过去，因为老年人一般都希望别人能够记住他当年的业绩和往日的雄风；当你与年轻人交谈时，不妨语气稍为夸张地赞扬他的创造才能和开拓精神，并举出几点实例证明他的确能够前程似锦；当你与商人交谈时，可以称赞他头脑灵活，生财有道；当你与有地位的领导干部交谈时，可以称赞他为国为民，廉洁清正；当你与知识分子交谈时，可以称赞他知识渊博、宁静淡泊……当然这一切要依据事实，切不可虚夸。

每个人都或多或少有点自卑心理，他们都喜欢别人恭维一下，如称赞其聪明、英俊、有才华、精力充沛……总是令人受用的。

当然，“过分恭维别人，便是贱卖自己的人格”。恭维过度，会让人觉得你是阿谀奉承、拍马溜须之辈而生厌。恰如其分的恭维，则不失为博得别人好感和信任的方法。

每个人都有自己厌恶的东西，包括缺点在内，如果他自己认为是缺点的东西，内心极为厌恶，但却被你夸奖，这会令人无法接受。比如说你赞美某个人像电影明星，而他恰恰讨厌这个名星的相貌或性格，那你的赞美就适得其反。如果遇到一个其貌不扬的女子，你却偏偏夸她长得漂亮，那么她一定会认为你是在嘲讽她。

所以，在赞美别人时一定要善于寻找到对方最希望被人赞美的地方。名人有名人优越的地方，在自知优越的地方，他们固然盼望得到别人公正的评价，但在那些还缺少自信的地方，尤其喜欢受到别人的恭维。例如一般的女孩子都喜欢听到别人称赞自己漂亮，但是对于那些姿色出众的女孩子，她们却希望别人赞美自己聪明，“你真聪明”之类的话会让她们欣喜万分。再比如，对一个刚刚升职的人，恭喜他升迁，倒不如说“你可以在更大的天地里施展才华了”。

云莉从升入大学的第一天，就被同学们评为班花，不用问，云莉确实长得十分漂亮。云莉自己也知道，从小到大她听到的称赞最多的就是关于她漂亮的外表，对于这样的赞美，云莉真是感觉有点儿“赞美疲劳”了。其实在她内心深处最希望听到别人说她“有才华，将来肯定会有所成就”。云莉的男朋友就是靠着别具一格的赞美才赢得了她的芳心。“在我身上，他总能发现别人发现不了的优点。”云莉开心地说。

当一个女人去赞美另外一个女人的装扮或服饰美丽时，多半是因为她在对方身上找到了共同的爱好和兴趣。譬如：林美丽对于原晓晓新买的皮包表示肯定，并赞美原晓晓很有品位，很会挑东西。听到这些赞美，原晓晓当然非常开心，而对于给予这些赞美的林美丽，也很开心。

由此可见，赞美就得“赞美”到点子上，要有真实的情感体验，要有发自内心的真情实感，这样的赞美才不会给人虚假和牵强的感觉，这样的赞美往往会使对方听来十分亲切真实，完全是发自内心的欣赏之情，这就会使对方产生一种遇到知音的感觉，因而也更能增进友谊，缩短彼此间的距离。带有真情实感的赞美不仅能体现人际交往中良好的互动关系，还能表达出自己内心的良好感受，对方也能感觉到你对他的真切关怀。

如果要赞美一个女性，我们多半会想到赞美她的容貌、气质、性格、才艺等。其实，同为女性，又是朋友，你不妨多站在女性的角度，多发掘一些她的特别之处来赞美。譬如：对于刚刚荣升为母亲的女人，可以多赞美她的孩子；对于在家做全职太太的女性，可以多赞美她的厨艺、缝纫技术或家居布置等，因为这些，可能更会引发对方的兴趣，她也会为遇到你这样的知音而感到欣喜。

“你真懂得关心人！”

“你真是太为自己孩子们着想了！”

“你喜欢储蓄呀？真棒！谨慎，稳当。”

换个角度想一想，如果有人对你说类似的话，你会是什么样的心情呢？你一定会感觉很开心。我们去赞美对方就是为了让其产生这种美好的感觉。

◎ 别让赞美被人认为是谄媚

只有适度的赞美才能博得对方的好感，才能恰到好处地实现与人交谈的目的。过度的恭维、肉麻的奉承，甚至把别人的缺点都说成优点，这样是很难打动人心的，也会让人怀疑你是虚情假意的逢场作戏。

赞美的尺度掌握得如何，往往直接影响赞美的效果。恰如其分、点到为止的赞美才是真正的赞美。使用过多的华丽辞藻，过度的恭维、空洞的吹捧，只会使对方感到不舒服、不自在，甚至难受、肉麻、厌恶，其结果适得其反。假如你的一位同学歌唱得不错，你对他说："你唱歌真是全世界最动听的。"这样赞美的结果只能使双方都难堪，但若换个说法："你的歌唱的真不错，挺有韵味的。"你的同学一定很高兴，说不定会情不自禁一展歌喉向你送上一曲呢！所以赞美之言不能滥用，赞美一旦过头变成吹捧，赞美者不但不会收获交际成功的微笑，反而要吞下被置于尴尬地位的苦果。

赞美别人的好处，必须符合实际；捏造的谎言非但不能达到预期的效果，反而会招到对方的轻鄙，所以佛教五戒中禁止妄语。我们又可以叫这种过分的赞美为谄媚。

马屁精人人避之不及，我们提倡赞美，但一定要和马屁精划清界限，常见的马屁精有以下几种：

(1) 总是同意别人提出的每一件事，他们经常说的一句话是"你说得太对了，我完全赞成"，从不发表不同意见或建议。

(2) 经常颂扬别人。而用贬低自己或别人的方法来赞美对方，同时表情丰富，挂着夸张的笑容。

(3) 用赞美的话语来使你为他办事，不该表扬的时候也大加赞赏，而对自己的平庸千方百计地遮掩。

(4) 如果比他职位高的人说了个笑话，哪怕是很没趣的笑语，他们也会笑得跟真的特别有趣一样。

赞美有助于促进被赞美者美德的发扬和推动彼此友谊健康地发展，还可以消除人际间的隔阂。还要记住：赞美并非只能献给有杰出成就的人；对于我们周围的许多普通人，包括对某些自己不太喜欢和不如自己的人，也同样应真诚而热情地给予赞美。因此，请你学会赞美，学会赞美身边的每个人，因为赞美不但会使被赞美的对象感到自豪，自己也会变得完美起来。

赞美是每个有修养的人都应有的行为。对别人真诚得体的嘉许表示自己的谢意，也是有修养的表现。

但是，对他人表示善意和赞美并不等同于奉承，而对他人的曲意奉承、迎合讨好，保持着何种态度，也能反映一个人的品德修养，也可以由此来决定他在别人心目中的位置，决定他与周围人的关系。对别人的奉承持什么样的态度对一个公司的主管显得格外重要，因为主管的态度往往影响到整个团队的情绪及士气。

当你听到别人过度的赞美时，可千万别因此而昏头转向、得意洋洋。要能面对他人的奉承而能自持不迷失，首先要对自己有一个清醒、客观的认识，如此才能进一步想到别人为什么要奉承、讨好自己。不少奉承讨好是乘虚荣心之“虚”而入的。在听到他人不恰当的恭维时，可以趁机检讨，自己是不是在言行中流露了喜好逢迎拍马的作风，只想听好听的话？那些迎合讨好别人的人，其花言巧语的背后大多数是有目的的。弄清楚奉承者的目的，有助于了解他人及了解自己在他们眼中的形象。

当然，自身的思想修养只是其中的一个方面。社会是一个复杂的体系，在我们的生活中总有一些人想借助迎合、讨好关键人物，以达到个人愿望。遇到这种人，我们不宜也不可能一概以严词或白眼待之。如果在态度上没有应对好，很可能将真诚的赞美拒之门外，从而影响到和大家原本友善和睦的关系，甚至孤立自己。千万不要一听到别人对你的称赞就想到别人有什么不可告人的目的。一般来说，只要正确估量自己，他人言辞是否夸大不实，是可以加以判断的。如果当众听到过分的奉承，应婉言表明自己的态度，说明事实上并非如此，指出这种评价是不客观的，这就是一种委婉的拒绝。这样做既不会使奉承者太难堪，也是一个声明，它替你拒绝了讨好，赢得了尊重。

如果在私下场合遇到奉承讨好的事情，你可以严肃地加以回绝。如果是为了工作，应该直截了当地说清楚，个人有什么难处，只要诉求正当，作为朋友、主管自然会尽力帮忙。但是，如果想通过迎合拍马的方式来达到自己的愿望，这实在不可行。只有清楚地表明自己的态度，才能杜绝类似的现象再次出现，这才是一个人真正正直的表现。

只有适度的赞美才能博得对方的好感，才能恰到好处地实现与人交谈的目的。在赞美别人的时候，如果把握不好一个“度”字，而是过度的恭维、肉麻的奉承，甚至把别人的缺点都说成优点，被赞美者自然会怀疑你的诚心，别人也容易把你这种赞美讥笑为“拍马屁”。

◎ 背后的赞美，效果更佳

要赞美一个人，当面赞美固然能起到作用，但背后赞美的效果更明显。如果我们当面说别人好话，说得不当可能会被认为我们在奉承他、讨好他；然而在背后说这些相同的好话时，被赞美者就容易接受我们的赞美之辞，也容易领情。

事实上，世界上没有人对来自他人的赞美无动于衷，只不过有人善于赞美他人，有人不会赞美而已。大文豪肖伯纳曾说过：“每次有人吹捧我，我都头痛，因为他们捧得不够。”可见，高帽子是人人爱戴的，关键是赞美的人能不能抓住对方的闪光点而已。

真诚坦白地直接赞美别人，固然能取得效果，但是背后赞美则能收到更好的效果。因为那样的赞美更真实，是真正发自内心的。

在《红楼梦》中有这样一段描写：本来宝玉就是一个追求自由、受不得半点约束的人，史湘云、薛宝钗却用心良苦地劝宝玉好好学习，以后做官，宝玉对此大为反感，对着史湘云和袭人赞美黛玉妹妹说：“林姑娘从来就没有说过这样的混账话！要是她也说这些混账话，我早就和她生分了。”

恰巧黛玉此时走到窗下，听到了宝玉对自己的赞美，“不觉又惊又喜，又悲又叹。”之后宝玉和黛玉二人互诉衷肠，更加亲密无间。

在黛玉看来，宝玉在背后赞美自己，而且不知道自己会听到，这种赞美就是发自内心的。如果宝玉当着黛玉的面说这样的好话，生性多疑的黛玉可能会认为宝玉是在讨好她或打趣她。由此可见，背后说别人好话明显要比当面恭维别人效果好得多。你完全不用担心你所赞美的人会听不到你的赞美。相反，你对对方背后的赞美，很容易就会传到对方的耳朵里，对方也会因此对你另眼相待。

很久以前，有个县令性格非常古怪。他每一次发布新政令，都要求属下交口称赞。最初，下属们称赞县令的时候，县令非常高兴。但是时间长了，县令就觉得很不过瘾，因为下属们每一次称赞县令时都是那么几句话。

有一个聪明的下属看出了县令的心思，就想来点新鲜的，让县令高兴高兴。

这天，县令又发布了新政令。那个聪明的下属这次没有像以往一样当面称赞县令，而是故意在一旁悄悄地对人说：“凡是身居高位的人，大多喜欢别人的奉承，只有我们老爷不是这样，他对别人的称赞一向不放在心里。”

县令从别人那里听到了这个下属的话，心里非常高兴，马上唤来那个下属，手舞足蹈地对他称赞不已："好啊，知道我心里想的，只有你这个人了！"

从那以后，这个聪明的下属受到了县令的重用。

故事中差役的一席话实际上说给那个喜欢听恭维话的县令的。然而，这个差役聪明的地方就在于他并没有像别人那样当面恭维县令，而是把恭维话说在了背后，用和同伴背后议论的方式，有意识地让县令把对自己的赞美听到耳朵里去，把县令捧得极高，而达到自己拍县令马屁、讨好县令的目的。

其实，由第三者来传达的赞美，更容易打动人心，也更容易得到他人的欣赏与好感。转述的赞美虽是间接式的，却是双倍的赞美，比当面直接赞美效果更好。因为当面赞美，很可能是客套话，而背后的赞美常是真心话。真正懂得赞美的人，深知转述赞美的威力，所以总是会在背后赞美别人。因此，需要注意的是，不要在打算求人帮忙的时候赞美别人，人家会觉得你目的性很强，哪怕你的赞美出自真心。

当面赞美他人，有时并不能说明你的真诚。只有在背后赞美别人，才会收到更好的效果。因为这个时候，你的赞美一般不会带有太多的功利性。他会认为你的话并非虚假，而是出自真诚。只要有机会你就说，夸奖得多了，对方自然会知道你夸奖他了。而且，也要养成一种背后夸奖别人的习惯，这样会对你自己有益。千万不要在背后批评、议论他人的是非， 时间长了，人们就不会相信你的话了。

◎ 赞美不要落俗套

对于那些经常被人赞美的人来说，一般性的赞美对其意义并不是很大。这时，要是赞美不落俗套，从别人较少赞美的地方给予赞美，效果会更好。

赞美语言要有新意。新颖的语言是有魅力、有吸引力的。简单的赞扬也可能是振奋人心的，但如果多次单调重复，也会显得平淡无味，甚至令人生厌，所以要掌握火候，恰到好处。

有这样一句话，别人嚼过的甘蔗不甜。在赞美别人时，使用那些别人都说了无数遍的词语，只会让对方觉得你是在敷衍他，从而产生不值得深交的印象。

比如，当你遇到一个初交的人时，说什么“久仰大名，如雷贯耳”的话，那个人肯定会这么想：“我从来没见过你，你怎么会‘久仰’我的大名呢？还‘如雷贯耳呢！这不过是在敷衍我罢了。”当别人对你得出一个“敷衍”的第一印象时，恐怕也会以敷衍回报你。你想消除这一不良印象，非得花时间不可。

即使真的是“久仰”人家的“大名”，也用不着说“久仰大名”这样的套话。有位公关小姐跟客人的见面语，很值得借鉴。有一次，她对客人说：“我早就听说过你，是我们部长告诉我的。她说你重交情、守信用、豪爽大方，很有魄力。我早就想见一见你，今天这个愿望终于实现了。”

试想一下，有谁听到这样的赞美不飘飘然，不对赞美者产生好感呢？

每个人都有自己的爱好和个性，而且，每个人都乐于表现自己与众不同的一面。只有针对对方别具一格的特色进行不落俗套的赞美，才能真正打动人心。人云亦云，味同嚼蜡的陈词滥调，已失去了赞美的本意。比如，一些人在公共场合赞美别人时，自己想不出怎样赞美，只能跟着别人说重复话，附和别人的赞美。

五代时，梁太祖朱温手下有一批鹦鹉学舌拍马的人。一次，朱温与众宾客在大柳树下小憩。大柳树浓荫蔽日，树下清风习习，十分凉爽，朱温不禁赞叹道：“好大柳树！”宾客为了讨好他，纷纷起来相继赞叹：“好大柳树！”朱温看了觉得好笑，又道：“好大柳树，可做车头。”实际上柳木是不能做车头的，但还是有五六个人互相赞叹：“可做车头。”朱温对这些鹦鹉学舌的人烦透了，厉声说：“柳树岂可做车头！”于是把说“可做车头”的人抓起来杀了。

每个人也许都经历过这样的事情：中国人在别人赞美自己的时候，往往都要表示谦虚一下。如果是在人多的场合，大家众口一词地赞美某个人的同一件事，他会感觉很不自在，越是最后几个赞美的，如果是同样的话，越让他感到厌烦。

在这些千篇一律、陈词滥调的赞美中，有一种情形是比较特殊的：某些人学有所长，并在自己的领域内取得了无可争议的地位，由于别人对他们的专长已赞美得过多，他们对这种赞美已经麻木了。即使你别出心裁，说出新颖独到的溢美之词，也很难激起他们的好感。碰到这种人，与其赞美他们的专长，还不如赞美他们的业余爱好和人品。

陈词滥调不仅是社交的忌讳，也是赞美别人的忌讳。那么，怎样才能避免陈词滥调呢？

1. 真知源于实践

只有多参加社会交往，在实践中学习和总结，并根据自身经验和体会进行适当调整，赞美技巧才能逐步提高，并走向成熟，形成自己的风格。

2. 用诚心感受对方的心理需要

陈词滥调往往是在不了解对方心理状况的情况下说出来的话，无的放矢，没有目标。只有当你对其进行深入了解以后，才能知道他在此种场合此种情景下的情绪与需求，然后才能给予别出心裁的赞美，从而顺利实现自己的愿望。

3. 明白“曲径通幽”的道理

会赞美的人善于实施迂回赞美术，围绕对方关注的但又不是专长的方面进行赞美。例如，当“棋圣”聂卫平在中国和世界棋坛大显身手、出尽风头的时候，与其夸他是个“围棋天才”，还不如说他桥牌玩得精更让他开心。要知道，最美的风景不在一目了然的地方，而在曲径通幽之处。

◎ 赞美的内容越具体越好

托尔斯泰说：“就是在最好的、最友善的、最单纯的人际关系中，称赞和赞许也是必要的，正如润滑油对轮子是必要的，可以使轮子转得快。”要想获得良好的人际关系，就要学会不失时机地赞美他人。当然，说到赞美，应该发自内心，同时应该注意赞美对方的具体行为和变化，而不要很笼统地夸他优秀、夸他好。

如果你只是含糊其辞地赞美他，说：“你真是一个优秀的人。”“你看你，年纪轻轻就这么能干。”这些空虚的话可能会引起对方的猜忌，还有可能造成你们之间的矛盾和误解。你在赞扬对方的时候，应该提出具体的内容，假如只是奉承话，对方听了很可能不当回事，如果是具体的赞美，那么一定会给别人留下好印象。

法国有位将军曾经立下赫赫战功，每次都是战无不胜。当他打胜仗凯旋归来，总有无数的鲜花和掌声包围着他，许多人都奉承他说：“你真是位了不起的将军啊。”或者说：“将军，你是我们的骄傲，是所有法国公民的英雄。”

这些话他听得太多了，大家说出这些话，他始终无动于衷。将军认为，打胜仗是一位优秀的将军分内之事，不值得作如此夸耀。

后来有一个部下看出了将军的心理，于是，他对将军说：“将军，你的胡须真漂亮，就像一片茂密的森林。”将军听了之后哈哈大笑。

这位部下意外地赞美将军的胡须，令将军开心不已。自然，这位部下所受到的回报也会令他开怀大笑，这让其他人羡慕不已，这就是善用具体的赞美而得到收获的例子。

抽象的东西很难有确定的范围，也很难给人留下深刻的印象。赞美的话说出口，应该让人记忆犹新。赞美别人的时候，应该从看得见、摸得到的东西入手，你还可以深入细致地挖掘对方不太明显、处于萌芽状态的优点，这样才更能发掘对方的潜力，增加对方的价值感及被认同的感觉，这样你所赞美的作用才会大。

有一次，卡耐基在纽约的一个邮局里，排队等待发一封挂号信，他发现里面的邮递员工作时并不是很高兴，称信的重量、递邮票、找零钱、分发收据，等等，这样的工作，一天一天单调地重复着。

卡耐基对自己说："我要试一试，让那个邮递员喜欢我，我得说一些关于他的有趣的事情。"于是卡耐基又问自己："可是他有什么可以让我称赞的呢?"这不是一件容易的事情，况且对方还是一个不怎么熟识的人，可是这也很容易，卡耐基看了邮递员半天，终于在他身上找到值得称赞的地方了。当邮递员秤卡耐基的信时，卡耐基很热忱地说："我真希望像你一样有这样一头好头发!"

邮递员听到这话把头抬了起来，他脸上先是露出惊讶的神情，然后露出了笑容，对卡耐基很客气地说："没有以前那样好了!"卡耐基很确切地对他说："或许没有过去的光泽，不过现在看来，依然很好看。"邮递员非常高兴，他们又愉快地谈了几句，最后他对卡耐基这样说："许多人都称赞过我的头发。"

后来，卡耐基在课堂上说道："我敢打赌，这位邮递员在中午吃饭的时候一定很高兴，会觉得饭菜比平时的好吃。"

一位举止优雅的女士对她的领导说："您今天晚上的演讲真是太精彩了。我情不自禁地想，您当一位演说家会是多么出色!"这位领导听了下属这样的夸赞后，高兴得红了脸。正如安德烈·毛雷斯曾经说过的："当我谈论一个将军的胜利时，他并没有感谢我。但当一位女士提到他眼睛里的光彩时，他表露出无限的感激。”

我们在赞扬对方的时候，往往称赞对方的细微之处更显真情，当对方感受到你对他优点的切实了解时，你也就获得了他的信任、真诚相待。

有一天，快要下班的时候，小锦接到女上司打来的电话：“下班后陪我逛一下商场。我想买点儿东西。”小锦当然听得出，在电话里女上司的语调虽然和气，但是平和里还是夹带了一丝命令。作为女上司的秘书，她不敢怠慢，立刻就答应了女上司的请求。

下班后，小锦和女上司一同进了电梯后，她才看到女上司今天穿了一件短款套装，典雅又时尚，不禁说道：“您今天的这身衣服很素雅，非常符合您的气质。”女上司一听，马上露出了灿烂的笑容，嘴里一边说着：“哪里哪里，都是以前买的，没怎么穿过，你看我这样穿行吗?”

小锦说：“绝对可以，这么好看，怎么才穿出来呢，到现在才让我大饱眼福。”女上司听了小锦这么说，心花怒放。

到商场买完东西走出来时，小锦和女上司都有些沉默，可能是逛街都逛累了。但小锦不愿意让这种沉默保持太久，于是她又开始了对女上司的夸赞：“瞧您这身段，小姑娘似的，哪像这岁数的人啊!”女上司一听，疲惫的脸立马变得容光焕发。

从此，女上司更加喜欢和信任小锦了。

赞美别人的方式多种多样，想要达到你的目的，就要从细微之处下手，不要忽略你所发现的对方身上每一件值得赞美的事情，和人单独相处的时候，可以赞美的东西很多，大到身材外貌，小到衣服上的一个小饰品。如果你想具体地赞美对方，就必须具备必要的观察力，如果你没有洞悉对方优点的能力，你的赞美很快就会让人觉得乏味，所以要想拉近人与人的距离，细心的观察必不可少。

在赞美别人时，一定要将赞美具体化，语意模糊的抽象的赞美不会有正面的效果。例如，受到他人突如其来的赞美：“你很了不起”“漂亮”“聪明”，你会感到喜悦吗？非但不觉得喜悦，一般人的本能反应是会问，“你为什么称赞我?”脾气暴躁的人可能会动怒，认为自己被讥讽了。把握赞美的要点，如态度、语调等，出色之处在于真诚的赞美。

例如，用“你的字迹清秀工整，待人和气”来赞美对方，就不如说：“你的字迹清秀，商业信件写得很工整，而且你待人和气，给人好的印象。”这种赞美方法是不是更好呢？遇到眼睛迷人、笑容可掬的女性，与其空泛地说“你很美”，不如说“你眼睛明亮，充满神采，笑起来很可爱”更会使她满心喜悦。

第三章
学会说说服话，让对方从“NO”到“YES”

有时候，我们应该设身处地为他人着想，换种思维站在别人的立场上，然后用明明白白的道理，再加上真情实感，来说服他人接受自己的观点。

◎ 设身处地，多为对方着想

世界是一个复杂多变的综合体，每一个人都有着自己的立场。如果我们能够站在别人的立场上，换个角度，设身处地地为他人着想，那么就不难理解别人的举止行为了。当我们真正做到这一点时，人际关系也会变得越来越好，活得也会越来越开心。

有一些人对自己的所作所为会产生怎样的后果并没有切身的体会，所以他们不懂得及时改正自己的错误做法，所以当他们忘记了“己所不欲、勿施于人”的古训时，最简单的劝说方法莫过于让他们自己尝一尝他们所酿的苦酒。

据说某地有一位不懂得孝顺婆母的媳妇，她嫌婆母年纪大又不能自理生活，于是特地选了一个破瓷碗作为婆母吃饭的专用碗。这位媳妇的母亲却是很有修养的，听说了这件事后不动声色地来到女儿家。见母亲来访，女儿自然好饭好菜招待，谁知母亲拒绝了所有的餐具，点名要用那个又破又脏的旧瓷碗。女儿明白了母亲的心意，从此善待婆母。

这位母亲用设身处地的方法说服了自己的女儿。让自己最亲的母亲去喝自己酿制的苦酒也就等于逼着她自己去喝，只有在这种境地中她才能体会到被侮辱的滋味，也只有在这种境遇中她才能对自己原先的所作所为进行反思并且痛改前非。这种方法让他们亲自看到后果，并且为之痛心不已。

很多时候，如果我们及时调整心态，站在对方的立场思考问题，就会转被动为主动，迅速博得谅解与认同。实践证明：对善于“投桃”的人，现实总会对他“报李”，从而化腐朽为神奇。

电影《周恩来》中邓颖超的扮演者郑小娟在拍摄《周恩来》之前，从未上过镜头。但是她初上银幕，就取得了巨大的成功，把邓颖超的形象塑造得惟妙惟肖，给广大观众留下了十分深刻的印象。其实，开始的时候，郑小娟是不愿意拍摄这部电影的。这让《周恩来》的导演丁荫楠非常失望。后来，影片一切的准备工作都就序了，就要开拍了，唯独邓颖超一角的演员仍没有找到合适的。导演非常着急，无奈之下找到了郑小娟的丈夫姜坤，希望姜坤能够帮助劝说郑小娟出演邓颖超一角。姜坤是一个非常热情的人，立刻把这件事应承了下来。郑小娟发现自己的丈夫也来劝说自己了，非常生气，怪他自作主张。但是姜坤的一席话居然说动了郑小娟。姜坤说：“我代你应下演邓颖超有四条理由：其一，各种艺术的规律是相通的，你不用为不懂表演艺术而担心，只要用心去学就能成功；其二，你要想在美术方面有所发展，也应该从姐妹艺术中汲取营养；其三，你趁拍电影出去走走，对身体大有好处；而最重要的一点是他们是拍咱们敬爱的周总理，应该全力相助。”郑小娟觉得丈夫说的很有道理，于是同意出演邓颖超一角，并一举成功。

姜坤的那一席话说得很简单，可是为什么能够打动郑小娟呢？其实，只要仔细分析一下就会发现，姜坤所说的这四个理由并不简单，说动郑小娟也就在情理之中了。

作为丈夫自然是很了解自己的妻子的。郑小娟其实不是完全不想演，她只是认为自己从未涉足银幕，担心演不好而已。在这种情况下，姜坤劝她不必担心。姜坤认为，绘画是艺术，拍电影也是艺术，而“各种艺术的规律是相通的”。既然是相通的，那么学起来就容易多了。这样的理由让郑小娟无法拒绝。姜坤知道，郑小娟是一位好画家，深深热爱自己的美术事业。基于此，姜坤告诉郑小娟，拍电影，可以从“姐妹艺术中汲取营养”，可以进一步促进自己的绘画艺术，这不是一件一举两得的事情吗？这样的理由，郑小娟更是没有办法拒绝。既然有利于事业，何乐而不为呢？这样的理由正好说到了热爱绘画事业的郑小娟的心里，这也是郑小娟欣然答应姜坤的理由之一。郑小娟当初是以身体不好为借口拒绝了导演的请求，郑小娟身体不好，确实是事实。但是如果和大家在一起出去走走，散散心，这自然要比一个人总待在家里好得多，而且更有利于身体健康。这一点郑小娟无可辩驳。既然出去走走对自己的身体好，那么拍电影又正好提供了一个出去走走的机会，为什么还要放弃呢？郑小娟肯定也是这么想的。所以姜坤这第三条理由也是非常具有说服力的。

这最后一条理由是最具有说服力的。姜坤说：“他们是拍咱们敬爱的周总理，应该全力相助。”周总理是所有中国人仰慕的对象，郑小娟自然也是热爱周总理的。这个理由郑小娟肯定不会拒绝。就这样，姜坤动之以理，晓之以情，成功地说服了郑小娟。

姜坤正是抓住了妻子的心理，刻意站在妻子的角度思考问题，站在妻子的立场上，从四个不同的角度举出理由，开导、劝勉、鼓励妻子，最终说服了郑小娟。我们完全可以这样说：郑小娟能在银幕上成功地塑造出邓颖超的光辉形象，与她丈夫的这番劝说是分不开的。

◎ 说服需要充足的理由

世界是由矛盾构成的，矛盾无处不在，社交场合更是一个充满着矛盾的地方。有了矛盾当然得想办法解决，解决矛盾，一般都通过说服，只有经过长期说服无效，矛盾性质又日益激化时，才采取非社交的强制手段，但那仍然需要以说服作为辅助手段。

说服不限于思想教育工作，传播知识、治疗疾病、经济谈判等，都离不开说服。即使志同道合的挚友之间，也不可能永远事事认识、见解完全一致；若要取得一致，就要通过说服。说服工作处处有、经常有，它的应用范围极为广泛。

说服人家动摇、改变、放弃己见或信服、同意、采纳你的主张，实质上是一场从精神上征服人心的战斗，但又不能使对方有丝毫被迫接受的感觉。一个人几十年形成的思想观点，一个民族千百年形成的风俗习惯、思维定势，并不是三言两语就可以轻易改变的。

在一次考试后，有同学因为得分不理想，认为老师故意刁难，想给老师难堪。如果你是课代表，你应该怎样用晓之以理的方法来说服同学呢？请看一位初中学生课代表是如何巧妙说服同学的：

A：这回那么多人不及格，老师也太不够意思了！

B：明天我们得问问，干嘛跟大家过不去。

课代表：咳！这回大家成绩不好，我的成绩也下降了。开始我也很生气，心想这回挨老爸一顿骂是逃不掉了。静下心来好好想一想，严也有严的好处。这样可以让我们及时发现自己学习上存在的问题，并且加以改进。再换个角度来想，老师严格正说明老师负责任。

晓之以理是一种比较有效的说服方法。那么，什么是晓之以理呢？晓之以理，就是讲道理。简单的事情，小道理，一两个典型事例，再加上简明、扼要的分析，道理就可以讲清楚。复杂的事情，大道理，涉及多方面的因素，触动一点就牵动全局，必须全方位、多层次、多角度地进行一系列的说服工作，从多方面展开心理攻势，并以严密的逻辑推理，如水到渠成地得出结论。

美国学者卡耐基经常租用纽约某大旅馆的大礼堂办班授课。有一次，他正筹备一个新的培训班，忽然接到旅馆的通知：租金涨到原租金的三倍。这下可让卡耐基犯难了：他早已发出通知，地址已不可能更改。于是，他约见旅馆经理，心平气和地说："要提高租金，这不怪你。因为你是经理，责任是多盈利。不过我们应该认真核算一下这样有利还是不利：不错，你不租给我而租给舞会、晚会用，他们付出的租金比我高，当然经济上有利。但不利的是由于我付不出那么高的租金只能搬走，而我每办一次培训班就有成千有文化、受过教育的中上层管理人员到你的旅馆来听课。这难道不是一种广告吗？事实上你花几千元也许邀请不到这么多人来参观，而我却不花你一分钱帮你请来了，难道你不合算，不值得吗？现在请您认真考虑一下再答复我。"结果经理让步了。

在卡耐基与经理的交谈中，他一没叫穷，二没责怪，反而承认涨价是在情理之中，摆出了有利的一面，但接着又摆出了涨价所造成的不利因素。既说利，又说不利，充分表现了自己"无私"，全都以为经理考虑为出发点，这样就很容易被接受。而摆出利弊两方面之后并不作出结论——弊大于利还是利大于弊，而是让对方自己去权衡，又显得从容大度，不咄咄逼人……

◎ 言语犀利，要有针对性

与人交谈，一句话就叹引了对方，让对方愿意听乐意说，或者一下子就征服对方，对方就能对你产生特别的好感。拥有这种本领的人办起事来一般都是比较顺利的。因为这样能够迅速形成融洽、热烈的交谈局面，让双方谈得很投机、很倾心，从而顺利地达到沟通、交流的目的。

一个人每天的生活大概有80%的事情就是与人沟通，所以一语勾心能够带给你方便、快捷和幸福。而要想做到一语勾心就需要一个人有着良好的综合素质和较高的洞察力，能够准确地洞悉出人际关系并随机应变。总之，说话是一门艺术而非一日之功，是需要人们长期地积累和锻炼的。

1. 对准对方选择话题

每个人都希望有人关心自己，如果你对准对方选择话题，就会引起对方兴趣。比如你与同事交谈，别过分以“我”为中心。话题跳不开一个“我”字，对方至多出于礼貌应付几句。如果你谈谈对方职称评定情况、孩子的升学情况、爱人下岗后就业情况，等等，对方一定会有一肚子话被你勾起。再比如你同恋人初约黄昏后，你就对方的工作、兴趣等展开话题，对方就会敞开心扉，打开话匣子，兴致勃勃地与你海聊神侃起来。

小张痴迷于写作，脑子总是处于工作状态，尽琢磨些写文章的事，一向显得很深沉。在一个会议上，某君与小张搭起话来：“你的口才棒极了，上次那个联欢会，你的唐诗朗诵有中央人民广播电台著名播音员方明朗诵的风采。我同你是老乡啊，我经常读你的文章哩，你堪称我们家乡的才子噢！”小张听了这样的话备受鼓舞，对此君感到特别亲切，两人虽是一面之交，但一下子就成了无所不谈的好朋友。

当你对准对方选择适当的话题时，你的交谈才能打动对方的心灵，并且为其所接受。为此，你要多了解对方，多读点心理学，做到一语中的。

2. 尽量表现你的真诚

真诚总是能够打动人心的，当你把自己的真心捧在手心，别人便会推心置腹地与你畅谈。比如与异性交谈，双方存在性别差异尤其是女性，矜持和自重之心很难让人，对一个异性过多地敞开心扉。可是，谁也拒绝不了真诚之心。真诚代表着一颗冰清玉洁的纯净之心，让人不禁心荡神驰。再比如，你与陌生人之间本是隔了一层的，你的真诚会让对方怦然心动，那种防备心理就会为之融化。

当你付出真诚之心时，别人是完全可以体会、感受得到的。人类就是具有这样的天赋。

3. 将“一语”设计为“凤头”

写文章有凤头、猪肚、豹尾之说，有一个好的开头，确实更加吸引人。说话也是如此，开一个漂亮的、独特的“开头”，才能把对方的心“勾”住。你可以设置一个悬念，让你的话具有神秘性。

第二次世界大战时期，英国外汇枯竭，无力从美国购买物资。美国总统罗斯福起草了《租借法》，拟通过租借的方式给英国提供物资，但一些美国人只看到眼前利益，并不能理解《租借法》。为了说服他们，罗斯福说：“假如我的邻居失火了，我有一截浇花园的水龙带，要是邻居拿去水龙带，就可以把水灭掉，就可以阻止火势漫延到我家。这时候我总不能对他说：‘朋友，这管子值 15 元，你得付钱。’这时候邻居刚好没有钱，我看就不能死要 15 元钱。”罗斯福用一个形象而贴切的比方，说服他的人民，再固执的人，也不会听不进去的。

4. 使用一些具有“勾力”的语言

有“勾力”的话都是根据具体情境临时组织的，但确有一些语言本身就更具有“勾力”。比如尊称（尊称人的职位、辈分等）、招呼语（您好、早上好）、欣赏赞美语（你真行、你真漂亮、做得好啊）、感谢语（谢谢你的帮助、您是我的老师）、惊叹语（哇，真想不到啊、竟是这样啊），这些语言都具有一定的“勾力”。当然对象不同，要使用不同的“勾语”，如恋爱着的人，赞美和肯定的话语更具有“勾力”；对上司，尊重的话语更具有“勾力”；对同事，工作和吉利的话语更具有“勾力”。

◎ 说服时，要靠“同理心”

无论是在交际场合还是在工作中，我们会经常为了说服他人、争取对方的理解和支持而煞费苦心。不过，有很多时候，苦口婆心的劝说并不能达到我们想要的效果，甚至还会出现南辕北辙、事与愿违的局面。在这个时候，我们就要考虑是否在说服的方法上出现了问题。

说服的本身就是做别人的思想工作。它是一个由情感交流到思想转化的过程。要想说服对方并非易事，毕竟每一个人都有自我意识，不可能无缘无故地在思想上受到别人的支配。为了能够有效地和别人在思想上达成共识，在行动中达成一致，那么我们不妨运用“同理心”的方式来进行有效的沟通和交流，从而顺利地达到我们所想要的结果。

有一个青年教师的舅妈犯病了，他想把舅妈接到城里进行治疗。

这天晚上，他早早地下班，回到家里做了一锅红枣饭。妻子回到家看到之后，高兴地吃了起来，并问他：“这么甜的枣在市场上是买不到的，你是从哪里弄来的呀?”丈夫回答说是乡下的舅妈托人捎来的。

妻子听了，十分感动，说：“舅妈对咱们实在是太好了，年年给咱们送枣来!”丈夫说：“是啊，舅妈真是把我当成亲儿子来养了，我从小就失去了父母，是舅妈含辛茹苦把我拉扯大的，要是没有舅妈，我哪里会有今天啊。”妻子说：“有这样的舅妈，真是咱们的福气，我们一定要好好地孝顺她老人家。”

在这个时候，丈夫停顿了一下，叹了口气说：“我听捎枣的人说，舅妈的关节炎又犯了，我想……”

“那还等什么呀，赶紧接来吧，去医院好好看看，别再让她老人家受苦了。”丈夫的话还没有说完，妻子就把他想说的话说出来了。

这位青年教师的原意是想把舅妈接到城里来看病，但是又怕妻子不同意。于是，就用“同理心”的方式说服妻子。先通过吃红枣饭，忆旧情，让妻子的心里对舅妈产生和他一样的感激之情，在情感和思想上达成初步的共识：“要好好孝敬舅妈”，之后说出舅妈的病情，从而让妻子说出接舅妈的话。这种说服形式，自然比那种直接表达要高明得多。

假如我们在说服别人的时候用比较生硬的方式，或者是自视高人一等，用指点迷津般的口气对别人进行指指点点，那么就永远不可能取得说服的效果，反而会加剧双方的矛盾，让对方对你产生厌恶和排斥的情绪。我们应该知道，尽管每个人的性格、爱好、习惯、修养等各方面是各不相同的，但是在一些大方向的认知上都存在着相同之处，特别是在常识性的东西面前更是如此：比如工作量太大会导致疲惫、喝酒太多会给身体带来疾病，等等。我们需要做的，就是以这些常识性的东西为媒介，进行个人表达，获得对方的认同，在达成共识的基础之上进行更进一步的说服，最终取得想要的结果。

在说服别人的时候，每个人都会觉得自己是有“理”的，但是，如果这个“理”无法取得别人的认同，也就失去了作用。只有让双方都接受的道理才是真正的道理。有了“同理心”才能让你的说服达到应有的效果，使对方心甘情愿地听从你的意见，按照你的想法去做事。

在说服的过程中，如果你能用“同理心”为跳板，因势利导地解开对方思想的扭结，那么你离成功也就越来越近了。

◎ 抓住对方的弱点，展开攻略

我们每个人都有弱点，也都有自己的“小辫子”，当我们抓住别人“小辫子”的时候，你就可以利用这个把柄来达到说服对方的目的。这个所谓的把柄，可以是对方的弱点，也可以是对方的痛处，只要能影响到对方的情绪，能牵着对方走的，都是你说服的关键点。

有一次，汉代的大辞赋家司马相如外出云游，在回成都的路上路过临邛。他在当地的富豪卓王孙的家里看到了貌美如花、冰雪聪明的卓文君，第一眼就喜欢上了她，然后用一首《凤求凰》表达了对卓文君的爱慕之情。卓文君看到才貌双全的司马相如，春心萌动，也立刻就喜欢上了他，当天夜里就与司马相如私订终身。刚刚天亮两个人就一起回到成都。

司马相如家一贫如洗，生活根本无法继续下去。卓文君便回到家乡准备向父亲求援。可是卓王孙看到女儿与人私奔早就气在心里，一文钱也不愿意给他们。

就在这时，司马相如却笑了笑，对卓文君说：“你爹爹最害怕什么？”卓文君想了一会儿说：“我爹爹最怕丢面子，我们的亲事也是他怕人说没按礼节聘娶才不管的。”司马相如说：“没关系，我们一定要让他自己送钱来。”

随后，司马相如就卖掉所有东西，在卓府旁边开了个酒馆，让卓文君在大街上卖酒，她自己穿得很简单，和酒保一起干活，制酒卖酒。消息一传出去，城里城外的人纷纷来到酒馆，就是为了一睹卓文君的芳容。卓王孙知道这件事情以后，气得不得了，无奈之下，只好分给他们夫妻仆人百名、钱财百万，他们夫妇二人更是高兴得不得了，然后带着钱财、仆人回到成都生活去了。

司马相如很巧妙地抓住了卓王孙爱面子的弱点，与他对立，卓王孙一被激怒就中了司马相如的圈套，给了他们钱财。既然他爱面子，那就叫他有失面子，面子一失，他自然就掌握在司马相如手中。

在说服别人的过程中，要擅长抓住对方的把柄，他的把柄就是你成功说服的关键，只要对着这个地方猛攻就行了。比如你知道他喜欢听好听的话，你就可以多说点赞美之辞，把他哄开心，他就会很乐意地任由你摆布。他在意他的孩子，你就可以拿他的孩子做文章，以他的孩子为话题来说服他。

刘枫今年刚刚 20 岁，可是在他身上却发生了很多悲惨的事。刘枫 15 岁的时候正在上初三，他的父亲在工地上不小心被掉下来的水泥板砸伤了腿，从此刘枫家唯一挣钱的顶梁柱倒了，家里再也没有能力供他上学，他不得不辍学回家。

从学校回来后，刘枫就开始帮别人干零活，再加上刘枫妈妈帮别人缝补衣服，家里也勉强可以度日。就这样过了五六年，刘枫也长成了大小伙儿，能帮家里挣更多的钱了。可是天公不作美，刘枫的妈妈被检查出患了白血病，一下子整个家又被笼罩在了悲伤和绝望中，这时候刘枫听说他爸爸曾经干活的那个工地的老板现在发了大财，于是刘枫就想去找找这位老板，希望他能看在父亲为他干了那么多年活的分上帮帮他们。

刘枫找到那位老板的住处，可是不管刘枫怎么说，老板都说不认识他，无奈之下，刘枫拿出了老板曾经送给他父亲的一张照片，照片上是刘枫爸爸和老板的合影，然后对老板说："您还记得吗？您刚开始包工程的时候，找不到助手，别人不是偷工减料就是虚报账目，无奈之下您来请求我爸出山帮您，当时我爸毫不犹豫就答应了，我爸说因为你们是好朋友、好兄弟，后来我爸帮您跑材料、算账目，现在您生意做大了，而我爸也因为您……”那位老板见刘枫有“证物”在手，也就答应了刘枫的要求。

抓住对方的把柄，首先就是要了解对方，摸清对方的性格，掌握对方的动机，从而对症下药，成功地说服对方。

第四章
学会说拒绝话，不伤面子地说“不”

拒绝别人可以采用暗示的方法，或者运用幽默的手段，这样既不会伤了彼此的感情，别人也能够顺着台阶下去，不至于事情没办成还丢了颜面。

◎ 不好拒绝，就留个活话

当有人向你提出的请求不是十分紧迫时，你又不愿意直接回绝，这个时候可以采取缓一缓的办法。如“我们研究研究”“我了解一下”“让我再想一想”，如果实在办不到，可过一段时间再通知第三者转告或以书信等形式，讲明难以办到的情况。

当然若是重大原则问题，或拉关系、走后门之类的事情，应该旗帜鲜明地拒绝。

虽然说拒绝与接受要明白地传达给对方，但是也绝不是毫无顾虑地表示出来。毕竟人都是有情感的动物，强硬的语气只会伤害到对方的自尊心，甚至会招来对方的怨恨。

对别人的要求要洗耳恭听，对自己不能答应的事要表示抱歉，体谅对方拼命工作的苦心……这些都是在你回答“不”之前所应思考的，尤其提出要求的是上级时，说话更要留余地。

当有人向你提出请求时，如果你感到自己可以做到，那么就答应别人，但如果你感到这个请求超出了自己的能力范围，那么你可以立即给予回绝：“不行，这个忙我帮不了。”但是你如果用延时法来说：“喂，我来想想办法，是不是能办成我一定尽快给你一个回音，你看怎么样？”如果你过一两天再打电话表示无能为力，那至少你不是“一口回绝”，你是已经尽心尽力了。有时候，被拒绝的人耿耿于怀的不是别人不肯伸出援手来帮自己一把，而是别人拒绝自己时所持有的一种十足官腔，或是盛气凌人、漫不经心的态度。倘若别人已经竭尽所能，那么即使事情最终没有结果，也不至于惹来抱怨，甚至因此结下仇恨。

人生中，你是否会遇到一些无法拒绝的人和事？或是因为亲情，或者因为友情，你难以启齿，但却又不得不拒绝，你是否因此绞尽脑汁，彻夜难眠？怕因为一时的不小心伤了感情，所以常常硬着头皮做自己不喜欢做的事？不妨试试下面这些巧妙的拒绝方法：

(1) 谢绝法：对不起，谢谢，这样做可能不合适。

(2) 婉拒法：哦，是这样，可是我还没有想好，考虑一下再说吧。

(3) 不卑不亢法：哦，我明白了，可是你最好找对这件事更感兴趣的人吧，好吗？

(4) 幽默法：啊！对不起，今天我还有事，只好当逃兵了。

(5) 无言法：运用摆手、摇头、耸肩、皱眉、转身等身体语言和否定的表情来表示自己拒绝的态度。

(6) 缓冲法：哦，我再和朋友商量一下，你也再想想，过几天再决定好吗？

(7) 回避法：今天咱们先不谈这个，还是说说你关心的另一件事吧……

(8) 严辞拒绝法：这可不行，我已经想好了，你不用再费口舌了！

(9) 补偿法：真对不起，这件事我实在爱莫能助了，不过，我可帮你做另一件事！

(10) 借力法：你问问他，他可以作证，我从来干不了这种事！

◎ 幽默地拒绝更有效

直接拒绝别人的请求可能会伤害到对方的感情，甚至会产生误解，从而破坏了人际关系。但是，如果你使用幽默的方法拒绝别人，这样既可以缓解紧张的氛围，又可以不使友情受到影响。

玛丽抱怨她的丈夫说："你看邻居 W 先生，每次出门都要吻他的妻子，你就不能做到这一点吗?"丈夫说："当然可以，不过我目前跟 W 太太还不太熟。"玛丽的本意是要她的丈夫在每次出门前吻自己，而丈夫却有意地曲解为让他吻 W 太太，委婉地表达了自己不愿意那样做的本意。

卡耐基认为：直接拒绝别人很容易伤害到对方的感情，甚至造成许多误解，引起纠纷，破坏了人际关系。但是，利用幽默，巧妙拒绝，却能使很多问题迎刃而解。

曾经，有位作家去拜访丘吉尔，坚持请丘吉尔一定要阅读自己的新作品。最后丘吉尔很严厉地拒绝说："我只看有趣或有益的书呀!"

有位员工代表向老板谈加薪的问题，他使出了眼泪战术，苦苦哀求道："老板，请你一定要帮帮忙，现在这点薪水我实在无法和我太太继续在一起生活下去呀!"上司回答说："好吧！那么我会出面来说服你太太，要她跟你离婚的。"

在工作中，如果不懂得拒绝的技巧，往往会吃亏上当的，因此，下面的例子，确实很有借鉴意义：

大个子瑞克是一位被公司冷落的老主任。有一天，某部门经理拍着他的肩膀说："瑞克，你看是不是要早日把你的职位让给年轻人!"

“好啊！就这么办！”

“唉！你愿意？”

“是啊！不过俗话说‘鸟去不浊池’，所以我有一个请求，希望能让我把正在进行的工作彻底做好再走。”

“哦！这是理所当然的。不过，你那个工作预计什么时候可以完成呢！”

“我想，大概还要十年。”

这回答乍一听，似乎是很大度的人，不计较个人利益，然后找了一个听来十分堂皇的借口“站好最后一班岗”，而部门经理不知道，这正是他回绝的理由，迂回地表露出来。这位老主任的幽默才能实在令人叹服。

一天，萧伯纳在结束了一场演讲后，有一个非常漂亮的小姐挤到他面前说：“尊敬的萧伯纳先生，我们结婚好吗？”“为什么？”萧伯纳不解地问。“因为我们生下的孩子会有我一样的美貌，会有你一样的聪明，那么他将是一个非常优秀的人。”萧伯纳摇了摇头回答说：“如果生下的孩子像我一样的丑陋，像你一样的愚蠢，那么他可是最糟糕的人了。”那个漂亮小姐顿时羞得满面通红，转身就走了。

在拒绝别人时，采用幽默的方式不但不会伤害到对方的感情，而且还可以避免不必要的尴尬。幽默拒绝之所以有这样的功效，完全是因为幽默逻辑所起的作用。

幽默逻辑与一般逻辑不同之处在于它并不像一般逻辑那样运用概念、判断、推理来证明，而是通过沟通彼此的情感以达到交流的目的。只要运用得当，一般能收到较理想的效果。

意大利音乐家罗西尼在过生日的前一天，一些朋友来告诉他，他们筹集了两万法郎，要为他立一座纪念碑。他听了以后说：“浪费钱财！给我这笔钱，我自己站在那里好了！”

罗西尼本不同意朋友们的做法，但他没有正面回绝，而是提出一个不切实际的想法："给我这笔钱，我自己站在那里好了！"含蓄地指出朋友的做法太奢侈，点明其不合理性。

在生活中经常会出现这样的情况，别人因为你的名气或者地位向你提出某种请求，在这个时候直接拒绝了别人，可能会伤害到别人的面子与尊严，非常令人扫兴。所以，面对这种情景不妨在自己身上找一个与之相关的缺陷做借口，用风趣的语言自我嘲讽一番，向对方暗示自己不情愿也不合适答应其请求，往往会收到较好的效果。林肯就曾采用过这种拒绝方式。

有一次，林肯不得已出席了在伊利诺伊州布罗明顿召开的报纸编辑大会。会上他发言说自己不是一个编辑，所以出席这次会议是很不相称的。

为了说明最好不出席这次会议的理由，他顺便给大家讲了一个颇具幽默的小故事："有一次，我在森林中遇到一位骑马的妇女。我站住让路，可她也停了下来，目不转睛地盯着我的面孔看。她说：'我现在才相信你是我见到过的最丑的人了。'"

"我说：'你大概讲对了，但是我又有什么办法呢？'"

"她说：'当然，你已生就这副丑相，是没有办法改变的，但你还是可以待在家里不要出来嘛！'"

大家为他的谦逊和幽默欢笑不止。

报纸编辑大会的组织者之所以邀请林肯出席，是因为他的总统身份。可是，出席会议的都是一些编辑，而林肯的出席就显得有些不伦不类了。林肯讲了一个有趣的小故事，嘲笑自己长得太丑，不宜出席这种公共活动。这个借口听起来滑稽荒诞，但是暗示了林肯的拒绝，消息传出去之后，不再有人邀请他参加一些风马牛不相及的活动了。

◎ 别让他人因你的拒绝而难堪

一个人向别人求助的时候，总是或多或少带有点不安的心理，如果一开始就说“不行”，那是很容易伤害到对方的自尊心，从而使对方不安的心理急剧加速，失去平衡，引起强烈的反感，产生不良的后果。所以，尽量不要一开口就说“不行”，应该尊重对方的愿望，先说关心、同情的话，然后再讲清实际情况，说明无法接受要求的理由。由于先说了那些让人听了产生共鸣的话，对方才能相信你所陈述的情况是真实的，相信你的拒绝是出于无奈，是可以理解的。

当你心里打算拒绝别人的时候，一是要考虑到对方可能会产生的反应，二是要注意运用准确恰当的措辞。比如你拒绝某人时，如果悉数罗列他的缺点，会十分伤害他的自尊心。倒可以先称赞他的优点，然后再指出缺点，说明不得不这样处置的理由，对方也能更容易接受，甚至感激你。

在我们的生活中，很多人都不懂得怎样拒绝别人，认为拒绝别人是件很难办的事。当别人向他求助时，他们不好意思拒绝，害怕这样会伤害彼此的感情，从而使两个人的关系疏远。但是，有时自己实在无法完成对方的请求，或者即使能够做到，却会给自己带来损失。面对这种情况，你一定要勇敢地拒绝。

如果在拒绝别人时，让对方丢了面子，那么，对方必然会心生怨恨，这势必会影响你们今后的交往。但是，如果你能够以巧妙的方式拒绝对方，让对方既能很好地明白你拒绝的苦衷，又不觉得自己的面子受损，那么，你就算是掌握了拒绝之道了。

其实，在自己确有难处，或者如果答应别人的要求自己的利益会损失很大的情况下，我们就应该拒绝别人。但是拒绝别人也要考虑对方的情感，尽量做到不伤害双方的感情。其实，怎样说“不”也是一门学问。

1. 欲抑先扬法

当好友想拜托你作为中间人，去跟另一方说明某件事情的时候，如果你实在不愿意趟这浑水，又不好以强硬的态度拒绝，可以先假意接受，然后再进一步否决。例如：“这件事如果让我去说也不是不行，只是我个人认为，如果我出面的话，事情会变得更加复杂，所以这件事最好还是由你亲自去说，会比较好一点……”

2. 刻意拖延法

如果你知道对方的请求其实很急，必须马上处理，而他又没有告诉你这一点的时候，便可以采取拖延法，告诉他：“这件事没有问题，不过我这两天要出差，等回来之后就帮你处理。”或：“盖章？当然可以，不过现在印章不在我身上，等下周回公司之后再说好吗？”既然事情显然无法由你来完成，对方只得另谋他途。

3. 提出条件法

这种方法的精髓在于，你告诉对方自己可以答应，但是必须附加某种条件，而这种条件又往往是对方无法实现的，凭借该条件，让对方知难而退。例如，母亲对儿子说：“我可以买遥控赛车给你，但这次考试你必须考 100 分，否则免谈。”或上司告诉希望加薪的员工：“加薪没问题，不过你必须在一个月内把这个项目百分之百地执行好。”当然，采用这种拒绝方法需注意的是，如果对方一旦实现了我们提出的附加条件，我们承诺的事情，也应尽力完成。因此如果你实在不愿意接受对方的请求，不妨将条件定得苛刻一些。

4. 提供选择法

在工作、生活中，很多事情并不见得只有一种解决方法，正所谓“条条大路通罗马”，此路不通，我们当然可以选择另一条路。只是对于那些心急如焚的人来说，他们往往只看到其中一条道路，如果我们觉得对方所选择的这条道路实在不妥，那么可以向他们提供另外一个自己可以帮得上忙的建议。例如：“你说的方法很难实现，我恐怕无能为力。不过我有另外一个建议，你不妨一试……”

提出的建议如果对方能接受，那么自然皆大欢喜，倘若对方不接受，仍旧坚持原来的方案，那么你无法帮忙也在情理之中，拒绝起来便是有理有据、顺理成章了。

5. 装傻回避法

避实就虚、避重就轻是委婉拒绝的窍门。假设宴会上，对方找到你，请你帮他去找另一个人说事，而你又实在不想去，此时便大可装傻道：“他在哪里？我怎么没看到？”然后不要等他给你指明方向，立刻将话题转到别的地方去：“今天宴会办得真不错，那边好像有什么活动，我过去看看，你自己逛逛吧！”说完马上走开，避免对方纠缠，这样既最大程度地保留了对方的面子，也拒绝了对方的请求。

◎ 拒绝的话，委婉地说

“不”字是很难说出口的，但很多时候我们又不得不去拒绝别人。许多人因找不到合适的方法而烦恼，其实通过暗示来说“不”是一种不错的做法。当然这种暗示可以是语言的暗示，也可以是身体动作的暗示。

赫斯脱是美国著名的出版家。他在旧金山办第一张报纸时，著名漫画大师纳斯特为该报创作了一幅漫画，内容是唤起公众对公共安全的重视，以迫使电车公司在电车前面装上保险栏杆，防止意外伤人。然而，纳斯特的这幅漫画完全是失败之作。如果发表这幅漫画，将会有损报纸的质量。可是如果不发表，自己又怎么向纳斯特开口呢？终于，赫斯脱想到了一个好法子。

当天晚上，赫斯脱邀请纳斯特共进晚餐，先对这幅漫画大加赞赏，然后一边喝酒，一边唠叨不休地自言自语："唉，这里的电车已经伤了好多孩子，多可怜的孩子，这些电车、这些司机简直不像话……这些司机真像魔鬼，瞪着大眼睛，专门搜索着在街上玩的孩子，一见到孩子们就不顾一切地冲上去……"听到这里，纳斯特从座椅上弹跳起来，大声喊道："我的上帝，赫斯脱先生，这才是一幅出色的漫画！我原来寄给你的那幅漫画，请扔入纸篓。"

在这个故事中，如果赫斯特直接拒绝发表那幅漫画，肯定会伤害纳斯特的自尊心，弄得不欢而散。而他利用自言自语方法，流露出内心思想，既让对方自己作出放弃的反应，又不伤和气，保全了面子。

不直接拒绝别人，完全是出于善意。但是，有时候对一些明显不合情理或者不妥的做法必须予以拒绝。而为了避免因此引起冲突，或由于某种原因不便明确表示出来，可采用隐晦曲折的语言向对方暗示，以达到拒绝的目的，请看下面一段对话：

甲：我们的意图是下一次会议能在纽约召开，不知贵国政府以为如何？

乙：贵国饭菜的味道不好，特别是我上次去住的那个旅馆更糟糕。

甲：那么您觉得我今天用来招待您的法国小吃味道如何？

乙：还算可以，不过我更喜欢英国的饭菜。

乙方用"美国的饭菜不好""法国的饭菜还可以""喜欢吃英国饭菜"委婉含蓄地拒绝了在美国、法国开会的建议，暗示了希望在英国举行会议的想法。

另外，通过身体动作也可以把自己拒绝的意图传递给对方。当一个人想拒绝对方继续交谈时，可以转动脖子、用手帕拭眼睛、按太阳穴及按眉毛下部等漫不经心的小动作。这些动作意味着一种信号——我较为疲劳、身体不适，希望早一点停止谈话。显然，这是一种暗示拒绝的方法。此外，微笑的中断、较长时间的沉默、目光旁视等也可表示对谈话不感兴趣、内心为难等心理。

婉转地拒绝别人是一种艺术、一门学问，它能表现出一个人的综合素养。下面有一些拒绝别人的技巧，可供参考。

1. 暗示拒绝

当你想拒绝对方的意见时，不妨在话中透露出拒绝的意思，让对方了解你所要表达的内容，对方若是一个识趣的人，就不会在这一话题上继续纠缠下去。

有一位先生送给一位与他关系不是特别亲近的小姐一套衣服，借以表达他的爱慕之情。然而，这位小姐并不愿意和他交往，对他送的礼物也不感兴趣。于是，她就装作十分高兴的样子，仔细地去看了看这件衣服的样式和做工，然后说：“这件衣服实在是太漂亮了，是我最喜欢的类型，不过我的男朋友已经给我买了好几件了，这一件还是留着送给你的女朋友吧。”这样做，既暗示了自己已经“名花有主”，又提醒了对方不要有做非分之想，一举两得。假如这位小姐十分恼怒，用讽刺性的语言说：“这件衣服是给你妈买的吧？”恐怕不仅会刺伤那位先生的自尊心，还会让自己成为一个“泼妇”。

2. 推脱拒绝

缓兵之计，这是大家常拒绝别人的妙招。一般情况下，如果当面拒绝别人，会觉得很不适合，这个时候就可以使用推脱式的拒绝来达到目的。和直接拒绝相比，用“拖时间”的方法也能明显表达你的拒绝之意。

小李想请对方走一下后门，帮他进一个单位，可能对于对方只是一句话的事情，如果对方不愿意帮助小李，他可能说：“这个事情我知道了，只是最近比较忙，过一段时间再说吧。”“这个事情办起来不太容易，还是让我考虑一下。”“这个事情不好说，我尽量吧。”“这个事情，我要好好地考虑一下，晚一点再给你答复吧。”这些话都是运用了缓兵之计，用拖的方法来拒绝对方。

模糊地表态，最近很忙，到底什么时候比较闲？这个事情我要考虑一下，到底考虑什么，考虑多久，什么时候能够办成，那就是杳无音信的事情了。对方这种话一说出口，也就表示着他并不想帮小李的忙。话语里蕴涵着浓浓的不想帮忙的意思。所以对方若是说了这样的话，你还是早作打算的好，不要真的以为对方只是因为忙而没有时间来帮助自己。

3. 转换话题

当别人提出一些要求的时候，你对他所说的事情并不感兴趣，就不妨有意识地回避一下，巧妙地将话题引到其他事情上去。这样的话，既不会让对方感到难堪，又能打消对方的纠缠和祈求心理，最终达到谢绝的目的。

有一位家庭主妇经常遇到一些上门推销的业务员，当别人向她介绍一些业务或者产品的时候，她从来不会用冷冰冰的口气拒人于千里之外，而是用比较委婉的方式来表达她的不需要。比如，有一次推销保险的人前来敲门，她就会说："哎呀，实在是对不起，我儿子也在保险公司工作……"把话说到这个地步，任何能言善辩的推销员都会选择知难而退的，在他们离开之后，也不会对这位中年妇女有任何的负面评价。

4. 先肯定后否定

当对方向你提出要求的时候，如果你一开口就说"不行"，必然会给对方带来不愉快，不如先肯定一下对方，对他的要求表示同情和理解，然后再根据事实来陈述你不能答应他的理由，这样就能让对方理解你的处境，从而不再强人所难，主动地放弃请求。

比如，你的朋友想让你帮他完成一项工作，而你却没有时间去帮他的忙，在这个时候你万万不能说："我哪里有时间去管你的事，你还是去找别人吧。"这样说虽然达到了你的目的，却会给朋友带来伤害。为了慎重起见，你不妨这样说："我非常愿意帮你的忙，毕竟这是一次让我得到学习和提升的好机会，但是我手头上还有很多事情没有处理完，我想依你的工作能力和效率完全能在很短的时间之内完成这一任务的，要不你自己先干着，等我把手头上的事忙完再过来和你一块儿完成这项工作，好吗?”

这种带有建议性质的拒绝，既能让朋友知道你是在设身处地地为他考虑事情，又达到了拒绝的目的，做到了合情合理，想必对方再也不会说出其他话来。

第五章
学会说暗示话，巧妙表达弦外之音

有些话，我们是不好意思或者无法说出口的，那么用不经意的话暗示别人将是最好的方法。弦外之音是一个人真正要表达的意思，我们必须善于利用它，但也要防止它伤害到自己或者他人。

◎ 弦外之音，要善于利用

医师有“问诊”这一项诊病方法，即医师先听病人的陈述病情，然后根据发现的问题再发问。在一问一答中，就能找出病因。经验丰富的医师单凭问诊，就可以做出很准确的诊断。所以，“听”不是单纯地“听人家说什么”，对方的声音、脸色、动作都要一并观察，要善听弦外之音。这才是“察知”的功夫。

和人打交道此点最为奥妙。此法可用来测试别人的心智，刺探别人的心思。有的人之所以失败，只不过因为一句含沙射影的恶毒话。另外一种有利的含沙射影的话则起相反作用，可使我们声望益增。但既然这些向我们飞来本来的“飞镖”就居心不良，我们当然要“接镖”有术。总之，我们若先怀防人之心，则打击到来时，必能随时化解。

春秋时，齐国有一位智者叫隰斯弥。当时当权的大夫是田成子，颇有窃国之志。一次田成子邀他登临高台观赏景色，东西北三面平野广阔，风光尽收眼底，唯南面一片隰斯弥家的树林蓊蓊郁郁，挡住了视线。回到家里，隰斯弥立刻叫家仆带上斧锯去砍树林。可砍了几棵，他又叫仆人停手，赶快回家。家仆感到莫名其妙，问他怎么颠三倒四的。隰斯弥说：“国之野为我家一片树林突兀而列，从田成子的表情看，他是不高兴的。所以我回家来急急忙忙地想要把树林砍掉。可是刚才转念一想，当时田成子并没有说过任何表示不满意的话，相反倒十分笼络我。田成子是一个十分有心计的人，他正野心勃勃想要谋取国位，很怕有比他高明的人看穿他的心思。在这种情况下，如果我把树砍了的话，就表明了我有知微察著的能力，那就会使他对我产生戒心。所以，停止砍树，表明我不知道他的心思，尚算不上有罪而可避害；而砍了树，表明我能知人所不言，这个祸闯的可就太大了呀！”

人们不一定会完全说出自己内心的话，但多数会在有意无意间、不知不觉中流露出来。我们应该从以下几方面学会善听弦外之音的本领。

1. 从话题发现问题

首先仔细听人们说些什么，从别人经常提到的各种各样的、丰富多彩的话题内容中，总能发现一些对自己有益的东西。比如：

总是谈论自己的人爱炫耀。一个人要是经常谈论自己，谈到自己的经历、看法、态度、个性等，表明其性格较外向、感情强烈、主观色彩较浓厚。不过一般都是爱炫耀、爱虚荣的人。相反，那些不太注重表现自我的人，通常较为自卑、自闭，不过也不排除是城府颇深、心有计谋之辈。

言论暗示了当前的处境。一个人要是言辞尖刻、有诸多不满，说明情绪不佳、对生活现状不满意；或者可能是意懒心灰、信心不足的表现。话题色彩鲜明的人，表明他心情很好，所受委屈不多，满意于生活，是乐观主义者。

常谈论的话题是兴趣所在。“三句话不离本行”，在谈论中可以发现，人们最爱谈、最常谈论的正是兴趣之所在。一个人若谈论的生活琐事较多，表明是一个安乐之人，对生活的舒适、安排很是关心；若谈论的国家大事很多，就说明此人是个事业型的人，非常关注事业是否有所成；若喜欢畅谈未来，则说明是个理想型的人，十分注重计划和发展。

2. 由措辞看一个人

通过细心体会一个人平常说话的遣词造句，就不难判断一个人的文化修养程度，甚至对其内心世界也可以略看一二，学会通过别人的措辞来做出恰当判断。

口头禅反映性格。口头禅是一种不同于动作、服装与发型的癖好，被埋没在一连串话语之中，不注意就很难觉察。常规来看，刚强自信的人，很少使用“那个……”“嗯……”“这个……”之类的口头禅；常使用“其实”的人，希望引人注意，比较任性、倔强；在交谈时连称“确实如此”的人，大多任性浅薄；经常说“真的”的人，自信心不是很足，甚至是在欲盖弥彰，因为他什么也不晓得。

不同的言词反映不同的本性。言语是人们文化底蕴的标尺。如果用词高雅、准确，讲话干净利索，说明文化修养较好，办事干练果敢。如果用词浅俗欠妥、重复啰嗦、不着边际，肯定没什么文化修养、办事拖拖拉拉。

提防突然的、过分的恭敬语。本来很亲密的人，突然使用恭敬语，就应该小心了。因为恭敬语是出于礼貌的，但常常在潜意识中拉开人与人之间的距离，礼貌程度总是要与亲密程度成反比的。所以，过分使用恭敬语，就表示有强烈的嫉妒、敌意、轻蔑和警戒心。

3. 洞察对方心中秘密

通常，人的情感或意见，都会通过说话方式表现出来。而且，说话时的感情也跟内容有关，说话的速度、音调等都能增加话语中的意味和效果。因此，通过谈话方式，可以窥视到别人的性格和藏于内心深处的秘密，以及别人的真实想法。

声调的玄机。同一组汉字，声调的不同、重音落处的不同，都可使含义发生本质的变化。按常理，表示愤怒时，声大、音高、音质粗哑、音调变化快，上下和节奏都不规则，发音清晰而不短暂；而表示爱慕的声音特征是柔软、低音、音色共鸣，语速慢、声调均衡且微微向上。

语速的秘密。讲话快而急的人，往往脾气较沉着，前后考虑得滴水不漏；如果快而不急，则一般办事果断、富有主见、自信心十足，并且不会轻易改变自己的主张；如果对于某人心怀不满或者持敌意态度的时候，说话速度则会一反常态变得很迟缓；反过来，如果有愧于心或者故意撒谎时，说话的速度自然会变快起来。

爱争辩者妄自尊大。有些人在谈话的过程中喜欢争论，他们通常是开放型的，善于接受新观念、破除旧观念，同时也具有取胜欲望和较强竞争性，或者是妄自尊大的人；有些人则怎么也争论不起来，他们多半是较封闭的，在接受新观念和改变旧观念方面很困难，也可能是竞争性不强，缺乏自信，或者是生性平和、通情达理之人。

总之，我们必须时刻记住：一个人的实质，不在于他通常显露的那一面，而在于他所不能或不愿显露的另一面。因此，想了解一个人，不仅要去听他说出的话，更要去“听”他没有说出的话。善听言外之意、弦外之音，才不会被别人的表象所蒙蔽。

◎ 用不经意的话暗示别人

在生活中，有时候我们会遇到一些令自己左右为难的事情。处于这种境地往往会让人感到非常尴尬，如果直接说出自己的想法可能会伤害到别人的尊严，那么我们完全可以用不经意的话暗示别人。这样，既不会伤害到彼此的感情，又能够得到进一步的发展。

有这样一个故事：

有一次，王秀文家里来了客人，坐在客厅里一直聊，无意离去。

王秀文还有其他事情要做，屡次暗示客人，但是那位客人却是个“执迷不悟”的人。王秀文无奈之中心生一计，对他说：“我家的菊花开得正旺，我们到园子里去看看?”

客人欣然而起，于是王秀文陪他到花园里观赏菊花。看完后，王秀文趁机说：“还去坐坐吗?”

客人看看天色，恍然大悟地说：“不了，不了，我该回家了，要不就错过末班车了。”

这种情况下，如果王秀文直接声明自己有其他事情要做，岂不伤了感情?

会说话的人知道哪些话可以说，哪些话不可以说。委婉含蓄无疑是他们的一大“招数”。他们用委婉含蓄的话语，既坚持了自己的原则，又不会令对方太过难堪。

一天，几位青年人去拜访某教授。不知不觉已谈到深夜，教授接着其中一位青年人的话题说：“你提的这个问题很值得研究，明天我去A城参加一个学术会，准备就这个问题找几位专家一块聊聊。”

几位青年立刻起身告辞：“很抱歉，不知道您明天还要出差，耽误您休息了。”

如果遇上了一位不知情的客人，你让他走也不是，不走也不是，这可是件很让人尴尬的事情。这时，你不妨采取一些巧妙的暗示。诸如看看钟表，或者随意地问他忙否，然后再告诉他你最近都很忙。

一般稍微敏感点的客人，通过察言观色，肯定就会起身告辞，但若是“执迷不悟”的客人，对此“无动于衷”，我们就可以巧妙地转移一下地点，像王秀文那样用一下“调虎离山”之计，这样既维护了彼此的情感，又不至于让自己的事情拖延，实在两全其美。

而上述那位教授打发人的技巧，就与特定的交际场合、对象、自身的身份相称，实现了和谐沟通。试想，如果直言“改日再谈”，虽可以达到辞客的目的，但却易置对方于尴尬的境地，也有失教授慈祥和蔼的形象。

在日常交际中，当需要批评或提醒他人而又不便直接向他提出时，便可考虑使用侧面暗示法。从侧面提出一些看似与主题无关的话题，可以用此来达到启示、提醒、劝阻、教育他人的目的。侧面暗示要注意在话说出口之前，先开动脑筋，从正面、反面、侧面多角度地想一想，寻找出可以使人得到启示的多种不同的表达方式，选择其中一种最好的，以便达到预定的交际目的。

在一家高级餐馆里，有一位顾客把餐巾系在脖子上，餐馆经理对此很反感。于是，他叫来了一个女服务员说：“你要让这位绅士懂得，在我们的餐馆里，那样做是不允许的，但话要说得尽量委婉些。”女服务员来到那位顾客的桌旁，很有礼貌地问：“先生，您是刮胡子，还是理发？”话音一落，顾客立即意识到自己的失礼，赶快取下了餐巾。

这位聪明的女服务员没有直接指出客人有失体统之处，而是拐弯抹角地问了两件与餐馆毫不相干的事——刮胡子和理发，表面上看来似乎是女服务员问错了，而实际上还是通过这种风马牛不相及的事情来提醒这位顾客，既使顾客意识到自己失礼之处，又做到了礼貌待客，不伤害他人的面子。女服务员采用的正是侧面暗示的技巧。

有一位上司更会使用暗示的语言：他的妻子打来电话，说女儿很想晚上去看一场音乐会，而他此时却无法抽身去买票。恰好秘书华小姐送文件过来：“小华，听说你对音乐很内行，是吗？”“哪里，不过是我的业余爱好罢了。”“大明音乐厅今天晚上有一场贝多芬音乐晚会，知道吗？”“是吗？那太好了，经理，咱俩一起去吧！”“好啊，顺便多买两张票，我让我爱人和女儿也去凑凑热闹。”“好，经理，我请客！”

当然，对那些与自己比较熟悉的朋友，你可以直接地告诉他，相信他一定会谅解的。

◎ 防止“弦外之音”伤人

聪明的人善于把批评的意思压缩在一句貌似赞扬的话里，让人在体味“言外之意”的同时，意识到自己的错误。

我们常常夸奖别人说话含义丰富、深刻，有“言外之意”“弦外之音”，运用隐含判断就能达到这样的效果。所谓隐含判断，是指隐含在别的语句中的判断。

一般地说，我们说话要简单明了，而以繁琐含糊为言语大忌。同时，还应该看到，有时候把话说得直白了，反而会伤人，不如在说话时隐藏点锋芒更有力，这就是我们要使用隐含判断进行应酬的原因。

某厂有一栋宿舍，一楼住着老工人，二楼住着年轻工人。一天夜晚，一些年轻工人喝酒猜拳，大吵大闹，到了凌晨1点还不罢休，影响了楼下老工人的休息。

一位老工人气愤地走上楼去，大声斥责说：“你们太不像话了!”

可这些年轻人连理也不理，吵闹得更凶了。

过了一会儿，另一位老工人也走了上去，笑着对他们说：“小伙子们，你们辛苦了，该休息了。”

听了这位老工人的话，这伙年轻人很快静了下来。

这两句话表达的意思是一样的，但表现形式不一样，所以结果也迥异。

我们分析一下：第一位老工人的话直露，火药味十足，它让听者产生了逆反心理，所以，闹腾得更欢了。正如一个不正经学习的孩子，家长经常打他，不但没有管教好，反而适得其反，这种现象，在我们的日常社会生活中屡见不鲜。

第一位老工人的话无补于事，失败即在此。第二位老工人则不同，他运用了隐含判断，话语中隐含着对这些年轻人“闹得太久，影响了他人休息”的批评，话说得委婉含蓄。这些年轻人因第一位老工人而激起的反抗心理，被第二位老工人击溃了，心悦诚服地改正了自己的过失。

《维吾尔族民间故事选》中有这样一个故事：

有个爱听奉承话的伯克问阿凡提：

“你看我的价值有多高？”

阿凡提看了伯克一眼，说：“你的价值最高50块钱。”

伯克听了气愤地说：“你怎么把我的价值看得这样低。”

阿凡提忙说：“别怕，伯克大人，我看到你腰上扎的那个镶金皮带，才说这个价钱的。”

伯克听了阿凡提的话，真是哭笑不得。

伯克一定觉得有一把软刀子在刺他，虽然有些疼痛，却叫不出声。

阿凡提运用隐含判断，意指“伯克一钱不值”。但他把话的锋芒藏起来了，让你挨了“刺”，却有口不能言，无可奈何，只得自讨没趣。

◎ 让别人主动说出你想说的

沟通的目的就是为了达成共识。有一种说服他人比较有效的方法就是通过引导、提问、暗示等方式，使对方讲出你的期望。因为使他自己讲出来的，在实施的时候就会比较顺利了。

借别人之口说话，比如两人在一起批评第三者。而借物说话就是，你读了一本书、一本杂志，把你喜欢的部分讲给听，并暗示你想跟怎样的人说话。基本上，你喜欢看什么样的书，就会吸引什么样的人，所以你想吸引的人是喜欢心理学的，那么你谈心理学；你想吸引喜欢文艺的人，就去读文艺书籍。

有一次，我在火车上读《读者文摘》，旁边就有人问我，“你喜欢《读者文摘》呀?”我说，“我喜欢看里面的笑话。”他说他也喜欢笑话，他看过什么什么笑话。就这样我们开始聊起天来，这就是借物说话。

有时候你跟别人在一起，可以用比较开放的话题问对方，最好不要问是或不是的问题，因为对方说了其中的一个，话题就不晓得要如何接下去了，你可以问：“你的看法呢?”“你觉得呢?”

有一个明星球员在赢了几季球赛之后，认为自己该加薪了，便去找经理谈，但是经理总是说：“喂！再说吧!”要不然就是说：“再看下一季的表现!”

明星球员心里很不高兴，可是他又不好发作，因为当初和球队所签的合约上，有一条对他很不利，合约写明了在一定时间之内，未经球队同意，球员不得跳槽到其他球队踢球。

于是，明星球星就仔细思考着，到底用什么办法才能让自己脱离这个不合理的条约的束缚。他四处打听询问，仔细观察形势，发现有一个小球队正以后起之秀的姿态想要在球坛上突起，自己的东家也正密切注意着这个球队的发展。

有一天，明星球员故意放了一个风声给记者：“我有兴趣和那个小球队接触，当他们球员的教练，我想以我丰富的经验，必然能教他们一些赢球的秘诀。”合约里并没有规定不能够转队当教练。

记者很快将这个消息刊登在报纸上。小球队经理见报大喜，立即和明星球员联系。明星球员的球队经理知道了这个消息，整天紧张地盯着他不放。但是，愈是这样，他就表现得愈是自在，一副胸有成竹的样子。

最后，老东家的经理只好对明星球员让步，依照他的要求调整了待遇。

这就是所谓的借别人之口说话。聪明的球星通过记者的口，把自己的想法说出来，既不伤和气，又给对方的心理造成了压力。

第六章
学会说托辞，让人体谅你的难处

做任何事情都得有自己的理由，推托他人也不例外。表现得真诚一点，使别人能够体谅到你的难处，从而真正地理解你，而不是感觉你在敷衍他。

◎ 师出有名，为做的事找一个说法

所谓名不正则言不顺，言不顺则功不成。可见，做任何事情都要有正当的理由，至少是表面上的。

在人与人相互交往中，我们有时难免要借助善意的借口、美丽的谎言，因为它出于真诚，是友谊的润滑剂，是关心对方、理解对方的一种表示，对人际关系的和谐大有裨益。愿我们都会用这种真诚和善意来处理相互间的关系，从而使我们与他人的交往更具有艺术性。盖斯梅尔说过：“认为自己比真正的自己好，是相当普遍的现象。”人想出来的借口有时出乎意料。为什么人要自欺欺人？美国幽默作家赖得乐指出：“大多数人不是生活在现实中，而是生活在幻想里，尤其是对自己的幻想。”话又说回来，真相有时非常残酷，最好还是不要知道的好。

战国时期，齐桓公任用管仲为卿，推行政治、军事、经济之改革，提出了

“尊王攘夷”的口号。所谓“尊王”，即尊重周室，“攘夷”则是指攻打威胁周王室的少数民族。“尊王攘夷”口号的提出，遂使地濒东海的齐国成为一个大国。在具体实施过程中，齐桓公曾北伐山戎以救燕，平定狄乱以存邢、卫，解王室之祸而定周襄王之位。特别是公元前656年，齐桓公率鲁、宋等八国军队，征伐南方之“楚蛮”，在召陵（今河南郾城东北）迫使楚国订立盟约，阻止其向北挺进，确立了齐国霸主的地位。

与齐桓公实施的策略相似的还有曹操。

建安元年（196年）七月，汉献帝在董承、杨奉、张杨、韩暹等人保护下，回到了洛阳。他拜张杨为大司马，杨奉为车骑将军、韩暹为大将军，让他们跟随自己，时局暂时安定下来了。

那时，洛阳的宫殿早已被董卓烧光。张杨派人修复了南宫，让汉献帝暂时在这里上朝。文武百官没有住的地方，便利用残垣断壁搭设草棚或支帐篷，在里面安身，汉献帝下诏向各地征调粮食，但数量太少，也无济于事。因此，公卿大臣自尚书郎以下，都去挖野菜充饥。董承眼看着饿死人的事不断发生，只好给兖州牧曹操写信，请他到洛阳来想办法。

曹操的祖上本姓夏侯，只因为他父亲夏侯嵩做了中常侍曹腾的养子，才改姓曹氏。曹操年轻时，曾担任济南相和东郡太守。汉灵帝设置西园八校尉的时候，他做了典军校尉。后来，又追随袁绍参加讨伐董卓的斗争。“关东军”失败后，曹操占据了淄阳，自立为东郡太守。初平二年（192年），曹操进军兖州，打败了后起的青州黄巾军，扩充了几十万人马，又自立为兖州牧。曹操刚占领了许昌（今河南许昌），就收到了董承的密信。他打算利用汉献帝这一块招牌征服天下，果然带领人马到洛阳来了。

曹操拜见了汉献帝，先拿出粮食来，给公卿大臣每人分了一份，让他们吃顿饱饭。他见洛阳是一座空城，在这里无法解决吃和住的问题，就给汉献帝上书，请他把都城迁到许昌去。汉献帝和公卿大臣巴不得有个依靠，自然都同意。没过多少久，他们就跟随曹操来到许昌，并决定以许昌为国都，改称为许都。于是，汉献帝便拜曹操为大将军、武平侯，并且还让他兼任司空。这么一来，东汉的朝政大权就转移到了曹操手里。从此以后，曹操借助汉献帝的名义发号施令，攻城掠地。由于有了汉献帝的幌子，曹操的很多行为不仅不会受到其他诸侯国的指责，而且能够笼络人心。这就是所谓的“挟天子以令诸侯”。

借口是人际关系重要的润滑剂，可以避免伤害别人。体贴的人常常要用一些善意的借口。

在日常交往中，我们每个人都在有意、无意地用着这样或那样的借口。比如，我们到朋友或同事、同学家办事，本来自己尚未吃饭，碰到对方正在吃饭，对方出于礼貌请我们一块吃，这时很少有人爽快答应，总会说“我刚刚吃过了”或者“我还有其他事”而起身告辞。再比如，朋友来家做客，不小心打碎了茶杯，这时，你马上会说：“不要紧，你才打了一只，我爱人曾经打碎了三只。相比起来，你的战绩平平。”这种幽默的借口，既打破了尴尬的局面，也避免了对方陷入难堪的境地。

可见，在日常生活中，要处理好相互的关系，做到善解人意、与人为善，有时就需要寻找合适的借口，因为这种善意的借口既不伤害对方的自尊心，维护对方的颜面，又可以使自己避免不必要的尴尬和难堪。

◎ 摆出“第三者”，说话更好听

难堪的事经由“我听人说”，就变得不再尴尬；有风险的话，通过别人传过去，便有了进退的余地；不想或不便直接面对的人，也可经第三者从中周旋，穿针引线，化解矛盾。

借用第三者说的话，比方说：“我常听人说……”，借此种方法表达“不是我自己这么想”，使得说出来的话听起来比较客观。借别人的口，说自己的话，是找寻借口时重要的技巧。现将此类借口的方法列举如下：

1. 找个“媒婆”传信息

从前社会上有一种叫“媒婆”的人，专门从事介绍男女相识、牵线搭桥的事。那时候男女授受不亲，结婚前不能恋爱约会，有什么要求、愿望全靠她来传递！如果你在求人时，能够找到这样一位人才，让他尽其所能，从中撮合，传递信息，论理说情，真是再好不过了。

2. 拉出“婆婆”来垫背

几个青年妇女的丈夫都参军走了，她们都很想念自己的丈夫，都很想去驻地探望一下。但是，由于害羞，不好当着众人直接说出来，就各找了一个借口来表达本意，仿佛到驻地去理由是充分的，非去不可，这就委婉地说出了自己的意愿。这种表达方式，常常是从侧面切入，暗中点明自己要说的最主要的意思。

3. 借个“幌子”唬一唬

某人为了推销百叶窗帘，知道某公司的经理与某局长是老相识，便打听到经理的住处，提着一袋水果前往拜访。彼此寒暄后，他说出了几句这样的话：“这次能找到你的门，是得到了王局长的介绍，他还请我替他向您问好……”“说实在的，第一次见面就使我十分高兴……听王局长说，你们的公司没有装百叶窗帘……”

第二天，百叶窗帘便成交了。此人高明之处就是有意撇开自己，用“得到了王局长的介绍”这种借人口中言，传我心腹事，借他人之力的迂回之法，令对方很快就接受了。

4. 让对方主动说出口

同一句话，己方难以出口，由对方先开口，说出来却可以自然而然。这时诱导对方先开口无疑是上上之策。

王某准备借助于好友赵某的关系做笔生意，可就在他将一笔巨款交给赵某的第二天，赵某暴病身亡。王某立刻陷入了两难境地；若开口追款，太刺激赵某的未亡人；若不提此事，自己的生意又难以支撑。帮忙料理完后事，王某是这样对赵夫人说的：“真没想到赵哥走得这么早，我们的合作才开始呢。这样吧嫂子，赵哥的那些关系户你也认识，你就出面把这笔生意继续做下去吧！需要我跑腿的时候尽管说，吃苦花力气的事情我不怕。”他丝毫没有追款的意思，却还豪气冲天，义气感人，其实他明知赵妻没有能力也没有心思干下去。结果呢？赵妻反过来安慰他道：“这次出事让你生意上受损失了，我也没法干下去，你还是把钱拿回去再找机会吧。”

有的时候，拉个“第三者”仅仅是做表面文章而已，可少了又断然不行。比如问一些敏感话题，想必不会有人回答这个问题。但市场调查的问卷却多问到年收入、地位、学历等很难获得回答的事项。借用“第三者”的口吻来表述自己要说的话，是因为在一般人的观念里，总认为“第三者”所说的话较具客观性，较为公正。因此，在进行这类调查时，询问者有时会改变询问的方式，使对方容易回答。

例如“请问你的收入是多少？”可以改成“在你们行业中，处于你这种职位的人收入大概是多少？”这不是直接问对方而是问别人怎么样。“差不多X千元吧！”如果对方举出具体的数字，那个数字大致就是他本人的情况了。再比如反驳对方，也可以第三者的口气来说。如果否定或反对自己意见的人就站在眼前，是一般人难以忍受的事。如果借社会大众或不在场的第三者的口气来表达，多半不会引起反感。

◎ 推托之辞，应从对方的利益点出发

每个人都渴望得到别人的理解与帮助，每个人都会收到来自别人的请求和希望。然而，在现实生活中，没有人可以做到有求必应，所以，掌握好说“不”的分寸和技巧就显得非常重要。

随着社会经济的发展，人与人之间的交往也越来越密切，越来越复杂。比如，我们经常会发现办公室中有两个人谈笑风生，其实却早已积怨很深。另外，我们还能够经常看到昨天还势如水火的两个同事，今天却亲密俨如老友。因此，我们可以看出办公室中的人际关系确实是高深莫测，让人难以捉摸。但是，这种人际关系也有其简单、明快的原理，每个人都希望能够得到他人的关注与理解，并在工作中希望得到帮助。因此在职场上，我们要学会理解他人，同时，也一定要把握一些处理事情的分寸，尤其是我们因为各种原因而不能配合对方时，一定说明自己的理由。例如，在办公室里，你在拒绝别人请求时，如只是说“我很忙”，很可能会被人说：“那个人不爱帮助别人。”所以，拒绝别人时，要具体地说明一下不能接受的理由。

再打个比方，你正忙着整理第二天重要会议的资料时，你的上司走过来对你说：“麻烦先处理这份文件。”

这时，你可以明确地告诉他自己正在为第二天重要会议准备资料，然后让上司判断哪个工作更加急迫。

“是这样啊！你正在做的工作不尽快完成可不行，我的这份后做比较好。”

如果上司认为向重要顾客交出计划书这件工作更急迫，对你说：“实在对

不起，这件工作更急迫，制作会议资料的工作稍后我帮你做，大约30分钟就能完成。”

当然，在现实生活中，由于每个人都受到各种限制，客观的有时间、生理极限、国家法规等，主观的有能力、情感等，这就决定了每个人都会经常面临被拒绝或拒绝人的境地。对于我们情感上排斥、能力不及的事情，我们必须拒绝。

就拒绝本身来说，主动采取拒绝行为的人是站在有利的立场上的，如果拒绝未采用合适的方法和相应技巧，就容易对对方造成伤害，这样容易引发怨恨和不满，从而导致人际关系的破裂，甚至引起各种难解的纠纷，让自己陷入非常被动的麻烦境地中。即使不至于闹到很严重的地步，因拒绝而引起的不愉快也将使对方而长时间耿耿于怀，不能忘记。不管怎么说，满怀希望去请求别人，却遭受无情的拒绝，的确会令人十分难堪；自信十足地去说服别人，却遭到严厉的拒绝，更令人无法承受，而造成心理上无法治愈的伤痕。

经常有人会说出这样的话：“这种事情恕难照办”“我实在没有钱借给你，否则，我就不必如此地卖命了”“我们每天都一样的工作，凭什么要我帮你的忙”……你听到这些话后，会是什么反应呢？你会很高兴、很客气地说：“既然如此，那我就不打扰你了，对不起”吗？恐怕不会吧。你一定会恼羞成怒，又恼又气地回击对方：“你这个人讲话怎么如此无礼呀！难道你一辈子就没求过人吗？”然后拂袖而去，对这次屈辱记恨于心，伺机报复。

有时候，别人与我们结仇，并非完全是因为我们拒绝他们，更重要的原因是我们拒绝的语言和方式触犯了他人的尊严，从而导致心中的不快和对立，甚至因此和我们反目成仇。每个人活在世上，总会有需要别人施以援手的时候，所以，多一个敌人绝对不是什么好事情。我们避免不了拒绝的发生，却可以在拒绝时采取适当的方法，从而最大程度地避免因为拒绝而树敌。

◎ 不能让人感觉你敷衍了事

在我们的周围常常有一些人觉得不便说“不”，所以总是随便找一些不值一驳的理由来搪塞对方，以求得一时的解脱。其实，这种方法并不可取，一方面会影响到你们之间的感情，另一方面对方也不一定真的会如你所愿。

拒绝总是会让人感到不愉快。委婉地拒绝无非是为了减轻双方，特别是对方的心理负担，并非玩弄“技巧”来捉弄对方。特别是上司、师长拒绝下级、晚辈的要求，不能盛气凌人，要以同情的态度、关切的口吻讲述理由，使之心服。在交谈时，一定要热情地将请求者送出家门，并且表示歉意。一次成功的拒绝，也可能为将来的重新握手、更深层次的交际播下希望的种子。

每个人的精力和时间都是有限的，各种各样的事情仿佛永远也做不完似的，如果拉不下脸面接受敷衍接受很多事情，那只会让自己疲惫不堪。

曾经有一位先生，经常必须拒绝来自朋友、请求者的演说邀请，但他做得很技巧，使被拒的人感到满意。他是怎么做的？他不仅仅是告诉别人他很忙，而是在谢谢人家的邀请和因无法接受而感到抱歉之后，还推荐一位代替者。这样一来，他既坦诚拒绝了他人，还不会得罪人。

从事销售的刘芬遇上一位工作狂的上司，很多同事都因此而“逃离”了，而她却能始终保持极佳的工作状态，那么她是怎么做的呢？

刘芬说：“一开始我也像他们一样以办公室为家，日日夜夜伏案工作，在我的字典里‘休息’这个词似乎早就不存在了。后来我发现，工作狂的老板通常有一个思维定势：他们一般疏于考虑自己分配下去的任务量有多少，下属需要花费多长时间可以搞定，他们想当然地认为你应该没问题。所以，以后如果我觉得工作量过大，超出了个人能力所能达到的范畴时，我不会一味投身于工作中蛮干，要知道，不说出来的话，工作狂的老板是不会体会到你的负荷已经到了警戒线的。这也不能怪他，每个人的承受能力不同，老板又如何能体会到下属执行当中的难度与苦衷？这个时候，下属应该主动与老板沟通交流。口头上的陈述困难或许有故意推托之嫌，书面呈送工作时间安排与流程，靠数据来说明工作过多，让他相信，过多的工作令效率降低，工作完美度会直线下降。合理正确的沟通会令老板了解你的需求，适当调整任务量及完成时间，或选派更多的同仁来帮你分担。”

试想一下，如果刘芬怕得罪上司而勉强接受所有任务，到时完不成任务更会受到上司的指责，如果因为自己不事先说明难度，事后又耽搁公司整体事务的进展，罪过就更大了。这种坦诚拒绝的方法不仅适用于上司，也适用于周围的同事。当然，坦诚拒绝也要讲究方式，否则今天你拒绝了他，难免明天你又有求于他。

在拒绝别人的时候，有三条好用的技巧可以使你的拒绝变得有礼有节，而且不会伤害你们日后的感情。

1. 倾听之后再说“不”

当别人向你提出请求时，他们一定会担心你会不会马上拒绝自己，或者给自己脸色看。所以，在你决定拒绝之前，首先要注意倾听他的诉说。比较好的办法是，请对方把处境与需要讲得更清楚一些，自己才知道如何帮他。接着向他表示你了解他的难处，若是你易地而处，也一定会如此。

倾听能够让对方感受到你的尊重和真诚，在你委婉地向对方表达了自己的拒绝时，这可以避免使别人的感情受到严重的伤害，或者让对方感觉到你是在应付他。如果你的拒绝是因为工作负荷过重，倾听可以让你清楚地界定对方的要求是不是你分内的工作，而且是否包含在自己目前重点工作范围内。或许你仔细听了他的意见后，会发现协助他有助于提升自己的工作能力与经验。这时候在兼顾目前工作前提下，牺牲一点自己的休闲时间来协助对方，对自己的职业生涯绝对有帮助。

倾听的另一个好处是，你虽然拒绝他，却可以针对他的情况，建议如何取得适当的支援。若是能提出有效的建议或替代方案，对方一样会感激你，甚至在你的指引下找到更适当的支援，反而事半功倍。

2. 说“不”时既要温和更要坚定

直接的拒绝只会伤害彼此的感情，而委婉地说“不”却更容易让人接受。当你仔细倾听了别人的要求、并认为自己应该拒绝的时候，说“不”的态度必须是温和而坚定的。

例如，当对方提出的要求不符合公司或部门的规定，你就要委婉地让对方知道自己帮不了这个忙，因为它超出了自己的工作范围，违反了公司的相关规定。在自己工作已经排满而爱莫能助的情况下，要让他清楚自己工作的先后顺序，并暗示对方如果帮他这个忙，会耽误自己正在进行的工作，会对公司与自己造成较大的损失。一般来说，同事听你这么说，一定会知难而退，再想其他办法。

3. 拒绝中添加“弹性”

当你拒绝别人时，可以提出一些替代性的建议，然后隔一段时间再主动询问一下对方的情况。有时候拒绝是一个漫长的过程，对方会不定时提出同样的要求。

如果你能够化被动为主动，并且让对方明白自己确实有苦衷，这样就可以减少拒绝的尴尬与影响。对于业务人员，例如保险业者面对顾客要求，自己却无法配合时，这种主动的技巧更是重要。

在拒绝的过程中，除了技巧，更需要发自内心的耐性与关怀。若只是敷衍了事，对方其实都看得到。这样子有时更让人觉得你不是个诚恳的人，对人际关系伤害更大。

总之，只要你的拒绝不是故意推诿，而是出于无奈，相信对方一定会体谅你的苦衷。如果你对目前的工作不满意，觉得自己再待下去也是希望渺茫的话，也不必勉强自己，潇洒地对目前死气沉沉的地方挥手告别。拒绝了这里，意味着开辟了一片新的天地。

第七章
学会说应变话，在紧急关头应对自如

要保持清醒的头脑，拥有绝佳的理性，千万别被眼前的形势搞昏了头。处于危急关头，灵活机智地幽默一下，一切便可迎刃而解。

◎ 尴尬僵局，镇静地说

在生活中，免不了出现尴尬的情况。这或多或少会给人际交往带来负面的影响。为了使自己在身处尴尬时能及时得到补救，创造良好的人际关系，最要紧的是掌握必要的方法。

1. 及时回避而言他

为避免尴尬，为自己打圆场，最主要的是不刻意掩饰。如果是细枝末节的问题，不妨用转移目标或话题的办法，岔开别人的注意力；如果别人已有所觉察而问题并不严重，稍作解释即可；如果性质较严重，而且已引起了别人的不快，甚至反感，就要立刻当场予以解决。拖得越久，后果越不好。

清朝乾隆年间，文字狱是非常恐怖的。杭州南屏山净慈寺有个和尚叫诋慧，经常议论国家大事，且嬉笑怒骂，讽刺朝野。乾隆也早有所闻，为了找个借口惩治诋慧和尚，他微服来到净慈寺。见到满院的青竹，乾隆就拾起一块毛竹片，指着篾青问诋慧：“老师父，这个叫什么呀?”乾隆的意思是，如果诋慧和尚回答成“篾青”，篾青谐音“灭清”，可以以此为借口处罚诋慧，但诋慧灵机一动，回答说：“这是竹皮。”乾隆一听，很不甘心，又把竹片翻过来，指着篾黄问：“老师父，这又是什么呢?”“篾黄”谐音“灭皇”，如诋慧回答成“篾黄”，仍然可以惩治他。但是，这次诋慧和尚仍没有中计，而巧妙地回答：“这个叫竹肉。”诋慧和尚再次逃过了文字狱的陷害。

诋慧和尚用了回避而说出多变的代言词的方法，不失为补救的有效手段。在某些紧急关头，需要及时的改口，巧妙的语言技巧，才能化解难堪。

2. 以错类比巧转移

有这样一位数学老师，他走上讲台时同学们忽然大笑起来。他莫名其妙，这时坐在前排的一位女生小声说：“老师，您的扣子扣错了!”他低头一看，可不，衣服的第四个扣子扣在第五个扣眼里。批评学生吧？不该。马上改过来好吗？也许可以，不过总有些尴尬。

他灵机一动，微笑着说：“老师想心事了，匆匆忙忙赶着来与你们相会。不过，这也没什么好笑的，我想起你们有的同学做作业时，运用算术公式不也这样张冠李戴吗？好吧，下次我们共同注意吧!”

这位教师用自嘲的语言既为自己解了围，还转移了学生对他衣服的注意力，起到了类比教育的作用。

3. 一竿子到底扎入位

在不经意间，错话已说出口，有时不便及时更正，不如有意在错的地方大做文章，让听者进入新的情境中去，使自己顺利摆脱难堪的场面。

老王的同学到家里来聊天，两人在客厅里天南地北地聊着，不知不觉已经到了用晚餐的时间了。老王 5 岁的小儿子跑了进来，趴在老王的肩膀上“咬耳朵”。老王聊得正高兴，很不耐烦地训斥儿子：“没礼貌！当着客人的面‘咬什么耳朵’？有话快说!”

小儿子顺从地大声说："妈妈叫我告诉你，家里没有菜，不要留客人吃饭。"一时间，两个大人都愣住了，多尴尬！怎么解释啊！

老王脑筋一转，伸出手来，在儿子的小脑袋上轻轻打了一下，然后说："小笨蛋！我不是告诉过你了，只有在喜欢赌钱、吹牛皮的小叔来的时候，才要跑出来说这句话吗，你怎么弄错了？"

尴尬局面的出现，往往是刹那间的事情，如果缺乏镇静，大惊失色，那只能是手足无措、乱上添乱。所以，遇到这样的场合，首先要做的就是保持镇静，冷静地观察局势，然后随机应变，机智巧妙地应付尴尬局面。

◎ 面对指责，辩护有道

在现实生活中，我们难免会遇到一些令人烦心的质疑、诘难和责问，这时候就需要我们为自己作出一番辩解或辩护。这种自我辩解的成败，除了应把握据理力争、晓之以理、动之以情之类的一般原则外，还需要掌握一定的技巧与方法，才有可能争得主动，取得最佳的自辩效果。现介绍几种具体的自辩方式：

1. 用近义法来自我鉴定

一次，季羡林教授的秘书问他："季老，你为什么不想想，自己是不是保守了一些呢？"季老一仰脖子使道："老家伙嘛，有些顽固不也是正常吗？"季羡林有意使用了与"保守"近义的概念"顽固"来作辩解，自嘲中显得从容而风趣。

这种自辩形式，可称作以近义法自我鉴定，其特点是，利用近义语词的外延和内涵、褒贬色彩的不同，来作出对自己有利的肯定或否定的判断。

2. 用两分法来自作解人

著名学者启功先生曾写过一些对京剧别具一格看法的文章，一位友人诘问他："你在文章中似乎对京剧很不以为然，这是为什么?"启功听罢，回答道："不是这么一回事。我是说，清末时期，许多贵族子弟生活腐朽，无所事事，在无聊中爱上了梨园这行。他们粉墨登场、摇头摆尾、拿腔作势，那能不叫丑和恶心吗？至于京剧本身，那是艺术——美的艺术，人家演员是正儿八经的艺术家，我有什么可反感的!"

启功先生针对他人的误解从两方面作了说明：贵族弟子的"京剧"是丑恶的，而艺术家的京剧却是美的。这种利用两分法，对事物作条分缕析的解剖以澄清误解的自我辩护，可称作以两分法自作解人。其特点是，利用对立统一规律的辩证方法，对一些自己不以为然的论点进行解析，分清事理，廓清事实，达到进一步阐明观点的目的。

3.用别解法来自我解嘲

某地著名企业家王某曾以"道德楷模"著称，后来却突然发生婚变，引得舆论一片大哗。有记者就这一问题提出诘难时，王某却自我辩解道："婚变主要来自姻缘的变化，这是没法控制的事。一般人离婚别人不会关注，而许多名人屈从于社会压力，活在痛苦中，我不过是忠实于自己的感情罢了，当对生命有了一个重大选择机会时，也就敢于顶住压力重新选择感情了。"

这里的"姻缘之变""忠于情感"云云，既抽象又空泛，它避开了具体的内容，在自嘲中平添了诡辩意味，在自解中增加了些许无奈，虽然空泛，却不失为一种别具一格的自辩方式。这种以泛泛的模糊概念来替代具体解释、说明，且极有谐趣的方式，可称作以别解法自我解嘲。其特点是，辩解者所依托的理据比较抽象、笼统和含糊，因此自由发挥、论辩的空间也较广阔。尤其是有些概念或语词本身就具有不确定性，因而也为自由发挥提供了广阔天地，其自我解嘲、解窘的味道也更浓厚。

4. 用对比法来自得其乐

美国某血液研究小组组长查利·德鲁，提出了一个用两年时间完成一项血液研究的计划，不料，却遭到另一成员约翰的反对，责难道：“你太性急了，这项研究可不是朝夕之功，应当慢慢来。”德鲁却辩解道：“约翰，你一定忘了吧，我可是个短跑选手，在大学还得过名次，所以，这回我还想跑第一！”

虽然德鲁没有具体为自己的血液研究计划辩解，却抓住对方主张中的“慢慢来”，反其道而行之，利用与之形成鲜明对比的词语“短跑选手”“跑第一”为自己辩护，这种形式，我们不妨称作以对比法自得其乐。它的特点是，利用与对方观点相互矛盾或对比鲜明的概念或词语，加以发挥，从而驳斥对方论点，使自己立于不败之地。

5. 用引证法来自由发挥

日本明治维新时期，闻名的改革派先驱坂本马龙给众人讲课，不料西乡隆盛却向他发难道：“前天，我遇到你的时候，你的讲话同今天讲的却不一样。作为一介名士，应当有不变的信念才是啊。”坂本回答道：“不，不是这样的。有人说过‘君子从时’，时间在不停地流转，社会情势也是天天在变化，昨天的‘是’成为今天的‘非’，正是当然的事。我们从‘时’而行，才是行君子之道啊。如果你总是从头到尾地遵守一条道理到死，将来一定会变成时代的落伍者。”

对于西乡的诘难，坂本采取了引证古人的话，并用阐释、发挥的方式，从而对“变化无常”的责难作了有力的自辩，这种方式可称作以引证法自由发挥。这种方法的特点是，从名人名言中截取对自己有利的只言片语，加以步步深入地阐述和发挥，从而达到为自己观点辩护的目的。

6. 用讥嘲法来自张声势

众所周知的第二次世界大成巨头丘吉尔，曾要求巴顿将军担任亚洲的司令官，巴顿对此颇感意外，因而有些犹豫，想推辞掉。丘吉尔却诘难道：“怎么，难道你以为自己不能承担此任吗？”巴顿辩解道：“尊敬的爵士，你知道我的毛病在于，生来就过于相信自己能够承担世界上的任何工作了，所以才像个棋子被摆来摆去。”

巴顿的回答兼夸张、比喻为一体，显然是一句反话、一种反讥，也是一种借口。这种辩解我们可称作以讥嘲法自张声势。这种方法的特点是，利用反唇相讥或冷嘲热讽的方式，为自己进行辩解、推托，使对方难以置喙。

◎ 突发状况，即兴发挥

在生活中，即兴说话无时不在，在说服他人时也是如此。更多的说服是以即兴的方式进行的，即兴的说服更具有现实意义。即兴的说服有多种方法。

1. 顺势疏导法

对一些人的错误言行，并非一定要从相反的方向迎头攻击，而可以从对方当时固有心理出发，看准关键之处下手，以解除对方心头症结，使之豁然开朗。

1962 年秋，郭沫若游览普陀山，无意中看到一个日记本，上面写道："年年失望年年望，处处难寻处处寻。"横批"春在哪里"。再翻一页，写有绝命诗一首。郭沫若看罢叫人寻找笔记本失主。失主终于找到了，是一位神色忧郁、行动失常的姑娘，因爱情受挫，决心以死归普陀。

郭老一面耐心开导，晓之以理，一面关怀地说："这副对联表明你有一定的文化水平，只是下联和横批太消沉了，我替你改一下，你看如何？"姑娘点点头。

郭老把此联改为："年年失望年年望，事事难成事事成。"横批是"春在心中"。姑娘看后茅塞顿开，深受教育。

2. 一针见血法

对一些执迷不悟、麻木不仁者，可以一针见血地指出其错误。

有一位中学生，自以为看破红尘，认为世人都是虚伪的，并多次在作文与言行中流露离家出走的想法。有次他不顾劝阻，真的离家出走了。班主任知道后，立即骑车追寻，好不容易找到了他。回校后，班主任针对这位学生存在的糊涂认识，一针见血地指出其错误：“你认为人与人之间不存在真实的感情，可是，你临走时给我写信，这说明你对老师的爱是真实的；你信中说要我多送几个同学升学，这也说明你对我们班的爱是真实的；你对父母、姐姐的爱也是真实的。在你身上存在着这么多真实的成分，难道别人就会是虚伪的吗？”

老师的话在他心中引起了强烈震动，他沉痛地垂下了头。

一针见血，往往技巧简单，容易伤害对方的自尊心。使用时要分析情况，看准场合。

3. 借此说彼法

利用两个事物之间的某一相似点，借甲事物来说明乙事物，不仅通俗易懂，且有很强的说服力，往往能收到事半功倍的效果。

唐太宗为了扩大兵源，想把不在征调之列的中年男子都召入军中。魏征知道后对他说：“把水淘干了，不是得不到鱼，但明年恐怕不会有鱼了；把森林烧光了，不是猎不到野兽，但明年就无兽可猎了。如果中年男子都召入军中，生产怎么办？赋税哪里征？”太宗无言以对，只好收回成命。

在这段话中，魏征借用两件与主要事件相类似的事例作比对，很有说服力。

4. 正话反说法

正话反说是语言艺术中的迂回术，它以彻底的委婉，欲擒故纵，取得合适的发话角度，达到比直言陈说更为有效的说服效果。

有一个马夫有一次杀掉了齐景公曾经骑过的老马，原来是那匹马生了病，久治不愈，马夫害怕它也把疾病传染给马群，就把这匹马给宰杀了。齐景公知道后，非常心疼，就斥责那个马夫，一气之下竟亲自操戈要杀死这个马夫。马夫没想到国君为了一匹老病马竟会杀了自己，吓得早已面如土色。晏子在一旁看见了，就急忙抓住齐景公手中的戈，对景公说：“你这样急着杀死他，使他连自己的罪过都不知道就死了。我请求为你历数他的罪过，然后再杀也不迟。”齐景公说：“好吧，我就让你处置这个混蛋。”

晏子举着戈走到马夫身边，对他说：“你为我们的国君养马，却把马给杀掉了，此罪当死。你使我们的国君因为马被杀而不得不杀掉养马的人，此罪又当死。你使我们的国君因为马被杀而杀掉了养马人的事，传遍四邻诸侯，使得人人皆知我们的国君爱马不爱人，得一不仁不义之名，此罪又当死。鉴于此，非杀了你不可。”

晏子还要再说什么，齐景公连忙说：“夫子放了他吧，免得让我落个不仁的恶名，让天下人笑话。”就这样，那个马夫被晏子巧妙地救了下来。

5. 侧击暗示法

侧击暗示法即通过曲折隐晦的语言形式，把自己的想法、意见暗示给对方。这种方式既可达到批评教育的目的，又避免难堪的场面，所以常被人使用。

罗西尼是 19 世纪著名的意大利作曲家。一天，一个作曲家拿着一份七拼八凑的乐曲手稿来请教他，演奏过程中，罗西尼不停地脱帽。那位作曲家问他：“屋里太热了？”罗西尼回答说：“不，我有见到熟人脱帽的习惯，在阁下的曲子里，我碰到那么多熟人，不得不连连脱帽。”

罗西尼巧妙地用“那么多熟人”来暗示曲子缺乏新意，抄袭太多，含蓄地向对方表明了自己的看法和意见，既不伤情面又达到了目的。

◎ 自圆其说是最好的应变

世界上本来就没有绝对的东西，只要你能够将自己的观点与做法说得合情合理，便可以赢得赞赏。

有一个销售员在一家百货商店前推销他那些“折不断的”梳子。为了消除围观者的怀疑，他捏着一把梳子的两端使它弯曲起来。突然间，那把梳子啪的一下断了，销售员顿时惊得目瞪口呆。这个时候，只见他把梳子高高地举了起来，对围观者说：“女士们、先生们，这就是梳子内部的样子。”

不管做什么事情，我们都渴望能有个圆满的结果。然而，这就需要我们平时多多读书、多多磨炼，头脑充实，机智敏捷，反应灵活，并且平日持之以恒，习以为常，与此同时，还要注意提高语言表达能力，以及逻辑与语言修辞素养。

如果一个人平时总是思考如何应付复杂局面和临场突发情况，临战自然不会仓促和不知所措。这样，即使遇到特殊情况，他也会说：“我早已估计到了！”这能不从容吗？

有一个卖瓦盆的人，为了能够早点把瓦盆卖出去，便当着顾客的面用旱烟锅子敲了起来。他边敲边喊“听这瓦盆啥响声啊！”可是，令他意想不到的是瓦盆被敲破了。旁边看热闹的人忍不住笑出了声。他忙指着瓦片对身边的人说：“你们看这瓦茬子，棱是棱，角是角，烧得多结实呀。”说着连忙把破盆片扔到秧田里。

正在插秧的人见他把破盆片扔在秧田里，忙说：“你小心把人的脚扎了！”他又连忙解释说：“不要紧，这瓦片一会儿就泡散了。”

又例如，参加面试时，主考官所问的问题并不一定有标准答案，只要能回答得近乎“自圆其说”便算是成功。

有一个年轻的小伙子来面试，主考官问了一个问题：“你为什么要离开原来的企业？”他回答：“在那家企业没有前途。”“那么怎么样才算有前途？”主考官接着问。“企业蒸蒸日上，个人才能得到不断提高和发展。”“你们公司的产品在市场上的占有率名列前茅，员工收入也很高，这是有口皆碑的，怎么能说在这个企业没有前途呢？”这位求职者被问倒了，为什么会出现这种情况呢？那是因为他不清楚随着问题的不断深入，他先前的论点将无法成立，这样就不能自圆其说了。

我们常常会遇到这样的提问：“你最大的优点是什么?”“你最大的缺点是什么?”这两个问题看起来很简单，可是要回答好却不是一件很容易的事情，因为接下来主考官有可能会问：“你的这些优点对我们的工作有什么帮助，你的这些缺点会给我们的工作带来什么影响?”然后还可以层层深入，“乘胜追击”，求职者很容易陷入不能自圆其说的尴尬境地。几乎所有的面试问题都有可能被主考官深化和挖掘，所以在回答问题之前一定要先考虑周到，然后再给予回答，这样才不至于使自己陷入被动的局面之中。

◎ 幽默说话，机智解危机

失言，是每个人都可能犯的错误。其实，说话者失言之后可以根据具体情况对错误进行合理的“处理”，用幽默的方式化解可能出现的难堪场面，从而将怒容改成笑脸，把责骂变成笑声。

某女主持人在音乐晚会上讲道：“尊敬的各位来宾，下面我们将欣赏到多次获得国际比赛大奖的世界著名作曲家贝托罗先生用小提琴为我们演奏几首美妙的乐曲。”“可我根本不是什么小提琴家，”贝托罗不好意思地小声对女主持人说，“我是钢琴家。”

“女士们、先生们，”主持人连忙又说，“不巧，小提琴家把琴忘在家里了，因此，他决定改用钢琴弹奏几首钢琴曲。这个机会难得，请大家鼓掌欢迎。”听众席上响起了热烈的掌声。

如果女主持人承认自己的过失，那么一定会很没面子的。但是这位女主持人在发生口误后，却能够随机应变，用了一个虚拟的情景化误为正，并且借着这个机会大势煽情，不但没有出现难堪的场面，还使现场气氛一下子活跃了起来。

“智者千虑，必有一失。”在社交中，谁也不可能预料一切，当口误出现时，你原来所准备应付的情况全变了，你不可能再以不变应万变，而只好以变应变了，一切靠的就是你的应变能力。

一个人的应变能力当然是以人生经验为基础的，经过多次实践，必然会变得老练聪明。与此同时，应变能力也反映着一个人的机智和修养。这方面功底深厚的人才有可能在情况发生变化时化险为夷，化拙为巧，使自己摆脱尴尬境地，并在交际中取得良好的效果。

1. 将错就错

这种方法就是在已经说出错误的话后，能够巧妙地顺着错话继续说下去，最后达到纠错的目的。其高妙之处在于，能够不动声色地改变说话的情境，使听者不由自主地转移原先的思路，顺着说者的思路前进，从而避免因口误所造成的尴尬。

某次婚宴上，大家都争着向新人祝福。一位女士对这对新人说：“走过了恋爱的季节，就步入了婚姻的漫漫旅途。感情的世界时常需要润滑，你们现在就好比一对新机器……”其实她本来想说的是“新枝丫”，却说错了，大家愣在那里，这对新人更是把脸拉得老长。那位女士发觉说错了，马上镇静下来，略一思索，不慌不忙地补充一句“已经过了磨合期”，此言一出，大家都拍手称赞。这位女士继而又深情地说道：“新郎新娘，祝愿你们永远沐浴在爱的春风里。”大厅里掌声雷动，一对新人早已笑若桃花了。

这位女士的将错就错令人叫绝。错话出口，索性顺着错处续接下去，反而巧妙地改换了语境，使原本尴尬的口误变成了深情的祝福。

2. 迅速将错误言语引到别处去

可以把正确的话接在口误后面，就可以把自己已经出口的某句错话纠正过来。还要学会巧妙地转移话题，把别人的注意力吸引到其他方面。比如用幽默或玩笑的方式转移目标，把关于人的事扯到某种物上面，把令人紧张的话题变成轻松的玩笑，等等。当然，这要进行一些必要的口才和应变能力训练才能做到。

有一次，某著名教授演讲时，把“中国人民的生活一年比一年好”误说成了“一年比一年差”，“君子一言，驷马难追”，在举座惊慌之际，教授不动声色，不紧不慢地接上一句：“难道真是这样吗？不，大量事实驳倒了这种谬论。”真是化腐朽为神奇，教授的应变能力，在紧要关头发挥了作用。

都说英国人极富幽默感，此话不无道理。

利物浦市郊的一家酒店内，一位顾客忽然发现啤酒泡沫里涌出一只苍蝇。他恼火地直呼经理：“贵店的酒都是这样吗？”经理急步走近，见状将侍者招来，顾客以为经理一定要对下属大发雷霆，不免略显尴尬。谁知经理没有大声训斥，只是严肃地告诉侍者：“可要记住，詹姆斯！今后请把啤酒与苍蝇分开放置，由喜欢苍蝇的先生自己将苍蝇放进啤酒里，你觉得怎样？”四周的顾客不约而同地笑起来，顾客的恼怒、侍者的沮丧也随之一扫而光。

一个有理智、有涵养的人，大都具有幽默感，如果这种幽默感运用得当，常能在解决这种问题时，获得意想不到的效果。

一次美国麻省议会开会时，一位议员发表了一篇很长的演说，另一位议员觉得他的演说已经使得台下的听众感到头痛，低声通知他把演说缩短，提早结束，谁知那位正在演说的议员误解他的好意，认为那是一种无理的批评，便用严厉的口吻回答说：“请你滚出去。”然后仍继续他那冗长的演讲。

“请你滚出去”这是多么难听的辱骂，那位去劝他的议员听了当然勃然大怒，因不好当场发作，又没有另外的方法报复，只好向省议长报告。麻省省议长平时讲话幽默，常常替人解围，现在看到这位议员难堪，便回答说：“是的，我也听到了他的这句话，但是后来我立刻翻开我的法律书从头到尾查找一遍，发现其中没有这一条。”

幽默的最大效用就是把对方的怒容改成笑脸，把对方的责骂变为笑声。这个回答把满面怒色的议员逗笑了，于是一场严重的纠纷就这样用幽默的方式轻松地解决了。这不仅替那位议员顾全了面子，而且自己也尽了排解纠纷的责任。试想如果当时省议长也板起面孔，彻底裁判谁是谁非的话，除了增加双方的仇恨外，没有一点点好处，现在他把事情当成一种玩笑解决，那位议员当然也不再用严厉态度抗议，真是绝顶聪明的办法。

第八章
学会说震慑话，有效表达你的愤怒

当别人侵犯到我们的尊严时，就得想方设法找到对方的弱点，给其以有力地还击，而且我们应该始终保持从容镇定的风度，从而首先在气势上就压倒对方。

◎ 理直气壮，在气势上取胜

在社会中，有的人总是有意无意地给我们设置了障碍，向我们提出不公平、不合理的要求。面对这种情况，我们必须据理力争，争取自己应得的权益。这时说话要理直气壮，从而从气势和心理上征服对方，打击对方的嚣张气焰。

俗话说“人善被人欺，马善被人骑。”有些人专爱拣软柿子捏，人家越是爱面子，他越是损人家的面子，戏弄挖苦，当众揭丑，尖酸刻薄，无所不用其极。对这样的人，能忍则忍，忍无可忍时，千万不要客气，不妨黑下脸来，反击一掌。

美国华盛顿大学的社会学家爱德华·格罗斯指出：“人们在公开场合被羞辱，通常并不认为是开开玩笑，或者是微不足道的小事。当人的感情受到伤害时，我们中的大多数人会十分愤怒，表现为张口结舌或者满脸通红。但是我们可以有另一种比较聪明的解决方法，保持沉默，或者设法改变你的处境。”

不要花太多时间为你所受到的伤害而烦恼，也不要冥思苦想“这些人为什么这么爱搞恶作剧”的问题。也许有些人是故意使你感到窘迫的，因为他们觉得你对他已造成威胁，或者是想惩罚你曾经做过对不起他的事。而另一些人是习惯于开这类玩笑的，他们毫不考虑别人是否受到伤害。对于这类人，没有必要去计较他是否是故意的。

佛罗里达大学的心理学家巴里·舒兰克说：“完全没有必要去追究一个人的所作所为是否别有用心。”相当可能的情况是他或她压根儿没有意识到你会受到伤害。当你向他指出失礼的言行后，这位呆头呆脑的冒犯者通常会向你致歉。

那么，到底怎样才能摆脱窘迫的处境呢？这可得依情形而定。如果你的上司在你同事面前三番五次地责备你，你可以心平气和地严正指出：“我们是否可以私下谈这个问题？”

如果伤害你的人是你的配偶或亲密朋友，你可以向其说明你为此感到非常痛苦，这远比以同样的方式去回击对方要好得多。

下回有人故意羞辱你时，你可以采取比较激烈的方法。有时，你必须使这种羞辱的行为立即停止。你可以说：“你已经使我难堪了。你不介意告诉我这都是为了什么缘故吗？”或者说：“你似乎心烦意乱，是不是我有什么事使你不高兴了？”

不管发生了什么事情，都要避免动怒，千万不要发火。如果失去了泰然自若的态度，你只能使对方占上风，使别人对你产生不满情绪。再说，和那些修养极差或别有用心的人生气不值得。

相当多的时候，最好的办法是靠急中生智和幽默感。

一位作家刚完成一本书，正陶醉在人们的赞美声中，另一个作家对他有些嫉妒，不顾别人的劝说跑去和他说：“我喜欢你这本书，是谁替你写的？”他马上回敬道：“我很高兴你喜欢，是谁替你读的？”

聪明的作家面对另外一个作家的攻击，他并没有恼怒，而是以智慧的语言进行反击，驳得对方无话可说。

所以，急中生智，既柔中带刚，又不失风度，这往往是最好不过的回击办法。

在受到不公正待遇时，你可以将事情置于大庭广众之下，摆出自己正当的理由，以强硬的态度坚决有力地驳斥对方。这样，我们就可以让对方在众目睽睽之下，理屈词穷，被迫作出让步，从而达到为我们办事的目的。

何为来到美国后，发生了一件意外的事情。美籍教授那米诺在谈经济学理论时讲到了中国，他说："中国是一个非常贫穷、非常闭塞的小国家，那里的人非常愚昧，非常守旧，经济也不发达，科学技术更落后，而且，那里没有美德、自由，也没有人权……"听了这些，何为再也无法忍耐下去了，她立刻站起来，大声质问道："请问那米诺教授，你到过中国吗？"那米诺不屑一顾地反问道："我没有去过中国，可是这与我讲的话有什么关系？"何为说："当然有关系。"接着她又继续质问："请问那米诺教授，你既然没有去过中国，那么，你对中国的评价是从哪里来的？"那米诺尴尬地说："我是从报刊上看到的。"何为听完后不禁大笑起来："那米诺教授，我记得你说过，只有实践才能出真知。可是，你既没有去中国亲眼看看，也没有经过认真调查，只是翻翻报刊，听听流言蜚语，便对中国和中国人民下这样的结论，你不觉得可笑吗？"就这样，何为用层层质问、步步紧逼的方法将对方驳斥得理屈词穷，并赢得了在场的一百多名同学的热烈掌声。

提问在据理力争中显得十分重要，它能够营造一种势不可挡的气势。但需要注意的是，据理力争必须把双方都置于大庭广众之下。如果只有双方两人，而你又处于一种弱势的地位，那么，你恐怕就无法"据理力争"。

有一种策略就是以其人之道还治其人之身。这就是我们通常说的以牙还牙，以眼还眼。对方对你采取什么态度，你就以相同的方式，甚至以更强硬的态度还击他，针锋相对。

小王从前对经过身旁的美女总忍不住多看几眼，后来竟彻底改正了。当朋友问及药方时，小王说："如果我女朋友发现我正对着别的女人瞧，她会不动声色地等待片刻，然后找到一个男人为目标，让我加倍难受。"以其人之道还治其人之身，不失为一种好方法。

当对方气势汹汹地兴师问罪之时，你不被他的强势所吓倒，不但不退缩，反而昂首挺胸地迎上前去，以自己的强势压向对方。这时，本来就色厉内荏的对方，会被你的这种威势所震住，不得不改变他的姿态，自动让出路来供你走。

◎ 抓住对手弱点，达到震慑效果

出奇制胜，既适用于军事，也适用于商场。它的意思就是找到对手的弱点，然后攻其不备。当我们受到别人的无情嘲弄时，不妨抓住他的弱点，然后再以此去震慑他。

出奇制胜的法则早在公元前就被广泛应用于战争之中，其中的杰出代表在中国就有孙子、孙膑等人。他们常常"出其不意，攻其不备"地打败敌人，因此而名扬四海，成了杰出的军事家。这个法则不仅仅用于军事上，也同样适用于商场。历代不少商界英豪就是运用它而击败对手，抢占市场，成了巨富的。不但如此，在体育界，在股市，在一切有竞争的场所，我们都可以看到"出奇制胜"的成功事例。

拿破仑不会因为中国的孙子、孙膑、诸葛亮等人多次用过出奇制胜的法则而视其为过时；毛泽东也不会因为孙子、拿破仑等历代中外军事家多次用过出奇制胜的法则而放弃不用。相反，他们都是一而再、再而三地运用这个法则，以少胜多，以弱胜强，从而不断创造军事上的奇迹，取得辉煌的胜利。

由此可见，出奇制胜是一个可以广泛应用的法则，更是一个永恒的法则。出奇制胜为什么具有如此的魅力呢？原来，出奇制胜就是打破常规，用对手意想不到的新奇手段战胜对手。它的核心就是变化二字，而变化正是宇宙间一切事物运行的普遍规律。唯物辩证法认为，宇宙间万事万物都是发展变化的，唯有发展变化的这个规律是不变的。

有一个名叫爱德华的人，总是喜欢捉弄人，并且以此为傲。有天早上，他正在门口吃着面包，忽然看见杰克逊大叔骑着毛驴哼呀哼呀地走了过来，于是他喊道："喂，吃块面包吧！"

大叔连忙从驴背上跳上来，说："谢谢您的好意。我已经吃过早饭了。"

爱德华一本正经地说："我没问你呀，我问的是毛驴。"说完，得意地一笑。

大叔受到这样的"厚待"，自然是十分气愤了。可是，他又难以责骂这个无赖。因为无赖会说："我和毛驴说话，谁叫你插嘴来着？"

经这么一想，大叔抓住了爱德华语言上的破绽，进行狠狠反击。

他猛然地转过身子，照准毛驴脸上"啪啪"就是两巴掌，骂道："出门时我问你城里有没有朋友，你斩钉截铁地说没有，没有朋友为什么人家会请你吃面包呢？"

"叭叭"，对准驴屁股又是两鞭，说："看你以后还敢不敢胡说？"说完，翻身上驴，扬长而去。

大叔的反击是相当有力的。既然你能够以你和毛驴说话的假设来侮辱我，我就姑且承认这一点，借教训毛驴，来嘲弄你自己建立和毛驴的"朋友"关系，从而给这个爱嘲弄人的无赖当头一棒。

北宋有个名叫刘原父的大才子，他与欧阳修是很要好的朋友。刘原父晚年丧妻后，又续取了一位美艳少妇，招致人们一些闲话。欧阳修作为他的好友，在这件事上理应不该说什么。可是，欧阳修恃才自傲，写了一首嘲讽原父的诗，曰："仙家千载一何长，浮世空惊日月忙。洞里桃花莫相笑，刘郎今是老刘郎。”原父看到后心里很不痛快，想报复欧阳修，可是一时又找不到机会。

有一天，御史中丞王拱辰请客，欧阳修、刘原父均在座。席间，原父突然心生一计，说：“我有一个笑话，讲给诸位听，以助酒兴。从前，有一个学究训导学子，读书读到《毛诗》‘委蛇委蛇’处时，学子将‘蛇’字念成原音‘she’，学究责备说：‘蛇当读作姨音，不要再读错了。’学子牢记在心。第二天学子在去学堂的路上看乞丐玩蛇，迟误了上学的时间。学究问其迟到的原由，学子如实告诉先生，是观看乞丐玩蛇而耽误的。但是，这次学子把‘蛇’字读成了‘姨’音，因此，他对学究的回答就成了这样一句话：‘路遇有弄姨者，从众观之，先弄大姨，后弄小姨，是以来迟。”原父讲完后，意味深长地看了看欧阳修，然后开怀大笑起来。

欧阳修起初并不知道原父为什么要讲这个故事，可是原父一笑，他就立刻明白了过来：原父是在嘲弄自己先娶了薛简肃公的大女儿，后来又续娶了薛简肃公的小女儿这件事，立刻后悔先前不该嘲弄原父晚年娶少妇的事，不禁汗颜。

总之，反击无理取闹的行为，不宜锋芒太露。有时，旁敲侧击，指桑骂槐，反而更见力量。它使对方无辫子可抓，只得打掉了门牙往肚子里吞，在心中暗暗叫苦。

◎ 话语反讥，掷地有声

在生活中，我们总会遇到一些尖酸刻薄、一味找茬的人，受到他们有意无意地嘲讽与指责。面对此种情形，我们不能一味地宽厚下去，让他人得意。对这样的人能忍则忍，忍无可忍的时候就狠狠地反击一把。

也许有时候你想找一句话把别人的嘲讽和指责顶回去，可是偏偏又想不出来。事后，你仔细思考了一番，发现只要当时稍作变通，说一两句话就可以保住面子，从而免受一场精神折磨。然而，事情已经过去了，你只有后悔的份儿，问问自己：我为什么当时没有想到呢？真正的问题是：可能你根本没有存心要想出一句话，每次遇到别人的侮辱，舌头发麻说不出话。事后归咎自己的羞怯，不灵活，一受欺负就惊惶失措等。

这里需提醒你的是，一个人如果只知道带枪，而不知道如何瞄准、等待时机扣扳机，也是令人惋惜的。所以，在反击之前，先要把对方的话语听明白，以便把握目标，瞄准靶子再放箭。这样才能既不滥杀无辜，也不放过小人。

有的人总是喜欢从话中找话，这样不全是错的。但是，作为一个听者不能为了追查隐含的意思而忽视了表面的意思。否则，你就正中了说者的圈套。让他的话影响你、伤害你，别人对你不善，你自己也是帮凶。

一旦听懂了对方的用意，发现对方有明显的攻击意味，你就要提高警觉，及时作出判断：一是具有反击的针对性，如果对方发动的是侮辱性攻击，那么反击也是侮辱性的；如果对方发动的是讽刺性攻击，那么反击也是讽刺性的。二是后发制人，迅速而巧妙地把耻辱的标签贴到挑衅者的脸上，正如《圣经》上说："把上帝的还给上帝。"三是在方法上，他们往往捡起对方扔过来的石头，扔回对方，或顺水推舟巧妙地将矛头转向对方。

你不仁，休怪我无义；你损我的面子，我也让你下不来台。对于尖酸刻薄、嘴上无德的人，就应该给他点颜色看看。

◎ 从容镇定，震慑对手的最高境界

在生活中，我们难免会碰到一些无理取闹的人，人们常常对此气愤不已，却又不知所措。其实，我们完全可以从容镇定地应对他人的无理举动，用智慧、理性的思维来战胜对方。

碰到无理取闹的人，人们常常大发一通怒火，大骂一顿无赖，可到头来，对方还是振振有词，头头是道，“理由”充分得很，自己倒气得手脚发颤，只会说：“岂有此理，岂有此理。”

那么，应该怎样说话，才能反击无理取闹的行为，使得对方觉得理亏、词穷、无言以对呢？

遇到这种行为，首先要做到的就是不要激动，要控制情绪。这个时候的心境平和对反击对方有重要作用：一个是表现自己的涵养与气量，以“骤然临之而不惊，无故加之而不怒”的大丈夫气概在气质上镇住对方。如果一下子就犯颜动怒，变脸作色，这不是大丈夫的行为。二是能够冷静地考虑对策，只有平静情绪，才能从容选出最佳对策，否则人都弄糊涂了，就可能做出莽撞之举来。

反唇相讥，出手要干净利落，一掴一掌血，一鞭子一条痕。打就打到对方的痛处，绝不隔靴搔痒，拖泥带水。以毒攻毒，以其人之道还治其人之身是反讥术的最佳方案。

伍廷芳是近代著名的外交家，在出使英国时，有个美国贵妇人听了他的滑稽妙论，心花怒放，跑上前来与他握手，并说：“我真是十分佩服。我决定把我的爱犬改名为‘伍廷芳’以志纪念。”

这简直就是对伍廷芳的人身侮辱，可是伍廷芳不气不恼，反唇相讥：“很好很好。那么，你以后可以天天抱着伍廷芳接吻了。”

这位贵妇人当众出丑，尴尬万分。

美国贵妇人本来是想侮辱伍廷芳的，可是聪明的伍廷芳却能够不气不恼，顺着贵妇人的话继续说下去，以其人之道来还治其人之身，从而捍卫了自己的尊严，也使得张扬骄傲的贵夫人无地自容。

有一年，美国副总统尼克松赴苏联主持美国展览会。这时，美国国会通过一个关于被奴役国家的决议，对苏联和东欧社会主义国家进行了攻击。赫鲁晓夫见到尼克松后疾言厉色地质问：“我不理解你们在这么重要的一次国事访问前夕，为什么要通过这种决议？这使我想起了俄国农民的一句谚语：不要在茅坑里吃饭。”说到此，赫鲁晓夫用拳头在桌子上乱敲乱嚷，“这个决议臭极了，臭得像刚拉出来的马粪，没有比马粪更臭的东西了。”

这句话使尼克松感到非常难堪，他也不甘示弱，眼睛紧紧地盯着赫鲁晓夫，轻松地说道：“我想主席先生大概搞错了，比马粪还臭的东西是有的，那就是猪粪。”

从表面上来看，这句话似乎是让步，是可有可无的应酬，实际上却是绵里藏针，锋利无比。原来赫鲁晓夫年轻时当过猪倌，翻译译出之后，赫鲁晓夫先是一阵脸红，怒气不便发出，只好用一阵突发的大笑把话题岔开：“这点，也许你是对的，现在我们该谈别的问题了。”

你说我脸黑，我嫌你脚大。尼克松以毒攻毒，信手拈来，一招制敌！

在美国有一位资本家请画家为他画一幅肖像，但事后却拒绝支付议定的5000美元报酬。他的理由是：“画的根本不是我。”不久，画家把这幅肖像公开展览，并题名《贼》。资本家知道后，万分恼怒，打电话向画家抗议。“这事与您无关。”画家平静地答道，“您不是说，那幅画画的根本不是您吗？”资本家不得不花比原先高出一倍的价格买下这幅画。

画家在为人画肖像的时候，一般都会尽心尽力的，主观上总是想通过他所掌握的绘画技巧，去创作一幅成功的肖像；客观上有时是因为画家的艺术水平有限而导致肖像画不那么完美或不成功，有时也并非画家的原故，而是被画者的挑剔，当然也不排除准确地指出肖像画的不足之处。但上述事例中，显然是那位画家的故意刁难，竟然说画的根本就不是他，画家的尊严受到侮辱后，机智地将画公开展出，其巧妙处在于题名《贼》，这在那位资本家看来却是大大地损害了他的名声和自尊，因此暴跳如雷，提出抗议。画家又巧妙地用那位资本家说过的话反击他，即“画的根本不是您”。以其人之道还治其人之身，那位资本家只好忍气吞声，花费更高的代价把画买下。